T0198599

Bewerbungsratgeber und Karrierestrategie für Einstieg, Aufstieg und Stellenwechsel

Petra Oerke

Bewerbungsratgeber und Karrierestrategie für Einstieg, Aufstieg und Stellenwechsel

Familie Kleinschmidt bricht auf!

 Springer

Petra Oerke
Osnabrück, Deutschland

ISBN 978-3-658-35303-2   ISBN 978-3-658-35304-9   (eBook)
https://doi.org/10.1007/978-3-658-35304-9

Die Deutsche Nationalbibliothek verzeichnet diese Publikation in der Deutschen Nationalbibliografie; detaillierte bibliografische Daten sind im Internet über http://dnb.d-nb.de abrufbar.

Titelbild: by deblik Berlin

Planung/Lektorat: Eva Brechtel-Wahl
Springer ist ein Imprint der eingetragenen Gesellschaft Springer Fachmedien Wiesbaden GmbH und ist ein Teil von Springer Nature.
Die Anschrift der Gesellschaft ist: Abraham-Lincoln-Str. 46, 65189 Wiesbaden, Germany

Vorwort

Wenn Sie diesen Ratgeber lesen, befinden Sie, Ihr Partner, Ihre Partnerin oder Ihr Kind sich in einer Phase der beruflichen Weiterentwicklung. Sie sind möglicherweise mit Ihrer momentanen Situation unzufrieden. Oft ist eine solche Unzufriedenheit nicht nur auf bildungs- und berufsbiografische Ursachen zurückzuführen, sondern auch auf den Strukturwandel der Arbeit: auf Globalisierung, Technologisierung und Digitalisierung, die viele momentan eher als Bedrohung erleben, da damit die Notwendigkeit zur eigenen Veränderung und eventuell sogar der Verlust des Arbeitsplatzes verbunden ist. Die Erwerbsbiografie kann kaum mehr langfristig geplant werden, und viele sind der Ansicht, die Unternehmen verhielten sich gegenüber Arbeitnehmern und Arbeitnehmerinnen, der Gesellschaft und der Umwelt zunehmend verantwortungslos. Diese berufliche Situation wirkt sich auch auf Partnerschaft, Familie und Freundschaften aus. Eventuell leben Sie diese notgedrungen mobiler und digitaler, als es Ihnen lieb ist.

In diesem Buch möchte ich Sie mit Familie Kleinschmidt bekannt machen. Sie werden bei den Kleinschmidts Personen begegnen, die sich vermutlich mit ähnlichen Problemen auseinandersetzen wie Sie. Die Geschichten der Familienmitglieder führen zu einer Vielzahl an Bewerbungs- und Karrierethemen, zu denen ich als Karriereberaterin Stellung nehme und damit auch Ihnen bei Ihrer beruflichen Weiterentwicklung zur Seite stehen möchte. Die Fallbeispiele – zusammengefasst in einer fiktionalen Familiengeschichte – und die Ratgebertexte sind das Kondensat meiner Erfahrung aus zwei Jahrzehnten Beratungstätigkeit. Anhand der Geschichten möchte ich exemplarisch zeigen, wie mit einer guten Bewerbungsstrategie anspruchsvolle Stationen der Berufsbiografie bewältigt werden können: die Ausbildungsplatzsuche, die Bewerbung um einen Studienplatz, der Quereinstieg in eine andere Tätigkeit, der Wechsel in eine neue Stelle oder in eine Position als Führungskraft, die Neuorientierung während der Restrukturierung eines Unternehmens oder die Jobsuche im Rentenalter. Jede Person findet ihren Weg. Sie können den Ratgeber aber auch lesen, ohne sich für diese Geschichten zu interessieren. Dann überspringen Sie einfach die schattierten Texte. Wenn Sie jedoch mehr über die Kleinschmidts wissen möchten, finden Sie nach dem Inhaltsverzeichnis einen Stammbaum der Familie und Steckbriefe der geschilderten Personen.

Durch die Kapitel in diesem Ratgeber zieht sich eine Bewerbungsstrategie, die dem Wunsch nach der bestmöglichen Präsentation der eigenen Kompetenz und Persönlichkeit in Unterlagen und Gesprächen gerecht wird, wie ihn meine Kunden und Kundinnen häufig formulierten. Gleichzeitig möchte ich zeigen, wie mit einer wertorientierten Haltung und ganzheitlichen Herangehensweise die berufliche Weiterentwicklung aktiv gestaltet werden kann, sodass die aktuelle Situation nicht mehr als Bedrohung, sondern als faktische Gegebenheit oder sogar als Chance wahrgenommen wird. Mein Anliegen ist es, einen Standpunkt aufzuzeigen, wie die Herausforderungen solcher Bewerbungs- und Karrieresituationen gemeistert werden können und wie dies zu mehr Zufriedenheit in unserer veränderlichen Arbeits- und Lebenswelt führt.

Dieser Ratgeber entstand aus den Fragen, die ich in der Beratung besonders häufig beantwortet habe. Für das Vertrauen, dass meine Antworten weiterhelfen werden, danke ich meinen Kunden und Kundinnen. Sie alle sind in der einen oder anderen Weise Vorbilder für die Charaktere der Familie Kleinschmidt. Ebenfalls danke ich meiner nun Ex-Kollegin A. N. für das Miteinander – den genau richtigen Freiraum und Zusammenhalt – in den zwanzig Jahren unserer Selbstständigkeit.

Petra Oerke

Inhaltsverzeichnis

Familie Kleinschmidt stellt sich vor 1

Karriere- und Bewerbungsstrategie 9
Einleitung 10
Das Karriereziel – passend zu Kompetenz und Persönlichkeit. 11
Lassen Sie sich finden – von der Stellenrecherche zur Stellenauswahl 13
Welche Richtung soll ich einschlagen? Berufliche Orientierung und
Eignungstests 17
Steigerung der (Arbeits-)Zufriedenheit mit Jahresbilanz und Zielformulierung 21
Fort- und Weiterbildung – was bringt's?. 24
Zur Optimierung von Arbeitszeugnissen: Motive und Vorgehen 28
Karriere als Führungskraft oder Expertin – Ihre Entscheidung 30
Setzen, überqualifiziert! Wie Sie trotzdem eingeladen werden 34
Machen Sie sich ein Bild von sich: die Potenzialanalyse 37
Lohnt sich meine Bewerbung überhaupt? Zur Analyse von Stellenanzeigen 40

Bewerbungsunterlagen 43
Gute Bewerbungsunterlagen – das Wichtigste zusammengefasst. 43
Initiativbewerbung oder wie geht das, wenn ich mich direkt bewerbe?. 46
Innovative Bewerbung – ich suche mir meinen neuen Arbeitsplatz selbst aus...... 49
Erziehungszeit und Familienphase – angeben oder weglassen?. 53
Was steht zwischen den Zeilen? Arbeitszeugnisse verstehen 55
Schneller bewerben – Kurzbewerbung per E-Mail, Bewerbungsformular oder
Karriere-App 60
Bewerbungsunterlagen für Führungskräfte. 64
Die Dritte Seite – vom Sinn (und Unsinn) einer Extraseite 66
Motivationsschreiben: Durch Wollen zaubern!. 68
Erstellung einer Bewerbungsdatei für E-Mail-Bewerbungen 73
Wie wird ein XING-Profil gefüllt?. 75
Was ist ein gutes Bewerbungsfoto?. 79

Auftreten im Vorstellungsgespräch und Unternehmen   83
Souverän auftreten und reden – von Großmäulern und Miesepetern   83
Locker ins Vorstellungsgespräch.   89
Kleidung, die Experten und Führungskräfte tragen   91
Mit Boxershorts im Skype-Interview: Vorbereitung eines Telefon- oder
Onlineinterviews.   94
Persönlichkeitstests und Leistungstests zur Personalauswahl und
Mitarbeiterentwicklung.   97
Die Vorbereitung auf ein Assessmentcenter – kann auch Spaß machen. 101
Gehaltsverhandlung – über Geld sprechen lohnt sich! 107
Lernen Sie Marsianisch – wie die Integration gelingt: zu Einarbeitung und
Probezeit 112
Bleiben oder gehen: Beurteilungsgespräche effektiv nutzen 114
Ran an die Macht: wichtigste Verhaltensregel in der Hierarchie 117
GFK Gewaltfreie Kommunikation – so reden Sie konstruktiv und
partnerschaftlich 119
„Mensch, die ist ja irre!" Zum Umgang mit schwierigen Menschen 123

Beispielbewerbungen 131
Dipl.-Ing. (FH) Maschinenbau Thomas Kleinschmidt als Projektingenieur 132
Staatl. gepr. Erzieherin Monika Kleinschmidt als Leiterin einer
Kindertagesstätte. 138
Dipl.-Kffr./Personalleiterin Katharina Ast-Maibauer als HR Business Partner 142
Archäologietechniker Andreas Maibauer als Dozent für Grabungstechnik 146
B. A. Tourismusmarketing/Teamleiter Vertrieb Daniel Mertens als
Eventmanager 148
B. A.-Absolventin International Business Administration Exchange Sophie
Kleinschmidt auf das Masterstudium Europäisches Regieren 152
Abiturient Lukas Kleinschmidt als Mitarbeiter im Personalmarketing 156
Ingenieur für Heizungsbau und Berufsschullehrer i. R. Peter Maibauer
als Servicetechniker 158

Literatur und Zusatzmaterial 159
Literatur für Stellensuchende und Bewerber/innen 159
Literatur für Berater/innen und Coachs 162
Zusatzmaterial zum Download 164

Familie Kleinschmidt stellt sich vor

Zusammenfassung

Alle Mitglieder der Familie Kleinschmidt sind mit einer Herausforderung auf ihrem Werdegang konfrontiert. Sie stehen an den typischen Karrieresituationen Einstieg, Aufstieg und Stellenwechsel. Ihre Bewerbungsaktivitäten umfassen: die klassische Bewerbung auf eine ausgeschriebene Stelle, dann die Initiativbewerbung und Kurzbewerbung, die Studienplatzbewerbung und das Motivationsschreiben. Vater Thomas Kleinschmidt befürchtet den Verlust seines Arbeitsplatzes. Mutter Monika Kleinschmidt bewirbt sich auf eine Leitungsstelle, um mehr zum Familieneinkommen beizutragen. Monikas Bruder, Andreas Maibauer, versucht erneut einen Quereinstieg. Monikas Schwester, Katharina Ast-Maibauer, will in die Geschäftsführung aufsteigen. Tochter Sophie Kleinschmidt interessiert sich für ein Masterstudium und Sohn Lukas Kleinschmidt strebt nach dem Schulabschluss den Direkteinstieg an, gefolgt von Ausbildung oder dualem Studium. Großvater Peter Maibauer möchte im Ruhestand berufstätig werden und Daniel Mertens, der Freund von Sophie, plant einen Stellenwechsel, er sucht eine neue Arbeitsstelle in der Nähe ihres Studienortes.

© Der/die Autor(en), exklusiv lizenziert durch Springer Fachmedien Wiesbaden GmbH, ein Teil von Springer Nature 2021
P. Oerke, *Bewerbungsratgeber und Karrierestrategie für Einstieg, Aufstieg und Stellenwechsel,* https://doi.org/10.1007/978-3-658-35304-9_1

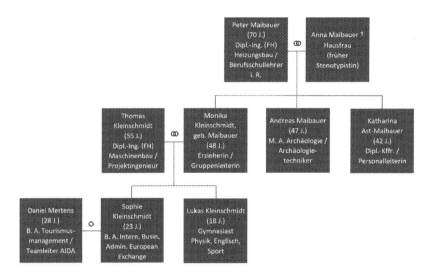

Stammbaum der Familie Kleinschmid

Thomas Kleinschmidt (55 J.) Dipl.-Ing. (FH) Maschinenbau
verheiratet mit Monika Kleinschmidt, zwei Kinder (Sophie, 23 J., und Lukas, 18 J.)

Seit 20 Jahren Projektingenieur bei einem Maschinen- und Anlagenbauunternehmen, Spezialgebiet Werkzeugtechnik.

Nach Verkauf des Unternehmens analysiert der übernehmende Konzern die Prozesse und gleicht die Systeme und Abläufe denen der Unternehmensgruppe an.

Aufgrund seiner Spezialkenntnisse und der Vertrautheit mit den Kundenanforderungen hatte er zu Beginn der Übernahme sein Know-how als unentbehrlich eingeschätzt. Nun ist er sich dessen nicht mehr so sicher.

Einige Kollegen sind bereits ausgeschieden und die neuen Kollegen beschäftigen sich seiner Meinung nach zu sehr mit Kennzahlen und zu wenig mit der Technik.

Herr Kleinschmidt stürzt sich in die Arbeit, um die Projekte vereinbarungsgemäß durchzuführen und um „den Neuen" zu zeigen, wer das Rad am Laufen hält.

Da erhält er ein Zwischenzeugnis, ohne dass er darum gebeten hätte.

→ Lesen Sie unter dem Kapitel „Zur Optimierung von Arbeitszeugnissen: Motive und Vorgehen" die Geschichte von Thomas Kleinschmidt.

Monika Kleinschmidt, geb. Maibauer (48 J.) Staatl. gepr. Erzieherin

verheiratet mit Thomas Kleinschmidt, zwei Kinder (Sophie, 23 J., und Lukas, 18 J.)

Seit 15 Jahren Gruppenleiterin in einer kommunalen Kindertagesstätte mit einer Arbeitszeit von 19, 5 Std./Woche.

Bislang hatte Frau Kleinschmidt die Angebote, eine volle Stelle auszuüben, immer abgelehnt, um sich der Familienarbeit widmen zu können. Doch aufgrund eines möglichen Jobverlusts ihres Mannes überlegt sie, auf Vollzeit umzustellen und sich um eine Leitungstätigkeit zu bemühen. Ihre beiden Kinder sind noch in der Ausbildung und die Familie braucht das Geld.

Frau Kleinschmidt liebt die Arbeit mit den Kita-Kindern, hat viel Erfahrung in der Elternarbeit, der Einarbeitung neuer Kolleginnen und der Anleitung von Praktikantinnen. Im Team wird außerdem ihre Fähigkeit im Umgang mit Konflikten geschätzt. Trotzdem zweifelt Frau Kleinschmidt daran, dass sie den Führungsaufgaben gewachsen sein würde.

Doch sie möchte einen größeren finanziellen Beitrag leisten und ihren Mann entlasten. Außerdem ist sie neugierig, ob sie sich in der neuen Rolle bewähren könnte. Sie erkundigt sich nach einer Fortbildung für Kita-Leitungen.

→ Lesen Sie unter dem Kapitel „Fort- und Weiterbildung – was bringt's" die Geschichte von Monika Kleinschmidt.

Sophie Kleinschmidt (23 J.) B. A.-Absolventin International Business Administration Exchange

Tochter von Thomas und Monika Kleinschmidt, ein jüngerer Bruder (Lukas, 18 J.)

Studentin der International Business Administration Exchange Studies an der Hochschule für Wirtschaft und Recht Berlin, Schwerpunkt Europäische Integration, Nebenfach Rechtswissenschaften.

Sophie hat sich von klein an, seit sie in der Grundschule Tischnachbarin einer türkischen Mitschülerin war, für Integration interessiert. Sie fand es ungeheuerlich, dass Gülçan nicht an Klassenfahrten teilnehmen durfte und ihr Betriebspraktikum in der Schneiderwerkstatt ihrer Familie machen musste, statt ihren eigenen Interessen nachzugehen. Für Sophie stand früh fest, sich später für die Erweiterung und Weiterentwicklung der EU zu engagieren.

Nach dem Abitur absolvierte sie zunächst ein Freiwilliges Soziales Jahr Politik (FSJP). Sie wurde vom Niedersächsischen Landesministerium für Soziales, Frauen, Familie, Gesundheit und Integration an das Landesbüro der Konrad-Adenauer-Stiftung (KAS) Hannover vermittelt. Sophie hatte das FSJP bei der KAS gewählt, da diese ihre Teilnehmer/innen mehrmals nach Brüssel entsandte.

Die beiden Auslandssemester während des Studiums verbrachte sie an der University of Derby (Law: International Relations and Diplomacy) und an der Universitat de Barcelona (Social Sciences and Law: Economics). In Barcelona hat sie ihren Freund Daniel kennengelernt, der ihre gradlinige Karriereplanung ins Wanken bringen könnte.

→ Lesen Sie unter dem Kapitel „Lassen Sie sich finden – von der Stellenrecherche zur Stellenauswahl" die Geschichte von Sophie Kleinschmidt.

Lukas Kleinschmidt (18 J.) Abiturient

Sohn von Thomas und Monika Kleinschmidt, eine ältere Schwester (Sophie, 23 J.)

Schüler am Graf-Stauffenberg-Gymnasium, Lieblingsfächer: Physik, Englisch, Sport.

Als nicht besonders fleißiger Schüler hat Lukas immer viel Zeit, sich seinen Interessen zu widmen: Entweder sitzt er in seinem abgedunkelten Zimmer vorm PC oder er ist beim Training oder Turnier mit seinem Fußballverein. Seine sonstige Freizeit und die Ferien verbringt er im Jugendkeller und Zeltlager, seit einem Jahr auch im Sprachtandem mit Karim, einem Jungen aus Syrien. Er wohnt zu Hause, seine Eltern sehen ihn jedoch nur gelegentlich.

Eigentlich könnte es für ihn so weitergehen, nur leider wird er im Sommer das Abitur machen und vor allem sein Vater erwartet, dass er nun wenigstens eine Ausbildung, besser noch ein Studium beginnt. Aber er hat keine Ahnung, was das sein könnte.

Seine Schwester Sophie hat nach dem Abi ganz strategisch einen Freiwilligendienst gemacht und sich anschließend ins Studium gestürzt – als wenn sie eine Art inneren Kompass hätte, was zu tun sei. Außerdem befürchtet Lukas, dass das schöne Leben vorbei ist, wenn er erst einmal anfängt, sich um seine Zukunft zu kümmern. Das sieht man ja in seiner Familie. Nur sein unangepasster Onkel, Andreas Maibauer, ist da eine Ausnahme!

→ Lesen Sie unter dem Kapitel „Welche Richtung soll ich einschlagen? Berufliche Orientierung und Eignungstests" die Geschichte von Lukas Kleinschmidt.

Andreas Maibauer (47 J.) M. A. Archäologie/Grabungstechniker
ledig, in langjähriger lockerer Partnerschaft

Begeisterter Archäologe und Reisender, der sich als Ausgrabungsassistent mehrjährige Aufenthalte vor allem in Vorderasien ermöglichte, Faszination für die Erforschung des Wahrheitsgehalts der biblischen Erzählungen.

Durch die Reisen rückte das Studium in den Hintergrund. Letztlich verdankt er es der Universität, dass er mit Ende 30 noch seinen Abschluss machen konnte, weil diese ihn als Langzeitstudenten zu exmatrikulieren drohte.

Als Grabungshelfer unterstützte er häufig die Grabungstechniker und hat sich in die geophysische Erforschung der Fundstätten eingearbeitet, dadurch verfügt er über umfangreiches Wissen zu neuen Grabungstechniken in der Vorderasiatischen Archäologie.

Als Einzelgänger kam für ihn eine Karriere im Wissenschaftsbetrieb oder einem archäologischen Institut nicht infrage. Doch 2011 wurden aufgrund der angespannten politischen Situation die Grabungstätigkeiten in vielen Gegenden Vorderasiens eingestellt. Er verlor die Unterstützung der leitenden Archäologin, die ihn wiederholt in Projekten eingesetzt hat.

Zur Überbrückung des ersten Irakkriegs bildete er sich zum Techniker für Archäologiewissenschaften fort. Damit konnte er als freier Grabungstechniker für private Grabungsfirmen in verschiedenen Projekten arbeiten. Doch auch diese Tätigkeit ist durch das Erstarken des IS in seinem Wissensgebiet kaum mehr möglich.

So hat er alle Unterstützung bei seiner beruflichen Neuorientierung nötig, auch wenn er diese – zumindest dann, wenn sie in Gestalt seiner Schwester Katharina Ast-Maibauer kommt – nicht zu schätzen weiß.

→ Lesen Sie unter dem Kapitel „Initiativbewerbung oder wie geht das, wenn ich mich direkt bewerbe?" die Geschichte von Andreas Maibauer.

Katharina Ast-Maibauer (42 J.) Dipl.-Kffr./Personalleiterin
verheiratet mit Jochen Ast, keine Kinder

Seit zehn Jahren Personalleiterin in einer mittelständischen Steuerberatungs- und Wirtschaftsprüfungsgesellschaft, vorher kaufmännisches Studium mit Schwerpunkt Personal und Steuern und erste längere Position als Personalreferentin bei einer bundesweit tätigen Einzelhandelskette.

Fort- und Weiterbildung in integrativem Coaching, Coaching mit dem inneren Team und GFK Gewaltfreie Kommunikation.

Aktiv bei KIM Kompetenz im Management, einer Agentur, die sich für die Förderung junger Frauen als Führungsnachwuchs einsetzt.

Katharina Ast-Maibauer sieht sich als Partnerin der Gesellschafter/innen sowie der Kollegen und Kolleginnen im Führungszirkel, wird dort jedoch häufig eher als Dienstleisterin wahrgenommen. Ihr Auftrag ist es, das Unternehmen personalseitig als Arbeitgeber attraktiv zu machen und neue Leistungsbereiche (eine HR-Akademie) aufzubauen. Sie befasst sich heute weniger mit Vergütungssystemen, sondern mehr mit flexiblen Arbeitszeitmodellen und individueller Personalentwicklung.

Wie in den Vorjahren fragt sie sich bei der Vorbereitung der Jahresgespräche gerade erneut, ob sie ihre Kompetenz in der Personalentwicklung nicht besser in selbstständiger Tätigkeit nutzen sollte. Doch neben dem anstrengenden Job lässt ihr die Familie ihrer Schwester gerade keine Zeit für das Verfolgen eigener Pläne. Auch ihr Bruder Andreas hat – wieder einmal – ihre Unterstützung nötig.

→ Lesen Sie unter dem Kapitel „Steigerung der (Arbeits-)Zufriedenheit mit Jahresbilanz und Zielformulierung" die Geschichte von Katharina Ast-Maibauer.

Peter Maibauer (70 J.) Dipl.-Ing. (FH) Heizungsbau/Berufsschullehrer i. R.
Vater von Monika Kleinschmidt, Andreas Maibauer und Katharina Ast-Maibauer, Großvater von Sophie und Lukas Kleinschmidt, seit kurzem verwitwet

Peter Maibauer hat seinen Beruf als Berufung verstanden. Er begeisterte sich für den innovativen Heizungsbau und alle Art von Gebäudetechnik. Zwar war er sehr gut in seinem Fach, doch verausgabte er sich schon nach kurzer Zeit. Depressionen stellten sich ein.

Es folgte eine Weiterentwicklung im Quereinstieg zum Berufsschullehrer. Auch hier war er sehr geschätzt, insbesondere aufgrund seiner beruflichen Erfahrung. Er beschäftigte sich früh mit regenerativen Energien, Niedrig- und Null-Energie-Häusern. Inhalte waren ihm immer wichtiger als Status. So hat er schrittweise seine Stunden reduziert, was ihn davor bewahrte, im Berufsvorbereitungsjahr und Berufsgrundbildungsjahr zu unterrichten, in denen die Schüler/innen häufig lediglich ihre Schulpflicht absaßen. Er wurde wegen seines Wissens vornehmlich in Fachklassen eingesetzt. Dadurch schwierige Stellung im Kollegium, doch von der Leitung war er hochgeschätzt, zumal er mit einem Kollegen ein bundesweites Modellprojekt zum Vergleich von Photovoltaikanlagen realisierte.

Vier Jahre genoss Peter Maibauer mit seiner Frau, die ihn in all den Jahren unterstützte, seinen Ruhestand. Dann starb sie ganz plötzlich. Er läuft erneut

Gefahr, in eine Depression abzurutschen. So fasst er den Entschluss, wieder arbeiten zu gehen.

→ Lesen Sie unter dem Kapitel „Gute Bewerbungsunterlagen – das Wichtigste zusammengefasst" die Geschichte von Peter Maibauer.

Daniel Mertens (28 J.) B. A. Tourismusmarketing/Teamleiter Vertrieb
Freund von Sophie Kleinschmidt

Seit vier Jahren als Teamleiter auf der AIDA für die kulturelle Unterhaltung der Gäste verantwortlich. Mit zwei Reiseverkehrskaufleuten sorgt er für den reibungslosen Ablauf der Ausflüge an den verschiedenen Zielorten des Kreuzfahrtschiffes. Er organisiert Vorträge über die zu besuchenden Sehenswürdigkeiten, hält Kontakt zu Tourismusanbietern vor Ort und spornt sein Team an, die Gäste zum Buchen von Events und Trips zu motivieren.

Als Sohn russlanddeutscher Eltern, die Anfang der 1990er Jahre nach Deutschland gekommen waren, hatte er sich durch den Abschluss seiner Ausbildung zum Reiseverkehrskaufmann und des Studiums im Tourismusmarketing versprochen, die Welt zu bereisen. Sein Traum wurde wahr. Wenn er arbeitet, sieht er von den Orten, an denen sie Station machen, zwar nicht viel, doch nutzt er Freizeit und Urlaub, um die Highlights kennenzulernen.

Daniel Mertens liebt seinen Job, kommt bei den Gästen gut an, versteht es, zu begeistern, und mag die Betriebsamkeit auf einem Kreuzfahrtschiff.

Dann lernt er in Barcelona Sophie Kleinschmidt während ihres Auslandssemesters kennen. Jetzt ist sie nach Deutschland zurückgekehrt und er überlegt, wie ihre gemeinsame Zukunft aussehen könnte. Wird er sich einen neuen Job suchen müssen?

→ Lesen Sie unter dem Kapitel „Das Karriereziel – passend zu Kompetenz und Persönlichkeit" die Geschichte von Daniel Mertens.

Karriere- und Bewerbungsstrategie

Die Vorbereitung: Wie Sie Ihr Ziel anpeilen

Zusammenfassung

Mit einem einfachen strategischen Vorgehen schaffen Sie die Grundlage für einen erfolgreichen und zufriedenstellenden nächsten Karriereschritt. Lesen Sie im ersten Teil des Ratgebers, wie Sie sich ein Ziel auf Ihrem Ausbildungs- oder Berufsweg setzen, das wirklich zu Ihrer Kompetenz und Persönlichkeit passt. Dazu werden Sie leicht handhabbare Methoden der beruflichen Orientierung und Potenzialanalyse sowie das Tool der Jahresbilanz und Zielformulierung kennenlernen. Auch die Fragen, inwieweit Sie durch Fort- und Weiterbildung vorankommen oder wann eine Karriere als Führungskraft, Experte oder Expertin erstrebenswert ist, werden beantwortet. Sie erfahren, wie Sie systematisch nach Stellenanzeigen recherchieren, wie die Stellenanzeigen mit Blick auf Ihre Qualifikation zu analysieren sind und warum eine Überqualifikation kein Hinderungsgrund ist, zum Vorstellungsgespräch eingeladen zu werden. Außerdem wird eine sinnvolle Vorgehensweise bei der Optimierung von Arbeitszeugnissen vorgestellt.

© Der/die Autor(en), exklusiv lizenziert durch Springer Fachmedien Wiesbaden GmbH, ein Teil von Springer Nature 2021
P. Oerke, *Bewerbungsratgeber und Karrierestrategie für Einstieg, Aufstieg und Stellenwechsel*, https://doi.org/10.1007/978-3-658-35304-9_2

Einleitung

Meine Karriereberatung richtete sich zwanzig Jahre als Kombination aus Beratung und Coaching an Einzelpersonen: vor allem an Arbeitnehmer/innen[1] in bestehenden Arbeitsverhältnissen, die sich beruflich weiterentwickeln wollen, aber auch an Menschen auf der Suche nach einer (neuen) Arbeitsstelle.

Angefangen hatte alles mit einem harmlosen Satz eines Kunden. Ein Student, den ich im Lektorat (meinem ursprünglichen Arbeitsbereich) bei der Fertigstellung seiner Abschlussarbeit begleitet hatte, fragte mich: „Jetzt ist die Arbeit fertig, aber wie finde ich nun einen Job?" Sein Abschluss in Geografie war damals schon ein auf dem Arbeitsmarkt schwer zu beackerndes Feld. Er bat mich, ihm bei der Zusammenstellung seiner Bewerbungsunterlagen behilflich zu sein. Nach einigen erfolgreichen Bewerbungen dieses und anderer Absolventen und Absolventinnen kam der Wunsch meiner Kunden und Kundinnen nach der Vorbereitung von Vorstellungsgesprächen, der Analyse von Zeugnissen und der Begleitung der beruflichen Weiterentwicklung hinzu. Im Laufe der Jahre wuchs dieser Arbeitsbereich zu meiner eigentlichen Berufung heran. Es machte mir unglaublich viel Freude, meine Kunden und Kundinnen dabei zu unterstützen, nicht nur eine Anstellung zu finden, sondern auch einen Arbeitsplatz, an dem sie sich wohlfühlten und ihre Fähigkeiten entfalten konnten.

Dabei waren die Angebote meiner Karriereberatung so individuell wie der Werdegang meiner Kunden und Kundinnen. Wegweisend für mich war, welche Funktion der Beruf aktuell für die jeweilige Person hatte: ob mit dem nächsten Schritt eine Fach-, Führungs- oder Expertenlaufbahn vorangetrieben werden sollte oder ob es gerade am wichtigsten war, mit dem Arbeitsplatz zufrieden zu sein, ob persönliche Selbstverwirklichung im Beruf angestrebt wurde oder ob mit dem Job in erster Linie der Lebensunterhalt verdient werden musste.

Genauso wie ich in der Beratung von den Zielen und Wünschen meiner Kunden und Kundinnen ausgegangen bin und diese bestmöglich bei deren Umsetzung unterstützt habe, gibt es bei der Bewerbungs- und Karrierestrategie nicht nur den einen Weg. Allerdings wiederholen sich Themen und auch meine Begleitung wurde besonders nachgefragt in klassischen Übergangsphasen: dem Berufseinstieg, dem Aufstieg oder bei Veränderungen im Arbeitsverhältnis. Während es sonst meist glattläuft, wird es in diesen Phasen schwieriger, und gerade im Bewerbungsprozess kommt es nicht nur auf Wissen und fachliches Know-how an, sondern auch auf Fähigkeiten in der Präsentation und

---

[1] In diesem Ratgeber verwende ich abwechselnd weibliche, männliche und neutrale Bezeichnungen, arbeite mit einem Schrägstrich oder benutze sowohl die weibliche als auch die männliche Form. Die Mitglieder der Familie Kleinschmidt gendern nicht, außer Personalleiterin Katharina Ast-Maibauer, die das Gendersternchen für sich entdeckt hat, und Daniel Mertens, der immer die männliche und die weibliche Form nennt.

Kommunikation. Damit Sie Ihre Qualifikationen in der Bewerbung und in Interviews ebenfalls optimal darstellen können, dazu habe ich diesen Ratgeber zusammengestellt.

Die einzelnen Kapitel wurden zunächst als Blogbeiträge im Verlauf mehrerer Jahre veröffentlicht. Den Themen zur Seite gestellt sind die Karrieresituationen und Bewerbungsanliegen der Mitglieder der Familie Kleinschmidt. Auch die Kleinschmidts befinden sich in typischen Übergangsphasen. Lesen Sie also gerne kreuz und quer, lassen Sie sich von den Verweisen zu verwandten Themen leiten und folgen Sie – wenn Sie mögen – den Geschichten der Familie Kleinschmidt. Nicht zuletzt bietet das Inhaltsverzeichnis einen Überblick über alle Themen geordnet in drei Kapitel zur Karriere- und Bewerbungsstrategie, zu den Bewerbungsunterlagen und zum Auftreten im Vorstellungsgespräch und Unternehmen. Viel Freude beim Stöbern!

Im Folgenden finden Sie bei jedem Kapitel die Geschichte eines der Mitglieder der Familie Kleinschmidt (schattiert). Diese wird aus der Perspektive der jeweiligen Person in mehreren Teilen und in einer zur Person passenden Berichtsform erzählt: So wird die Geschichte von *Thomas Kleinschmidt* als berufliches Horrorszenario vorgestellt. *Monika Kleinschmidt* schreibt ein Tagebuch. Ihre Kinder, *Sophie* und *Lukas Kleinschmidt*, chatten per E-Mail und WhatsApp miteinander. *Katharina Ast-Maibauer* führt ein Arbeitsjournal, ihr Vater *Peter Maibauer* ein Logbuch, eine Art Tagebuch in Kurzform. *Andreas Maibauer*, der Bruder von Monika Kleinschmidt und Katharina Ast-Maibauer, hält einen inneren Monolog zu seiner aktuellen beruflichen Situation. Den Anfang macht *Daniel Mertens*, der Freund von Sophie Kleinschmidt, der auf dem siebzigsten Geburtstag ihres Großvaters zu seinem Werdegang interviewt wird. ◄

Das Karriereziel – passend zu Kompetenz und Persönlichkeit

Zu Beginn einer Bewerbungsstrategie steht die Auseinandersetzung mit den beruflichen Vorstellungen und Wünschen und der eigenen Kompetenz und Persönlichkeit. Sicherlich muss nicht bis ins Detail feststehen, wo genau Sie in fünf oder zehn Jahren stehen wollen und über welche einzelnen Schritte Sie dieses Ziel erreichen können. Nützlich wäre allerdings eine konkrete Vorstellung von Ihrem aktuellen Karriereziel: Möchten Sie eher ausdauernd eine Aufgabe verfolgen und in einem überschaubaren Umfeld arbeiten oder lieben Sie eine lebhafte Umgebung und täglich neue Anforderungen? Ist die Führung eines Teams, Bereichs oder Unternehmens interessant oder schätzen Sie es eher, sich ganz auf Inhalte konzentrieren zu können? Die Visualisierung der angestrebten Situation setzt Energie und Kreativität frei, die Ihnen Anschub geben, Ihre Ziele zu verwirklichen.

Wenn das Ziel feststeht, sollte es als Idealvorstellung verstanden werden, an die sich bestmöglich angenähert wird. Denn was nützt es, Pilot werden zu wollen, wenn eine Fehlsichtigkeit diese Berufswahl unmöglich macht? Auch Konjunktur und Stellenmarkt können Karriereziele torpedieren. Aber vielleicht ist eine Ausbildung zum Fluggerätemechaniker ebenso spannend oder Sie verwirklichen in Fort- und Weiterbildung Ihre Interessen, um dann bei einer Verbesserung der Marktbedingungen ausgezeichnet qualifiziert zu sein. Zentrale Funktionen (Buchhaltung, Personal) oder überfachliche Qualifikationen (Beratung, Vertrieb) ermöglichen einen Wechsel in (angrenzende) andere Branchen.

Neben einer ehrlichen Selbstreflexion ist es hilfreich, Freunde, Familienmitglieder und Kolleginnen nach deren Einschätzung guter Berufs- bzw. Karriereziele zu bitten, die zu Ihrer Kompetenz und Persönlichkeit passen. Auch Potenzialanalysen, Orientierungs- und Persönlichkeitstests können Hinweise auf eine geeignete berufliche Ausrichtung geben. Ich habe meine Kunden und Kundinnen auf Basis meiner Kenntnisse der Berufs- felder, der Karrierewege und des Marktes anhand einer Analyse des Lebenslaufs und der Erfassung der Kompetenz beraten. Dabei kam gelegentlich auch ein Onlinetest (Eignungs- oder Potenzialtest) zum Einsatz, um ein besseres Bild von den Möglichkeiten zu erhalten oder die Bandbreite der Optionen zu erweitern. Gemeinsam wurden die Test- ergebnisse ausgewertet.

Aus meiner Erfahrung weiß ich, wie lange Menschen es aushalten, Aufgaben zu über- nehmen, die sie eigentlich nicht mögen. Gleichzeitig habe ich es aber immer wieder erlebt, dass starke Persönlichkeitsmerkmale die Art und Weise bestimmen, wie Stellen und Funktionen ausgefüllt werden. Letztlich setzen sich häufig die eigenen Stärken durch und verändern die Richtung des Berufswegs. Um jedoch allzu große Umwege zu vermeiden, ist ein (gelegentlicher) Abgleich zwischen Zielvorstellung, Markt, Kompetenz und Potenzial angebracht. Dabei hilft Ihnen der erste Teil dieses Ratgebers.

Verwandte Themen:

- Welche Richtung soll ich einschlagen? Berufliche Orientierung und Eignungstests
- Steigerung der (Arbeits-)Zufriedenheit mit Jahresbilanz und Zielformulierung
- Karriere als Führungskraft oder Expertin – Ihre Entscheidung
- Machen Sie sich ein Bild von sich: die Potenzialanalyse

Tourismusmanager Daniel Mertens im Interview zu seinem Werdegang – Teil 1

I.:   Hallo, Herr Mertens, vielen Dank, dass Sie sich am Rande einer Familienfeier Zeit nehmen für dieses Gespräch. Wie erläutert, geht es um ein Forschungs- projekt zum Aufstieg durch Bildung von Menschen mit Migrationshinter- grund. Sie haben sich dazu bereit erklärt, am Projekt mitzuwirken, um anderen Menschen Wege aufzuzeigen, wie sie sich durch Bildung eine bessere Position in der Gesellschaft erarbeiten können.

D.M.:   Gerne. Der Jubilar ist der Großvater meiner Freundin. Er feiert heute seinen siebzigsten Geburtstag. Allerdings kenne ich die Familie noch nicht so gut.

I.:   Gleich zur ersten Frage: Könnten Sie uns bitte Ihren schulischen und beruflichen Werdegang schildern, der dazu geführt hat, dass Sie nun als Teamleiter auf einem Kreuzfahrtschiff tätig sind?

D.M.:   Also, meine Eltern kamen mit mir und meinen Geschwistern 1992 als Spätaussiedler nach Deutschland. Ich war damals drei Jahre alt. Zum Glück haben meine Eltern mich sofort in einem Kindergarten angemeldet, in dem sonst nur deutsche Kinder waren. Ich habe anfangs kein Wort verstanden, dadurch die Sprache aber sehr schnell erlernt. Danach bin ich ganz normal zur Grundschule und später zur Realschule gegangen und habe dann eine Ausbildung zum Reiseverkehrskaufmann gemacht.

I.:   Wie kam es, dass Sie diesen Beruf erlernt haben? War das immer Ihr Ziel?

D.M.:   Ich weiß noch, dass meine Eltern früher, als sie noch in Kasachstan gewohnt haben, immer davon gesprochen haben, wie gern sie auch mal nach Spanien oder Italien reisen würden – so wie einige unserer Verwandten, die schon früher nach Deutschland gekommen waren. Die Sowjetunion war zwar groß und man konnte auch in der Ukraine prima Urlaub machen, aber dafür hatten sie damals kein Geld. Später haben wir dann als Familie jedes Jahr eine Pauschalreise gemacht. Mein Vater hatte einen guten Job und wir konnten uns das leisten. Das waren tolle Erlebnisse, obwohl nicht immer alles geklappt hat und auch die Unterbringung und so weiter nicht immer optimal war. Trotzdem wuchs in mir der Wunsch, einen Beruf zu erlernen, in dem ich selbst viel reisen kann. Und ich wollte die Reisen besser organisieren und mehr auf die Bedürfnisse der Leute abstimmen. Ich dachte, das würde als Reiseverkehrskaufmann gehen.

→ Lesen Sie unter dem Kapitel „Machen Sie sich ein Bild von sich: die Potenzialanalyse", wie es bei Daniel Mertens weitergeht.

→ Was vorher geschah: Den Anfang der Geschichte von Daniel Mertens finden Sie im Kapitel „Familie Kleinschmidt stellt sich vor". ◄

Lassen Sie sich finden – von der Stellenrecherche zur Stellenauswahl

Vor einiger Zeit beriet ich eine Kundin, die gerade ihr Masterstudium abgeschlossen hatte. Sie brachte ein paar Stellenanzeigen mit, von denen sie zwei ansprechend fand, war aber mit der Auswahl insgesamt noch nicht zufrieden. Sie fand, es müsse mehr Optionen für sie geben, damit sie unterschiedliche Arbeitsbereiche und Unternehmen kennenlernen könne, um sich dann für die richtige Stelle zu entscheiden. Ob ich einen Tipp hätte, wo sie weitere Stellen finden würde.

Ich weiß nicht, ob es *die* richtige Stelle überhaupt gibt. Jeder Arbeitsbereich und jedes Unternehmen hat Vor- und Nachteile, die gegeneinander abgewogen werden sollten. Zudem hängt es immer von den aktuellen Lebensumständen ab, welche Aspekte bei der Auswahl gerade vorrangig sind. Doch fand ich die offene Herangehensweise meiner Kundin spannend und wollte sie bestmöglich unterstützen.

Zunächst kann es sinnvoll sein, sich drei Monate vor Ende des Studiums – oder bei einem absehbaren Vertragsende – arbeitsuchend bzw. arbeitslos zu melden. Zwar bestand bei meiner Kundin als Absolventin kein Anspruch auf Arbeitslosengeld (allenfalls auf Arbeitslosengeld II), doch verschickt die Agentur für Arbeit durchaus den einen oder anderen Jobvorschlag. In diesem Falle war das allerdings unwahrscheinlich, da der M. Sc. in einem Spezialgebiet der Chemie vorlag.

Doch auch bei gängigeren Abschlüssen ist es aussichtsreicher, selbst aktiv zu werden und sich auf Stellensuche zu begeben. Hierfür bieten sich in erster Linie Stellenbörsen an, allen voran StepStone, die seit Jahren als beste Jobbörse ausgezeichnet ist (siehe Tabelle).

Suchroutine entwickeln

Bei der Stellensuche lohnt es sich, eine Suchroutine zu entwickeln: also etwa einmal die Woche in zwei bis drei Jobbörsen und einer Jobsuchmaschine zu recherchieren. Durch die Routine ergibt sich schnell ein Überblick über neue Jobangebote. Hilfreich ist dabei das Festlegen von Suchbegriffen. Meine Kundin wollte entweder in ihrem Spezialgebiet (dann ruhig europaweit) oder in einer bestimmten Region (dort wohnt eine Freundin) tätig werden. Also stellte sie bei der wöchentlichen Recherche zunächst drei Keywords aus ihrem Spezialgebiet ein und beim nächsten Durchgang ihren Titel und zwei verwandte Abschlüsse in Kombination mit der gewünschten Stadt plus 50 km. So erhielt sie jede Woche etwa fünf Stellenangebote.

Alternativ riet ich ihr, ihre Suchroutine zu erweitern und die Jobseiten von Unternehmen, Organisationen und Forschungsinstituten zu beobachten, die entweder in ihrem Spezialgebiet tätig waren und/oder ihren Sitz in der gewünschten Region hatten. Neben der Internetrecherche können Hochschulen und Kammern Hinweise auf potenzielle Arbeitgeber geben.

Passive Stellenrecherche

Ebenfalls sehr erfolgreich ist die passive Stellenrecherche. Gerade Absolventen, Spezialistinnen und Führungskräfte sowie Arbeitnehmerinnen in Mangelberufen haben es auf dem derzeitigen Bewerbermarkt leicht, von ihrem nächsten Arbeitgeber gefunden zu werden. Dazu erstellen Sie sich ein Profil in einem sozialen Netzwerk, etwa LinkedIn oder XING, reichern es mit den wesentlichen Suchbegriffen an und stellen Ihren Status auf „jobsuchend" bzw. geben dies an anderer Stelle prominent an (siehe dazu auch das Kapitel „Wie wird ein XING-Profil gefüllt?").

Auf Jobportalen großer Unternehmen und in vielen Internetstellenbörsen können Sie sich ebenfalls einen Account anlegen und sich von suchenden Unternehmen kontaktieren lassen. Zudem schicken sowohl LinkedIn, XING, JobStairs, StepStone und Co. als auch die großen Unternehmen – mehr oder weniger passende – Jobangebote per E-Mail, Facebook oder Twitter. So erhielt ein anderer Kunde von der Deutschen Lufthansa AG eine Einladung, sich auf das duale Studium Luftverkehrsmanagement zu bewerben.

Deutschlands beste Jobportale 2020

Allgemeine Jobbörsen (JB)	Jobsuchmachinen (Robots)	Spezialisierte Jobbörsen
• stepstone	• indeed.de	• jobvector
• stellenanzeigen.de	• stellenonline	• yourfirm
• jobware	• kimeta.de	• hogapage
• regiojobanzeiger	• jobbörse.de	• psychjob
• meinestadt.de		• foodjobs
• xing		• hotelcareer
• linkedin		• greenjobs
• eBaykleinanzeigen		• interamt
• kalaydo		• dasauge
• careerbuilder, jobs, jobscout 24		• ingenieur.de
JB für Wirtschaftswissen-schaften	**JB für Ingenieurwesen und Technik**	**JB IT-Berufe**
• stepstone	• kimeta	• indeed
• yourfirm	• jobvector	• jobvector
• linkedin	• stepstone	• stepstone
• indeed	• indeed	• linkedin
• interamt	• stellenwerk	• e-fellows.net
• gruenderszene/jobboerse	• connecticum	• xing
• glasdoor	• linkedin	• stellenanzeigen.de
• stellenangebote	• greenjobs	• Staufenbiel Institut
• efinancialcareers	• yourfirm	• jobmensa
• squeaker	• ingenieur.de	• get-in-it

JB für Naturwissenschaften und Mathematik	JB für Studierende, Absolventen und Young Professionals	JB für Schüler/innen und Azubis
• stepstone	• unicum.de	• azubiyo
• jobvector	• stellenwerk	• aubi-plus
• indeed	• squeaker	• indeed
• unicum.de	• Staufenbiel Institut	• meinestadt.de
• linkedin	• studentjob	• unicum.de
• greenjobs	• e-fellows.net	• stepstone
• xing	• connecticum	• eBaykleinanzeigen
• Staufenbiel Institut	• berufsstart	• ausbildung.de
• absolventa	• jobmensa	• stellenonline
• jobbörse.de	• campusjaeger	• Staufenbiel Institut

Die Auszeichnung wird vom ICR Institute for Competitive Recruiting auf der Personalmesse „Zukunft Personal" verliehen. Die Tabelle listet jeweils nur die ersten zehn Plätze auf. Die ausführlichen Berichte finden Sie auf http://www.deutschlandsbestejobportale.de/[2]

Online-Stellenbörsen in Tageszeitungen

Weniger Suchergebnisse bringt die Recherche in den Stellenmärkten der Tageszeitungen, obwohl deren Online-Stellenmarkt für bestimmte Branchen sicherlich relevant ist, beispielsweise in der *FAZ* (https://stellenmarkt.faz.net/) für kaufmännische Fach- und Führungspositionen oder in *Die Zeit* (http://jobs.zeit.de/) für den Arbeitsmarkt in Wissenschaft und Forschung sowie den öffentlichen Dienst. Auch bei einer regionalen Recherche kann die Berücksichtigung des Online-Angebots der dort ansässigen Tageszeitung sinnvoll sein, wie beispielsweise die „Jobwelt" der *Neuen Osnabrücker Zeitung* (https://jobs.noz.de/) oder das Portal „Jobs" in der Sächsischen Zeitung (https://www.sz-jobs.de/).

Meine Kundin jedenfalls suchte sich aus den durchschnittlich nun schon sieben relevanten Suchergebnissen zwei pro Woche aus, die tatsächlich gut zu ihrer Qualifikation passten und sie besonders interessierten, und bewarb sich so innerhalb von sechs Wochen auf zwölf Stellenangebote. Sie wurde in diesem Zeitraum viermal eingeladen und hat wenig später eine Ph.D.-Stelle in Stockholm angenommen. Nach der Stellenzusage trudelten zwei weitere Einladungen zu Interviews ein, die sie jedoch nicht mehr wahrnahm. Sie war schon auf dem Weg nach Schweden!

---

[2] Die Inhalte der Websites Dritter sind nicht zu beeinflussen. Deshalb kann für diese fremden Inhalte auch keine Gewähr übernommen werden. Für die Inhalte dieser Seiten ist stets der jeweilige Anbieter oder Betreiber verantwortlich. Alle Websites, auf die in diesem Ratgeber direkt verwiesen wurde, sind zum Zeitpunkt der Veröffentlichung auf mögliche Rechtsverstöße überprüft worden. Rechtswidrige Inhalte waren zum Zeitpunkt der Verlinkung nicht erkennbar.

Verwandte Themen:

* Lohnt sich meine Bewerbung überhaupt? Zur Analyse von Stellenanzeigen

B. A.-Absolventin Sophie Kleinschmidts E-Mails an ihren Bruder Lukas – Teil 1, Betreff: Null Plan

Hi Lukas,

wie steht's? Hast du einen Plan, was nach dem Abi kommt? Oder ist chillen angesagt?

Du wirst es nicht glauben, aber ich weiß nicht weiter. Ich wollte eigentlich nach dem Auslandsjahr entweder in Berlin weiterstudieren oder ein Praktikum in einem Ministerium (oder notfalls in einer Partei) oder vielleicht sogar direkt in Brüssel oder Genf machen, hab sogar schon meine Internetprofile aufpoliert (hast du ja gesehen!). Doch jetzt weiß ich grad gar nichts mehr. Was ist, wenn Papa seinen Job verliert? Er verhält sich so merkwürdig. Und dann ist da ja jetzt Daniel. Der ist Teamleiter auf einem Kreuzfahrtschiff.

Wie findest du ihn eigentlich? Du hast ihn gestern auf Opas Geburtstag gesehen! Bevor das Buffet eröffnet wurde, hat er sich mit Andreas unterhalten. Oder zumindest versucht – er wusste da noch nicht, dass ein Gespräch mit unserem Onkel ziemlich einseitig sein kann. Habt ihr auch gesprochen? Antworte ASAP, stehe auf dem Schlauch ...

LG, Sophilia

PS: Habe eine interessante Stellenanzeige gesehen. Ist allerdings schon länger online. Daniel meint, Stellenanzeigen werden nicht nur veröffentlicht, wenn ein Job zu besetzen ist. Es kann sich auch um eine Marketingstrategie handeln, nach dem Motto: „Seht her, wir sind gut im Geschäft und expandieren." Tante Katharina sagt, dass Stellenanzeigen häufig projektgebunden sind und Mitarbeiter bereits in der Planungsphase gesucht werden, um mit Projektbeginn direkt starten zu können. Wenn das Projekt dann nicht zustande kommt, wird auch nicht eingestellt.

→ Lesen Sie unter dem Kapitel „Motivationsschreiben: Durch Wollen zaubern!", wie es bei Sophie Kleinschmidt weitergeht.

→ Was vorher geschah: Den Anfang der Geschichte von Sophie Kleinschmidt finden Sie im Kapitel „Familie Kleinschmidt stellt sich vor". ◄

Welche Richtung soll ich einschlagen? Berufliche Orientierung und Eignungstests

Manche Menschen wissen immer ganz genau, wo es für sie langgeht. Für diese Menschen ist dieses Kapitel *nicht* geschrieben! Es geht hier um diejenigen, die gelegentlich einen Kompass brauchen, um auf dem eigenen Werdegang nicht falsch abzubiegen. Klassische Stationen für Irrwege sind das Ende der Schulzeit und der Abschluss des

Studiums, später die Entscheidung für eine Karriere als Führungskraft oder Experte, aber auch die Neuorientierung nach unerwarteter Freistellung oder schwerer Krankheit.

Denn manchmal ist es gar nicht so einfach, sich selbst einzuordnen. Dabei gibt es drei gute Navigationshilfen, um sich darüber im Klaren zu werden, welche Richtung eingeschlagen werden könnte: (1) Gespräche, (2) Beratung und (3) Tests.

(1) Gespräche

Der erste Schritt ist das Gespräch mit der Familie und Freunden. Fragen Sie Ihren Partner oder Ihre Partnerin, Ihre Eltern, Ihre beste Freundin, den Lieblingslehrer oder einen engen Arbeitskollegen, wo Ihre Interessen und Stärken liegen könnten. Eine Person Ihres Vertrauens hat Sie schon in guten und in schlechten Zeiten erlebt und weiß, wann Sie aufblühen und was Sie stresst.

Angebracht ist es, mit Menschen aus verschiedenen Lebenszusammenhängen zu sprechen. Denn die Aussagen werden aus einer bestimmten Perspektive getroffen: Eltern bevorzugen häufig einen sicheren Weg, wohingegen bei Freunden auch der Spaßfaktor zählt. Der Partner oder die Partnerin hält womöglich nichts von getrennten Wohnsitzen, während der Arbeitskollege selbst von einem Aufbruch träumt. Alle Ideen zusammengenommen, werden Sie aber vermutlich eine Vorstellung davon bekommen, welches Ziel Sie anvisieren könnten.

(2) Beratung

Wünschen Sie weitere Orientierung, bietet sich das Gespräch mit professionellen Beratern an: Dies kann die Studien- und Berufsberatung oder auch die Wiedereingliederungsberatung der Agentur für Arbeit sein, Hochschulen haben Karrierecenter eingerichtet, die neben der Studienberatung häufig auch Berufsorientierung anbieten. Die Industrie- und Handelskammer und die Handwerkskammer informieren zu Ausbildungsberufen und Aufstiegsfortbildungen, bei Berufsverbänden (hier allerdings meist nur über die Internetseiten) erfahren Sie etwas über Karrieremöglichkeiten von Steuerberatern, Medizinerinnen, Architekten und Ingenieurinnen.

Darüber hinaus können Sie einen privaten Berater oder Coach konsultieren, der Ihnen bei der Entwicklung einer beruflichen Perspektive zur Seite steht. Manche Personalberatungen arbeiten nicht nur für Unternehmen, sondern auch für Berufstätige. Wenn eher schwieriges Gelände durchquert werden soll, hilft ein auf Karriereentwicklung und Neuorientierung spezialisierter Coach weiter.

Online-Angebote
Das erste Angebot ist bundesweit, die anderen drei zeigen weitere in jeder Region verfügbare Informations- und Beratungsangebote am Beispiel Osnabrück.

- Interaktive Unterstützung der **Bundesagentur für Arbeit** für Schüler/innen bei der Berufs-/Studienwahl:
  https://www.arbeitsagentur.de/schule-ausbildung-und-studium
- Infos der **Hochschulen** zu Studiengängen und Beratung zum Berufseinstieg nach dem Studium:
  https://www.hs-osnabrueck.de/de/career-services/
- Infos der **Industrie- und Handelskammern** zu Ausbildungsberufen und Aufstiegsfortbildung:
  https://www.osnabrueck.ihk24.de/aus_und_weiterbildung/
- Infos der **Handwerkskammern** zu Berufen und Aufstiegsfortbildung im Handwerk, Liste mit Beratern:
  http://www.hwk-osnabrueck.de/

(3) Tests

Einige Berater/innen bieten lebenslaufbasierte Verfahren oder auch Tests an, mit denen Sie Ihre Motivation und Eignung für bestimmte Berufszweige erkunden können. Und natürlich finden Sie im Internet diverse Testverfahren zur beruflichen Orientierung: für Berufseinsteiger/innen, die an einer Ausbildung oder einem Studium interessiert sind, ebenso wie für Berufserfahrene, die sich neu ausrichten möchten.

Die Ergebnisse seriöser Tests weisen allenfalls auf ein bestimmtes Gebiet hin, das möglicherweise Ihre berufliche Heimat werden könnte. Sie müssen dieses dann daraufhin erkunden, ob es mit den Erkenntnissen aus den ersten beiden Schritten übereinstimmt. Häufig liefern Tests nichts Neues, sondern bestätigen lediglich das, was Sie sich ohnehin schon gedacht haben. Nur in den seltensten Fällen werden bislang ungeahnte Kompetenzen entdeckt, die völlig neue Perspektiven eröffnen. Aber eine Bestätigung der vermuteten Motivation und Eignung kann Ihnen die nötige Sicherheit geben für die weitere Planung und Umsetzung der Bewerbungsstrategie. Auch ist ein solches Testergebnis gut als Argument für Ihre Befähigung in der Bewerbung unterzubringen.

Wenn trotz sorgfältiger beruflicher Orientierung sich die Entscheidung für einen bestimmten Weg im Nachhinein doch als nicht ganz ideal herausstellt: Das Wichtigste ist, überhaupt loszugehen. Und im Übrigen halten kleine Irr- und Umwege auch ganz schön fit!

Kostenlose Tests zur (Neu-)Orientierung im Internet:
- für Schüler, die eine Ausbildung oder ein Studium anstreben:
  www.finest-jobs.com/Berufstest/Kostenloser-Test

www.schuelerpilot.de/orientierungstest
www.futureplan.de/career/starte-durch/berufswahltest
www.check-u.de
- für Abiturienten, die sich für ein Studium interessieren:
- http:/borakel.de (Berufseignungstext der Ruhr-Universität Bochum mit gut verständlichem Feedback und ausführlichen Anregungen für die Studienwahl)
- für Schüler, junge Erwachsene und Berufstätige über 40, die sich neu orientieren wollen:
http://was-will-ich-werden.de

Verwandte Themen:

- Das Karriereziel – passend zu Kompetenz und Persönlichkeit
- Steigerung der (Arbeits-)Zufriedenheit durch Jahresbilanz und Zielformulierung
- Karriere als Führungskraft oder Expertin – Ihre Entscheidung
- Machen Sie sich ein Bild von sich: die Potenzialanalyse

Abiturient Lukas Kleinschmidts WhatsApp-Nachrichten an seine Schwester Sophie – Teil 1

Keinen Schimmer, was nach dem Abi ist. Erst mal nichts, wenn's nach mir geht. [10:17]

Auf der Feier hat mich Tante Katharina zugetextet, soll Kompetenz-Test machen. Hat auch Links geschickt. Unentspannt wie immer. [10:19]

Schröder (LK Englisch) sieht mich ,unbedingt im sozialen Bereich', hat keine Ahnung. Sollte mal ins Flüchtlingsheim gehen. Was aber nervt, Karim trinkt nix. Den kannste abends echt nicht mitnehmen. Hast du ja gesehen auf meinem Geburtstag. Der haut ab, wenn es wild wird. [10:20]

Daniel hab ich nebenbei gesehen, vorm Abgang. Sieht nett aus, aber normal. 😐 Russe? Cool, kann bestimmt feiern! 🍺 Hat sich bei Opa aber zurückgehalten?! [10:22]

Geh doch vorm Master arbeiten, wo Daniel wohnt. Dann checkst du, wie's weitergeht. Außerdem steht eine Kostenreduktion an, wenn ich die elterlichen Vibes richtig deute. Kann täuschen. Vielleicht sollte ich jobben, aber sag das dem Erziehungsberechtigten. [10:27]

→ Lesen Sie unter dem Kapitel „Innovative Bewerbung – ich suche mir meinen neuen Arbeitsplatz selbst aus", wie es bei Lukas Kleinschmidt weitergeht.

→ Was vorher geschah: Den Anfang der Geschichte von Lukas Kleinschmidt finden Sie im Kapitel „Familie Kleinschmidt stellt sich vor". ◀

Steigerung der (Arbeits-)Zufriedenheit mit Jahresbilanz und Zielformulierung

Sinn einer ganzheitlichen Jahresbilanz und Zielformulierung ist es, zu einem Gleichgewicht zu kommen, das den persönlichen Prioritäten entspricht, damit das (Berufs-) Leben befriedigend bleibt oder wieder wird. Durch eine solche Überprüfung der Arbeitssituation stellen Sie zweierlei sicher: Erstens sorgt die jährliche Durchführung dafür, dass keine ernsthafte Unzufriedenheit entsteht, und zweitens wird eine kontinuierliche professionelle und persönliche Weiterentwicklung gefördert. Der Fragebogen hilft Ihnen dabei, das im vergangenen Jahr Erreichte zu beurteilen und sich für das kommende Jahr neue Ziele zu setzen. Bei vielen bestimmt die Arbeit das Leben; sie nimmt im Tagesablauf den größten Raum ein und zu ihren Gunsten wird manchmal auf anderes verzichtet. Im Fragebogen werden fünf Bereiche angesprochen, ausdrücklich auch solche, die nicht direkt mit der Berufstätigkeit zu tun haben: (1) Arbeit, (2) Geld/Sicherheit, (3) Soziales, (4) Gesundheit und (5) Werte. Denn vernachlässigen wir die letzten drei Bereiche, kann dies langfristig unsere Zufriedenheit, unser Wohlbefinden und letztlich die Leistungsfähigkeit beeinträchtigen.

Es werden zu jedem Bereich jeweils drei Fragen gestellt, die wesentliche Themen abdecken. Die freie Zeile bietet Raum für ein Thema, das Ihnen zurzeit besonders wichtig ist.

Umgang mit dem Fragebogen

Vergeben Sie als Antwort auf jede Frage einen Wert von

1 (trifft kaum bis gar nicht zu),
2 (trifft mehr oder weniger zu) oder
3 (trifft weitestgehend bis ganz zu).

Notieren Sie auf einem separaten Blatt die Themen, die mit 1 oder 2 bewertet wurden, und bringen Sie diese in eine **Rangfolge.** Oben stehen die Themen, die Ihnen besonders wichtig sind, unten die weniger wichtigen; ganz streichen Sie Themen, mit denen Sie sich zurzeit nicht beschäftigen wollen.

Überlegen Sie, durch welche **Maßnahmen** Sie bei den zwei obersten Themen einen Wert von 3 erreichen können. Bedenken Sie, dass Themen, die Sie zurzeit mit 3 bewertet haben, eventuell durch diese Maßnahmen beeinträchtigt werden. Vielleicht möchten Sie ein Thema austauschen oder alternative Maßnahmen wählen, mit denen Sie Ihr Ziel erreichen können.

Schließlich legen Sie die **Reihenfolge** der erforderlichen Maßnahmen und einen **Zeitplan** für deren Umsetzung fest. Besprechen Sie Ihre Pläne mit den Personen, die davon betroffen sind, und machen Sie dabei deutlich, wie wichtig Ihnen das Erreichen Ihrer Ziele ist.

Überprüfen Sie in regelmäßigen Abständen (je nach Thema zum Beispiel einmal in der Woche, im Monat oder im Quartal), wie weit Sie Ihrem Ziel nähergekommen sind. Passen Sie Maßnahmen und Zeitplan erforderlichenfalls an.

Legen Sie los!

Den Fragebogen „Ganzheitliche Jahresbilanz und Zielformulierung" finden Sie auch als Zusatzmaterial zu diesem Ratgeber. Den Fragebogen ergänzend ist im Zusatzmaterial zum Download das *Arbeitsblatt Soll-Ist-Abgleich inkl. Ableitung von Maßnahmen* enthalten. Dieses ist auf die Verbesserung der aktuellen Arbeitssituation ausgerichtet.

Verwandte Themen:

- Das Karriereziel – passend zu Kompetenz und Persönlichkeit
- Karriere als Führungskraft oder Expertin – Ihre Entscheidung
- Machen Sie sich ein Bild von sich: die Potenzialanalyse

Fragebogen Jahresbilanz und Zielformulierung

Frage	Wert
Arbeit 1) Waren Sie im letzten Jahr mit den Arbeitsinhalten zufrieden? 2) Werden Sie im Kollegenkreis, von Vorgesetzten und Kunden/Kundinnen für Ihre Leistungen anerkannt? 3) Konnten Sie sich neue Arbeitsinhalte, eine neue Perspektive erschließen? 4) _____	
Geld/Sicherheit 5) Ist Ihr Gehalt Ihrer Position und Ihren Leistungen angemessen? 6) Haben Sie durch Ihr Gehalt oder andere Quellen ein sicheres Auskommen? 7) Ist in absehbarer Zeit eine Gehaltserhöhung oder sind sonstige Zuwendungen zu erwarten? 8) _____	
Soziales 9) Wie gut ist Ihr Verhältnis zu Ihren Kollegen/Kolleginnen, zu Mitarbeitern/Mitarbeiterinnen, zu Vorgesetzten? 10) Kommen Sie gut mit Ihren Kunden und Kundinnen zurecht? 11) Bleibt Ihnen neben der Arbeit genug Zeit für Partnerschaft, Familie und Freunde und Freundinnen? 12) _____	

Frage	Wert
Gesundheit/Wohlbefinden	
13) Sind Sie körperlich aktiv und fühlen sich fit?	
14) Erleben Sie Ihre Gefühlswelt insgesamt als eher positiv?	
15) Sind Sie mit Ihren Ernährungsgewohnheiten zufrieden?	
16) _____	
Werte	
17) Empfinden Sie Ihre aktuelle Lebenssituation als befriedigend?	
18) Können Sie sich mit Ihrer Arbeit und Ihrem Arbeitgeber identifizieren?	
19) Ist es Ihnen möglich, Ihre Ideale und Werte umzusetzen?	
20) _____	

Personalleiterin Katharina Ast-Maibauers Arbeitsjournal – Teil 1

27.09.

Themen des Monats: Vorbereitung der Jahresgespräche; Wertschätzung des Inhouse-Coachings; Schwesterntreffen

Schon Ende September, der Urlaub ist vorbei, und wieder steht die Vorbereitung der Jahresgespräche an. Jedes Jahr die gleichen Gespräche, häufig mit denselben Leuten. Es wäre ja in Ordnung, wenn in der Zwischenzeit die nötigen Schritte passieren würden, doch die Klagen wiederholen sich, weil zu wenig in die Entwicklung der persönlichen Kompetenz investiert wird (oder werden kann, wie unser erster Seniorpartner sagen würde, oder sagen wird, wie ich hinzufügen muss). Coaching ist in, darf aber nicht wehtun! Einerseits habe ich nur fünf Termine pro Bereichsleiter*in, andererseits muss ich meinen Kolleg*innen den Spiegel mit Samthandschuhen hinhalten, damit sie sich erkennen mögen, dem Coaching zustimmen und die Termine wahrnehmen.

Man sagt, externes Coaching sei besser, weil dort kein Abhängigkeitsverhältnis zwischen Coach und Coachee besteht. Das mag sein, zumindest erlebe ich im Mentorinnen-Programm ein freieres Arbeiten. Was aber sicher auch darin begründet ist, dass kein so großer Erfolgsdruck auf beiden Seiten lastet. Das Programm wird von der Mentee als Zugewinn betrachtet. Vielleicht sollte ich im Unternehmen ein Verfahren einführen, damit sich die Teilnehmer*innen um ein Coaching bewerben müssen. Dann wäre möglicherweise die Bereitschaft zur Mitarbeit größer …

Gestern hat mich Monika auf unserem monatlichen Schwesternsamstag nach einem Tool aus dem Mentorinnen-Programm zur Formulierung eines Karriereziels gefragt. Ich werde es ihr zu unserem nächsten Treffen mitbringen und erläutern. Vermutlich geht es um Thomas – in seiner Firma scheint es gehörig zu rumoren, was ich so auf den Erfa-Treffen höre.

→ Lesen Sie unter dem Kapitel „Karriere als Führungskraft oder Expertin – Ihre Entscheidung", wie es bei Katharina Ast-Maibauer weitergeht.

→ Was vorher geschah: Den Anfang der Geschichte von Katharina Ast-Maibauer finden Sie im Kapitel „Familie Kleinschmidt stellt sich vor". ◄

Fort- und Weiterbildung – was bringt's?

Fort- und Weiterbildung ist eine gute Sache: Unternehmen umwerben mit Weiterbildungsmöglichkeiten neue Mitarbeiter/innen, Fortbildungsanbieter versprechen ihren Kunden und Kundinnen bessere Karriereaussichten und mehr Verdienst, und als Teilnehmer/in lernen Sie ja auch etwas für den Job oder wenigstens nette Leute kennen. Doch manchmal fragt sich der arbeitende Mensch: Lohnen sich Mühsal und Aufwand denn wirklich? Wie immer: ja und nein.

Lohnt sich Fort- und Weiterbildung?

Lebenslanges Lernen mag für manche wie eine Drohung klingen, ist aber aufgrund von Technisierung und Internationalisierung in fast allen Berufen unumgänglich. Der Fort- und Weiterbildungsmarkt ist heute sowohl Wirtschaftskatalysator als auch erheblicher Wirtschaftsfaktor, wenn er auch manch seltsame Blüte treibt und nicht jedes Seminar hält, was es verspricht. Bei der Auswahl eines Angebots sollten Sie daher auf Qualität achten: auf die Praxisrelevanz der Inhalte, die Kompetenz der Lehrenden und die Anerkennung und Markttauglichkeit des Zertifikats. Dabei hilft beispielsweise die Checkliste zur „Qualität beruflicher Weiterbildung" (https://www.bibb.de/de/14260.php) des Bundesinstituts für Berufsbildung.

Inhalte sind jedoch nicht allein ausschlaggebend für den Besuch einer Weiterbildung. Häufig müssen Bescheinigungen (Ausbildereignung, Qualitäts- und Sicherheitszertifikate, Fachkunde, Meisterbrief) oder eine vorgeschriebene Anzahl von Fortbildungspunkten erlangt werden, um bestimmte Tätigkeiten ausüben zu dürfen. Sie können diese Vorschriften als reines Erfordernis abtun, die Zeit im Seminar absitzen und mit möglichst wenig Mühe den Abschluss erlangen. Sie können diese Weiterbildungen aber auch nutzen, um inhaltlich etwas Neues mitzunehmen oder Kontakte zu Fachkolleginnen und -kollegen zu knüpfen. Diese sind für das berufliche Fortkommen möglicherweise sogar nützlicher als ein weiteres Zertifikat.

▶ **Fort- oder Weiterbildung: Wo ist der Unterschied?** Landläufig werden die Begriffe Fortbildung und Weiterbildung synonym verwendet. Doch es besteht ein Unterschied: Als **Fortbildung** werden Maßnahmen bezeichnet, die sich direkt auf die ausgeübte Tätigkeit beziehen und deren Finanzierung häufig vom Arbeitgeber übernommen wird. Das sind Erhaltungs-, Anpassungs- und Erweiterungsfortbildungen, in denen Kenntnisse erlangt werden, die eine weitere Ausübung der Tätigkeit angesichts neuer Anforderungen möglich machen. Außerdem ist als Fortbildung die Aufstiegsfortbildung definiert, die der

Erschließung eines größeren Verantwortungsrahmens dient (siehe dazu mehr im Haupt-text). Unter einer **Weiterbildung** werden Maßnahmen verstanden, die den Ausbau der eigenen Qualifikation verfolgen und nicht in direktem Zusammenhang mit der aus-geübten Tätigkeit stehen.

Aufstiegsfortbildung, nebenberuflich studieren oder Weiterbildungsseminar?

Wenn Sie aber gezielt nach einer Fort- oder Weiterbildung suchen, um beruflich voranzu-kommen, was wäre da zu empfehlen? Abgesehen von den unerlässlichen gesetzlich vor-geschriebenen oder im Unternehmen vorgesehenen Qualifikationen haben Sie freie Wahl unter verschiedensten Angeboten. Die Auswahl umfasst:

1. klassische Aufstiegsfortbildungen und berufsbegleitende Studiengänge sowie
2. Fach- und Führungsseminare unterschiedlichster Dauer und Intensität.

Die klassischen Aufstiegsfortbildungen (beispielsweise Fachkaufmann/frau, Fachwirt/in, Industrie- und Handwerksmeister/in, Betriebswirt/in oder Techniker/in) erfolgen nach den Regeln der Kammern bzw. Fachschulen und haben den Vorteil, dass sie mit einem bei Arbeitgebern anerkannten Abschluss beendet werden (Infos dazu auf dem Portal Planet-Beruf der Bundesagentur für Arbeit: https://dpaq.de/MiGnx). Laut führendem Gehaltsportal gehalt.de zeigt sich, dass Mitarbeiter/innen zwei Jahre nach Abschluss ihrer Aufstiegsfortbildung eine bessere Position bekleiden konnten und ein höheres Gehalt bezogen haben (https://www.gehalt.de/news/mba-fachwirt-und-meisterbrief-mehr-gehalt-durch-weiterbildungen). Auch bei den berufsbegleitenden Studiengängen – ob als Teilzeit- oder Fernstudium – ist ein Abschluss bei einer anerkannten Hochschule anzustreben, weil damit später tatsächlich oft die erwünschte Karriereentwicklung realisiert werden kann.

In Deutschland schreitet die Akademisierung der Ausbildung voran und viele Unter-nehmen schreiben heute Stellen für Hochschulabsolventen aus, bei denen früher eine duale Berufsausbildung genügte. Für jüngere Arbeitnehmer/innen ist es daher eine Überlegung wert, ob für sie statt oder auch nach einer Aufstiegsfortbildung ein Studium infrage kommt. Die (Fach-)Hochschulzugangsberechtigung liegt jedenfalls nicht nur durch das Abitur vor, sondern häufig auch nach einer Fortbildung auf Meisterebene oder einer mindestens zweijährigen Berufsausbildung plus dreijähriger Berufspraxis.

Finanzielle Förderung

In beiden Fällen kann es hilfreich sein, BAföG zu beantragen. Aufstiegs-BAföG (https://www.aufstiegs-bafoeg.de/) fördert eltern- und altersunabhängig die Vorbereitung auf

Fortbildungsabschlüsse nach einer ersten Berufsausbildung (höchstens einem Bachelor-abschluss). Alternativ steht Studieninteressierten das klassische BAföG als unver-zinsliches Darlehen zur Verfügung, das ab einer bestimmten Anzahl von Berufsjahren elternunabhängig gewährt wird, allerdings im Regelfall nur bis zum 30. bzw. 35. Lebens-jahr bei Abschluss des Bachelor- bzw. Masterstudiums.

Individuelle Berufswünsche und Anforderungen des Arbeitsplatzes stehen im Vordergrund

Doch nicht immer soll und kann so viel Zeit und Geld investiert werden, sodass eine längere Aufstiegsfortbildung oder ein Studium nicht in Betracht kommt. Häufig ist es auch gar nicht nötig, einen gesonderten Abschluss zu erlangen, um die gewünschte Position bekleiden zu können. Es reicht meist völlig aus, sich gezielt bestimmte Kompetenzen anzueignen oder einen „angesagten" Titel für den nächsten Karriereschritt oder die Erschließung eines neuen Aufgabengebiets zu erwerben.

Die Bandbreite der von meinen Kunden und Kundinnen besuchten Weiterbildungen reicht von Systemischer Familienberatung bis zur Magnetischen Resonanzspektro-skopie; die meistgebuchten Inhalte betreffen jedoch Führung, Kommunikation, Englisch und Managementtechniken. Je nach aktueller Hierarchieebene sollten angesehene Anbieter ausgewählt werden. Während bei Fachkräften ein gutes Volkshochschul-seminar den nötigen Input bringt, bevorzugen Führungskräfte und Spezialisten besser ein renommiertes Fortbildungsinstitut oder Verbandsfortbildungen ihrer Branche. Die Investition zahlt sich auch aufgrund des Ansehens des Anbieters und der Gelegenheit zum Networking wieder aus.

Absolutes Muss: Englisch- und EDV/IT-Kenntnisse
Englisch- und EDV/IT-Kenntnisse gehören heute zu den sogenannten Kultur-techniken. Es handelt sich bei ihnen also um kulturelle und technische Kompetenzen zur gesellschaftlichen Teilhabe, die von der Mehrheit der Bevölkerung beherrscht werden.

Damit ist die Frage bereits beantwortet, ob sich eine Fortbildung in Business English oder Excel denn lohne, es sei doch nicht sicher, ob solche Kenntnisse überhaupt in der nächsten Stelle gebraucht würden. Selbstverständlich lohnt es sich! Wenn nicht in dieser, dann in der Probezeit zur nächsten Stelle oder bei der Übernahme durch einen Konzern. Dann wird der Verbleib im Unternehmen mit davon abhängen, wie selbstverständlich eine Verständigung auf Englisch oder wie souverän der Umgang mit EDV ist.

Flucht in Fort- und Weiterbildung

In meiner Praxis als Karriereberaterin erlebte ich gelegentlich hoch qualifizierte Menschen, die sich von einem Seminar zum nächsten hangelten, ohne dass sich deswegen etwas an ihrer beruflichen Situation änderte. Neben fachlichem Interesse kann auch die Flucht vor der Arbeit (aufgrund von Langeweile, Überforderung oder Konflikten) Auslöser für den Besuch des x-ten Seminars sein. In diesem Fall wäre es eigentlich nötig, einmal genau hinzusehen, was die Arbeit so unerträglich macht, und auf dieser Basis entweder eine tatsächlich zielführende Fortbildung oder ein Coaching zur persönlichen Weiterentwicklung zu besuchen und sich dann beruflich zu verändern.

Doch wofür Sie sich auch entscheiden: Wesentlich ist es, sich die berufliche Weiterentwicklung selbst zuzutrauen, die Fort- oder Weiterbildung mit Elan anzugehen und danach den nächsten Schritt zu wagen – mit der Leitung sprechen oder sich eine neue Tätigkeit suchen. Der Rest kommt dann erfahrungsgemäß on the Job!

Verwandte Themen:

- Das Karriereziel – passend zu Kompetenz und Persönlichkeit
- Steigerung der (Arbeits-)Zufriedenheit mit Jahresbilanz und Zielformulierung

Erzieherin Monika Kleinschmidts erlebtes Tagebuch – Teil 1

Sonntag, 27. September

Seit ich Tagebuch führe, merke ich, wie ruhig die Sonntage sind – ich habe jedenfalls jede Menge Zeit, alles aufzuschreiben, was in der Woche passiert ist und was mir durch den Kopf geht. Aber auch sonst ist es ruhig geworden in meinem Leben. Klar, ich könnte mich natürlich über Lukas aufregen, der die Nacht zum Tag macht und dessen verwüstetes Zimmer ich nur noch im Notfall betrete. Thomas meinte heute beim Frühstück, ich würde alles zu leicht nehmen, und ich vermute, er findet, dass ich meinen erzieherischen Pflichten Lukas gegenüber nicht ausreichend nachkomme. Manchmal habe ich schon ein schlechtes Gewissen, weil ich lieber lese oder fernsehe, als Lukas wiederholt zu ermahnen, seine schmutzige Wäsche aufzusammeln. Aber Thomas macht sich momentan ohnehin über alles Sorgen. Am meisten beunruhigt ihn die Unsicherheit in der Firma. Möglicherweise verliert er seine Stelle. Das hat er natürlich nicht gesagt, aber er erzählt dauernd von Kollegen, die entweder selbst gekündigt haben oder gekündigt wurden. Sollte ihm das passieren, würde eine Welt für ihn zusammenbrechen. Wenn er wenigstens darüber reden würde! Aber er vergräbt sich nur in seine Arbeit. Auch finanziell wäre es ein Einschnitt: Vielleicht studieren nächstes Jahr beide Kinder. Wenn wir weniger Geld hätten, könnten sie sich den

Studienort nicht aussuchen, sondern müssten vor Ort die Uni besuchen, und Sophie könnte nicht mehr ein Auslandssemester und Auslandspraktikum nach dem anderen machen.

Ich könnte natürlich auf eine volle Stelle aufstocken, aber ob ich das Kindergeschrei den ganzen Tag ertragen würde? Besser wäre es, davon freigestellt zu sein, doch dann müsste ich in die Leitung gehen – was auch noch etwas mehr Geld bringen würde … Aber wenn ich schon meinen Sohn nicht im Griff habe, wer würde mir denn die Führung einer ganzen Kindertagesstätte zutrauen? Obwohl, als mir Katharina gestern die neue Verantwortungsmatrix erläutert hat, die sie zusammen mit ihrem Team entwickelt hat: Das könnte ich doch auch. Morgen schaue ich mir erstmal das neue Programm über die städtischen Fort- und Weiterbildungen für Kita-Leitungen an.

→ Lesen Sie unter dem Kapitel „Erziehungszeit und Familienphase – angeben oder weglassen", wie es bei Monika Kleinschmidt weitergeht.

→ Was vorher geschah: Den Anfang der Geschichte von Monika Kleinschmidt finden Sie im Kapitel „Familie Kleinschmidt stellt sich vor". ◄

Zur Optimierung von Arbeitszeugnissen: Motive und Vorgehen

Als Karriereberaterin hatte ich häufig mit Arbeitszeugnissen zu tun: Ich las sie, um etwas über den Werdegang und die Kompetenz meiner Kunden und Kundinnen zu erfahren; ich erstellte Zeugnisse im Auftrag von Arbeitgebern, Arbeitnehmern oder Rechtsanwältinnen, wenn das Unternehmen nicht die Ressourcen dazu hatte oder dies im Zuge arbeitsrechtlicher Auseinandersetzungen so vereinbart war; und ich wurde oft – zum Beispiel von Kunden wie Herrn Kleinschmidt – um die Analyse und in deren Folge um die Optimierung von Arbeitszeugnissen gebeten. Dann ging es um die Frage: Was soll eigentlich ausgedrückt werden und was steht wirklich im Zeugnis? Dieses Kapitel beschäftigt sich mit den Motiven und dem Vorgehen bei einer Zeugnisoptimierung.

Ich möchte hier den häufigeren Fall schildern, in dem ein Arbeitnehmer am (drohenden) Ende eines Arbeitsverhältnisses ein Zeugnis erhält und sich nicht ganz sicher ist, ob die Darstellung der Sachverhalte und die Beurteilung seiner Leistung und seines Verhaltens angemessen sind.

Die wenigsten Zeugnisse sind sprachlich, formal und inhaltlich einwandfrei. In der Regel stellte ich ein paar Rechtschreibfehler fest, manchmal ist der Aufbau des Zeugnisses ungewöhnlich oder es fehlen Beurteilungsaspekte, die aufgrund von Position oder Aufgaben erwartet werden dürfen.

Dass Zeugnisse solche Mängel aufweisen, kann verschiedene Gründe haben: Wenn ein Zeugnis ausgestellt wird, besiegelt dies oft das Ende der Zusammenarbeit der beiden

Vertragsparteien. Nicht jede Partei ist damit einverstanden. Wurde der Arbeitnehmerin gekündigt bzw. vermutet sie, dass das Unternehmen sich von ihr trennen möchte, fühlt sie sich möglicherweise ungerecht behandelt und damit häufig auch ungerecht beurteilt. Hat der Arbeitnehmer gekündigt, ist nicht jedes Unternehmen so souverän, den Verlust eines guten Mitarbeiters sportlich zu nehmen. Auch eine Schieflage des Unternehmens, längere Krankheit des Arbeitnehmers, Unstimmigkeiten im Team oder mit der Vorgesetzten schlagen sich möglicherweise in einer nicht sehr sorgfältigen oder wohlwollenden Ausstellung des Zeugnisses nieder.

Trotzdem ist nicht jeder Mangel ein Grund dafür, das Zeugnis ändern zu lassen, wenn ansonsten die Person eindeutig wertgeschätzt wird und die Leistungen eindeutig angemessen beurteilt werden.

Diese Eindeutigkeit stellt die größte Hürde für ein wirklich einwandfreies Zeugnis dar und sie ist aus meiner Sicht auch der wesentliche Grund, warum ein Zeugnis optimiert werden sollte. Denn in der Regel halten sich Arbeitgeber, wenn ein gutes Zeugnis ausgestellt werden soll, an die Standards und den Zeugniscode. Doch kann es unter Zeitdruck oder auch durch die Verwendung eines Zeugnisgenerators vorkommen, dass einzelne Beurteilungsaspekte widersprüchlich wirken, übertrieben klingen und nicht mit der zusammenfassenden Zufriedenheitsaussage harmonieren. Dann ist es ratsam, das Zeugnis auf ein Gesamtbild zu vereinheitlichen.

Vorgehensweise: In diesem Fall sollte der Arbeitnehmer umgehend Kontakt zu seinem (ehemaligen) Arbeitgeber aufnehmen. Es empfiehlt sich ein wertschätzendes, sachliches Vorgehen, bei dem zunächst einmal Wohlwollen und Entgegenkommen auf der anderen Seite unterstellt werden. Als Aufhänger eignen sich besonders die kleineren Tippfehler, derentwegen ohnehin eine Korrektur erfolgen sollte. Dann können auch die weiteren gewünschten Änderungen und Ergänzungen angesprochen werden. Sind Aufgaben unvollständig dargestellt oder fehlen Beurteilungsaspekte, ist es hilfreich, auf die Stellenbeschreibung oder Notizen aus Mitarbeiterbeurteilungen zurückgreifen zu können. Am einfachsten für beide Seiten ist es, wenn das vorhandene Zeugnis erfasst und optimiert wird, wobei die veränderten Stellen kenntlich gemacht und zum Beispiel in einem Begleitschreiben oder Telefonat kurz erläutert werden sollten.

Achtung: Je größer die Kränkung ist, die durch die Trennung verursacht wurde, desto stärker ist die Neigung bei der Arbeitnehmerin, auf einem übervollständigen und sehr detaillierten Zeugnis zu bestehen, bzw. beim Arbeitgeber, ein eher kurzes und oberflächliches Zeugnis auszustellen. Das zu knappe, aber auch das zu ausführliche Zeugnis wirkt auf den zukünftigen Arbeitgeber wie ein Alarmsignal, deutet es doch auf eine Auseinandersetzung hin.

Tipp: Fragen Sie bei einer guten Gelegenheit nach einem Zwischenzeugnis. Anlass kann das Ausscheiden eines Vorgesetzten sein, Ihr Wechsel in eine andere Abteilung oder die Übernahme von mehr Verantwortung oder eines neuen Aufgabenbereichs. Zu

diesem Zeitpunkt sind die Wogen glatt, es gibt einen offiziellen Grund für die Zwischen-
beurteilung und beide Seiten sind an einer weiteren Zusammenarbeit interessiert.

Verwandte Themen:

- Was steht zwischen den Zeilen? Arbeitszeugnisse verstehen

Projektingenieur Thomas Kleinschmidts berufliches Horrorszenario – Teil 1

Die ganze Nacht hatte er an sein Zeugnis denken müssen: Er würde es so nicht
akzeptieren. Nach zwanzig Jahren könnte man wohl erwarten, dass alle Aufgaben
richtig dargestellt und sein jahrelanger Einsatz für das Unternehmen angemessen
gewürdigt wird.

Doch nun saßen sie also im Flugzeug und flogen zu „seinem" Kunden, erst
Business Lounge, dann Priority Service und nun Business Class. Thomas befand
sich in Hochstimmung, endlich konnte er sein Expertenwissen vor Ort einbringen.
Die Maschine war sein Baby. Jede Schraube hatte er im Geiste nachgezogen, immer
wieder war er die Programmierung durchgegangen. Die Kunden wussten, welchen
Anteil er am Erfolg des Projekts hatte, und nun würden es auch seine neuen Kollegen
sehen und dies an seine Vorgesetzten weitergeben. Sollte dann die Reorganisation
kommen, so würde er als Leistungsträger übernommen werden. Trotz seines Alters.
Vielleicht würden sie ihm sogar die Leitung anbieten.

Plötzlich wurde das Flugzeug durchgerüttelt. Das Wetter war noch schlechter
geworden, der Regen war in einen Sturm übergegangen und die Wolkenfetzen flogen
nur so vorbei. Die Flugbegleiterinnen stellten den Service ein und der Pilot sagte eine
Gewitterfront an. Dann sackte das Flugzeug auf einmal ab. Die Motoren brummten
heftig, Leute schrien auf. Seine Begleiter, Schneider aus der Projektleitung und de
Boer, der neue Assistent vom Boss, sahen sich an und grinsten. Ihnen schienen die
Turbulenzen nichts auszumachen. Thomas wurde übel.

→ Lesen Sie unter dem Kapitel „Setzen – überqualifiziert! Wie Sie trotzdem eingeladen
werden", wie es bei Thomas Kleinschmidt weitergeht.

→ Was vorher geschah: Den Anfang der Geschichte von Thomas Kleinschmidt finden Sie
im Kapitel „Familie Kleinschmidt stellt sich vor". ◄

Karriere als Führungskraft oder Expertin – Ihre Entscheidung

Sie sind heute an jedem Mittagstisch anzutreffen: Experten, die sich mit ihren Fachkolleginnen lauthals in ihrer Spezialsprache verständigen. Wer hier Teamleiter ist,
ist noch nicht mal an der Kasse zu erkennen, es wird reihum bezahlt. Dabei führten

erfolgreiche Karrierewege lange Zeit automatisch ins Management, zu mehr Personalverantwortung und weniger Fachwissen. Doch die konstruktive Leitung eines Teams ist nicht jedem in die Wiege gelegt. Da bietet eine Fachkarriere eine angenehme, weil kameradschaftlichere und nervenschonendere Alternative.

Wann Führung nervt

Das vermeintliche Fehlverhalten oder – anders ausgedrückt – das Optimierungspotenzial von Mitarbeitern und Mitarbeiterinnen kann ungemein stressen, ist dieses doch fortgesetzt mit der Notwendigkeit verbunden, die träge Materie des Humankapitals zu besseren Leistungen zu bewegen. Gerade die untere Führungsebene und Manager/innen in Sandwichpositionen verzweifeln zuweilen an dieser Aufgabe: Scheint ein Verhalten abgestellt, wiederholt es sich an anderer Stelle. Ist gerade ein Sachverhalt zu durchdenken, erfordert ein Konflikt im Team die Aufmerksamkeit oder muss eine falsche Bestellung gerügt werden. Je verantwortlicher die eigene Position und je höher der Termindruck, desto schwieriger bis unmöglich ist es, in solchen Situationen die Nerven zu bewahren und ein kooperatives Führungsverhalten zu zeigen. Sie kennen das: die Ärztin, die in der Behandlung ihren Ärger herunterschluckt und geduldig das richtige Instrument anfordert, den Bereichsleiter, der in der Vertragsverhandlung voreilige Versprechungen eines Kundenberaters diplomatisch korrigieren muss. Gehören Sie zu den Menschen, die in solchem Verhalten die Chance zur Weiterentwicklung Ihres Teams sehen? Wunderbar, dann sind Sie eine geborene Führungskraft. Wenn Sie jedoch an solchen sich wiederholenden Situationen verzweifeln und eher zu Explosion und Frustration neigen, sollten Sie den eingeschlagenen Weg überdenken. Oder Abhilfe in einer Führungsfortbildung suchen.

Von patriarchalischer Führung zu Teambuilding

Denn es kann durchaus Spaß machen, Menschen zu führen. Nur mit anderen, die auf das übergeordnete Ziel hinarbeiten, können komplexere Leistungen erbracht werden. Undenkbar, dass Martin Luther die Reformation „ausgelöst" hätte, wäre nicht Melanchthon sein theoriesicheres Backup gewesen, hätte nicht Lucas Cranach den Reformator für Flugblätter porträtiert und seine Frau, Katharina Luther geb. von Bora, die Scharen der Schüler in seinem Hause beherbergt. Die Zeit war reif für die Veränderung, doch es brauchte Luther als charismatischen Strategen, der die neuen Ideen gegen innere wie äußere Widerstände vertrat. Er nutzte die Fähigkeiten der Menschen um ihn herum, verstand es, sie auf das Ziel einzuschwören, wobei er, wie überliefert ist, weder an überschwänglichem Lob noch an vernichtendem Tadel sparte. Ob er sich heute als Führungskraft eignen würde, ist fraglich. Das Modell des Patriarchen hat ausgedient. An seine Stelle sind kooperative Führungsstrategien, Führung durch Ziele und

Übertragung von Verantwortung, die personen- und situationsbezogene Mitarbeiterentwicklung und das Teambuilding getreten. Heute stehen bei den Mitarbeiterinnen und Mitarbeitern feinfühligere Naturen als Vorgesetzte im Kurs, die in ihrem Team auf Fairness und Mitbestimmung achten.

Führung lernen, Führung wollen

Glücklicherweise kann Führung zumindest teilweise erlernt werden. In großen Unternehmen gang und gäbe, in kleinen und mittleren Unternehmen aber nicht immer selbstverständlich ist die Ausbildung zur Führungskraft. Sicher wird nicht jede Bereichsleiterin zu einer begnadeten Führungsfigur, aber die faire Verteilung von Aufgaben und anständige Mitarbeitergespräche sollten damit gelingen. Gespräche zu Kritik, Gehalt, Fort- und Weiterbildung folgen bestimmten Regeln und lassen sich sehr gut vorbereiten. Schwieriger ist schon das Lösen von zwischenmenschlichen Konflikten im Kollegenkreis oder mit einem Teammitglied. Doch auch hier helfen Kommunikations- und Moderationstechniken, psychologisches Wissen oder schlicht die Bewusstmachung und Durchsetzung von Verantwortlichkeiten weiter. All dies wird in einer Führungskräfteausbildung vermittelt.

Nach wie vor stimmt aber trotzdem: Der Fisch stinkt vom Kopf. Führung muss gewollt und angenommen werden. Wenn ich keinen Plan habe, wohin sich mein Team bewegen soll, wird es keine gemeinsame Leistung erbringen können. Wenn ich trotz Führungsausbildung nicht weiß, was ich als Chef zu tun habe, werden meine Mitarbeiter und Mitarbeiterinnen sich nicht weiterentwickeln und es kommt zu den immer gleichen Beanstandungen. Wenn ich mich lieber mit Fachaufgaben befasse und Personalfragen als lästig ansehe oder aber auch, wenn ich Menschen einfach nicht besonders gerne mag, entscheide ich mich besser für eine Laufbahn als Experte.

Karriere als Experte oder Spezialistin

Früher eher selten, ist in unserer heutigen Wissensgesellschaft vermehrt auch eine Karriere als Experte oder Spezialistin möglich. Menschen mit enormem Spezialwissen in einem Bereich, aber ohne Führungsverantwortung wurden klassischerweise in Stabstellen an der Geschäftsführung angedockt und versorgten das Unternehmen von dort mit Expertise. Dies waren häufig Juristen oder Betriebswirtschaftlerinnen. Heute finden sich hochbezahlte Experten und Spezialistinnen in der Unternehmens- und Wirtschaftsberatung, der IT-Branche, der Medizin und in allen Bereichen der Forschung und Entwicklung sowohl in Unternehmen als auch an Hochschulen oder Forschungseinrichtungen. Sie sind Mitglied eines Teams, müssen dieses aber nicht führen. Das übernimmt eine berufenere Kollegin oder gleich ein Team- oder Projektleiter. Diese/r koordiniert als Führungsspezialist/in die interdisziplinären Teammitglieder, überwacht die Einhaltung von Anforderungen, Terminen und Kosten und kommuniziert mit angrenzenden Bereichen. So können sich die Experten ganz ihren Fachaufgaben widmen, sich mit Spezialistinnen anderer Disziplinen austauschen, ihren Sachverstand und ihre Detailkenntnisse ins Projekt einbringen. Natürlich ist auch hier ein Mindestmaß an zivilisierten Umgangsformen und verständlicher Ausdrucksweise gefordert. Zurück ins biedermeierliche Studierstübchen oder in die dunkle Nerdhöhle geht es nicht. Doch im Idealfall kann ich mich, mal von der augenscheinlich eher anregenden Mittagspause mit der Fachgruppe abgesehen, ganz meinem Flow hingeben.

Fazit: Manchmal ist der Seitenweg besser als der nach oben. Lassen Sie sich also gut ausbilden und suchen Sie sich die Karriere aus, die zu Ihnen passt!

Verwandte Themen:

- Das Karriereziel – passend zu Kompetenz und Persönlichkeit
- Steigerung der (Arbeits-)Zufriedenheit mit Jahresbilanz und Zielformulierung
- Fort- und Weiterbildung – was bringt's?
- Machen Sie sich ein Bild von sich: die Potenzialanalyse

Personalleiterin Katharina Ast-Maibauers Arbeitsjournal – Teil 2

25.10.

Themen des Monats: Monikas Aufstiegspläne; meine Karrierechancen im Unternehmen

Wer hätte das gedacht: Mein Schwesterherz verlässt ihre Komfortzone. Natürlich nicht für sich selbst, dazu ist sie zu sehr Mutter, nur für die Familie, damit sich die Kinder nicht einschränken müssen. Dabei sieht sie doch an Thomas, wie viel Spaß es macht, sich einem Projekt zu verschreiben, oder an mir, selbst Strukturen verändern und voranbringen zu können – ja doch, die Jahresgespräche laufen besser als erwartet, ich war nur müde und nach dem Urlaub noch nicht wieder drin. Immerhin ist sie von uns dreien die Älteste und hat ihre Kinder doch gut erzogen (auch wenn sie es bei Lukas gelegentlich anders sieht). Das wird sie ganz sicher schaffen. Ich weiß noch, wie sie bei Mutters Krankheit einen Plan aufgestellt und jedem von uns eine Aufgabe zugeteilt hat, damit Papa nicht alles allein machen musste. Es gab keine Ausflüchte. Mit Organisation und moralischer Ansprache hat sie ihre Ideen eisern durchgesetzt.

Auch ich muss mir Gedanken machen, ob ich bleiben möchte oder etwas Neues anstrebe. Ein Aufstieg zur Partnerin im Unternehmen ist nicht möglich, das geht nur mit Steuerberater- oder besser noch Wirtschaftsprüferexamen. Der Standesdünkel! – als ob das für die Personalfragen entscheidend wäre. Seit Jahren bin ich im Führungszirkel aktiv und geschätzt, und trotzdem wird die Personalarbeit immer noch als „unproduktives Kapital" wahrgenommen. Daran ändern auch die eigene HR-Akademie und meine Beratungsleistungen in der Gruppe nichts. Diese Mesalliance aus stockkonservativen Strukturen und dem Festklammern am Status als derzeitige Partner*innen schadet aber dem Unternehmen. Selbst das monetäre Argument ist falsch, denn es würden alle davon profitieren, produktiven Mitarbeiter*innen eine wirklich lohnenswerte Perspektive in Aussicht zu stellen. Auch würde das Unternehmen damit ein frischeres, zeitgemäßes Arbeitgeber-Image erhalten. Wie auch mit dem neuen Gendern, das – nach einer gewissen Gewöhnung und nicht überstrapaziert – eigentlich ganz gut geht.

→ Lesen Sie unter dem Kapitel „Bewerbungsunterlagen für Führungskräfte", wie es bei Katharina Ast-Maibauer weitergeht.

→ Was vorher geschah: Den Anfang der Geschichte von Katharina Ast-Maibauer finden Sie im Kapitel „Familie Kleinschmidt stellt sich vor". ◄

Setzen, überqualifiziert! Wie Sie trotzdem eingeladen werden

Ihre Überqualifikation, die zu gut Qualifikation für die Stelle – das hören oder vermuten Bewerber/innen häufig als Grund, wenn die Bewerbung nicht erfolgreich war. Doch kann es das geben, dass ein Bewerber, eine Bewerberin zu gut qualifiziert ist? Sollte ein Unternehmen sich nicht freuen, wenn Kompetenzen und Erfahrungen mitgebracht werden, die über die Anforderungen der Stelle hinausweisen? **Was eigentlich hinter der Einschätzung der Überqualifikation steckt und wie Bewerber/innen eine Ablehnung aus diesem Grund vermeiden, wird im Folgenden erläutert.**

Einen Bewerber mit der Einschätzung der Überqualifikation abzulehnen, ist vonseiten des Unternehmens zunächst einmal eine höfliche **Möglichkeit, Nein zu sagen.** Die Einschätzung muss deswegen nicht unbedingt zutreffen.

Als überqualifiziert werden zum Beispiel Bewerber/innen eingestuft, die als zu alt für die Position erachtet werden, weil **Alter** als Ablehnungsgrund nicht angegeben werden kann (Allgemeines Gleichbehandlungsgesetz). Entweder wünscht sich das Unternehmen ein jüngeres Team – und lehnt deswegen ältere Bewerber/innen ab – oder es vermutet, dass ein älterer Arbeitnehmer sich nicht mehr im Sinne des Unternehmens prägen lässt. Manche Vorgesetzte fürchten auch die Kompetenz erfahrener Mitarbeiter/innen, die sie dann führen müssen und die ihnen womöglich die Position streitig machen könnten. Oder es werden veraltetes Wissen und eine langsamere Arbeitsweise unterstellt.

Klassische und aktuelle Karrierewege
Früher wurden in Deutschland Karrieren als eine Art Leiter gesehen. Jede Stufe auf dieser Leiter ging mit einer höheren Hierarchiestufe und besserer Bezahlung einher, bei Eintritt in die Rente war im Idealfall die oberste Stufe erreicht. Heute verlaufen Karrierewege dagegen weder immer geradeaus noch nur nach oben.

Abschweifungen, Auszeiten und „Rückschritte" sind, wenn nicht die Regel geworden, so aber doch eher akzeptiert.

Das kann bei unserer bisherigen Lebens- und Arbeitsverdichtung auch gar nicht anders sein: Die Ausbildungszeiten werden länger, nach durchschnittlich 16 Jahren Ausbildung (Schulausbildung plus Berufsausbildung und/oder Studium) folgen Einarbeitung, Traineeship, Fort- und Weiterbildung oder berufsbegleitendes Studium. In den zwei Jahrzehnten zwischen Mitte/Ende 20 bis Mitte/Ende 40 liegt die größte berufliche Entwicklung von Arbeitnehmern und Arbeitnehmerinnen. Gleichzeitig wird Eigentum angeschafft und abbezahlt, Kinder geboren und erzogen und die Betreuung der eigenen Eltern steht an. Die Unternehmen fusionieren, es werden Abteilungen zentralisiert, Hierarchien und Stellen abgeschafft, die Aufgaben aber deswegen nicht weniger. Das ist stressig und führt mitunter zum Wunsch, beruflich einen Gang zurückzuschalten („Ich wünsche mir, einfach mal nur Sachbearbeitung zu machen", hörte ich dann von meinen Kunden und Kundinnen).

Absage wegen Überqualifikation

Häufigster Grund für die Ablehnung wegen einer tatsächlichen Überqualifikation ist die Vermutung des Unternehmens, dass es sich bei der Bewerbung um eine **Notlösung** handelt und die Bewerberin sich über kurz oder lang in der Stelle unterfordert fühlt, sie ihr zu schlecht bezahlt ist und sie sich wieder wegbewirbt. Dann muss das Unternehmen die Stellenbesetzung erneut angehen.

Es ist also erst einmal nach der **Motivation** zu fragen, warum sich ein Arbeitnehmer auf eine Position bewirbt, die er eigentlich bereits hinter sich gelassen hat. So kann ein Burnout Auslöser dafür sein, Verantwortung abgeben zu wollen; auch das Bedürfnis, nach Jahren der Hochleistung zu einer besseren Work-Life-Balance zu finden, oder der Wunsch nach einer Teilzeittätigkeit, um für die eigenen Eltern sorgen oder sich gesellschaftlich engagieren zu können, sind Auslöser dafür, eine Karrierestufe hinabzusteigen.

Meiner Erfahrung nach langweilen sich die meisten Arbeitnehmer/innen dann aber bei Routinetätigkeiten, wenn sie vorher jahrelang Mitarbeiter/innen geführt oder Projekte geleitet haben. Sinnvoll ist es daher, zunächst zu prüfen, ob die **Ziele** nicht auch in der Position bei diesem oder einem anderen Arbeitgeber erreicht werden können. Dies geht möglicherweise mit einer persönlichen Weiterentwicklung einher, es ist zu lernen, Nein zu sagen und zu delegieren, nicht immer alles selbst machen zu wollen und perfekt sein zu müssen. Mittlerweile finden sich immer mehr Arbeitgeber dazu bereit, Stellen auch als Dreiviertelstellen zu besetzen, wenn der Arbeitnehmer ansonsten nicht zur Verfügung steht. Dies erfordert aber immer noch gute Argumente im Vorstellungsgespräch und es besteht die Gefahr, die gleiche Arbeit in weniger Zeit erledigen zu sollen.

Bei bestehenden Verträgen haben Arbeitnehmer/innen einen gesetzlichen Anspruch auf Teilzeitbeschäftigung (Teilzeit- und Befristungsgesetz, TzBfG).

Absage wegen Unterqualifikation

Dann kann es sein, dass Arbeitnehmer/innen lediglich glauben, ihre Bewerbungen wären wegen Überqualifikation nicht erfolgreich. Doch der Grund, warum sich jemand vermeintlich unterbewertet sieht, liegt manchmal darin, neuralgische Punkte nicht sehen zu wollen, wenn zum Beispiel überfachliche Kompetenzen wie Führungsfähigkeit, Projekterfahrung, Sprach- oder EDV-Kenntnisse nicht in ausreichendem Maße vorhanden sind. Dann liegt möglicherweise eine hervorragende fachliche Qualifikation vor, aber andere unabdingbare Kenntnisse und Fähigkeiten fehlen. Dagegen hilft nur eines: sich schleunigst eigeninitiativ die erforderliche **Qualifikation aneignen**!

Erfolgreiche Bewerbung mit Überqualifikation

In meiner Praxis als Karriereberaterin ist es ebenso oft gelungen, für einen Kunden oder eine Kundin eine neue Stelle auf derselben Hierarchieebene oder mit vergleichbarer Verantwortung zu finden und dabei trotzdem die neuen Ziele zu erreichen, als dass eine Karrierestufe zurückgegangen wurde. Doch wenn dies tatsächlich nötig oder erwünscht ist, können folgende **Bewerbungsstrategien** hilfreich sein:

- *Qualifikation „runterkochen"*
  Sowohl im Anschreiben als auch im Lebenslauf können Sie Ihre Kenntnisse und Erfahrungen, soweit es sich mit den Zeugnissen in Einklang bringen lässt, entsprechend der Stelle darstellen, auf die Sie sich bewerben. Auch Aufbau und Layout der Bewerbungsunterlagen sollten zur angestrebten Position passen.
- *Positionierung als Experte für …*
  Im Anschreiben und im Vorstellungsgespräch können Sie deutlich machen, dass die Konzentration auf ein Fachthema oder die Kundenbetreuung gewünscht wird – und daher eine Führungsaufgabe nicht mehr interessant ist.
- *Veränderte Lebenssituation*
  Im Vorstellungsgespräch können Sie die veränderte Lebenssituation plausibel darlegen, dass Sie sich zum Beispiel nun für Kinder, Eltern, private Projekte mehr Zeit wünschen und gleichzeitig die beruflichen Kenntnisse und Erfahrungen langfristig in einer zur veränderten Lebenssituation passenden Position einbringen möchten. Dann erscheinen diese Kenntnisse und Erfahrungen eher als Mehrwert denn als Mangel.

Verwandte Themen:

- Gute Bewerbungsunterlagen – das Wichtigste zusammengefasst
- Souverän auftreten und reden – von Großmäulern und Miesepetern

Projektingenieur Thomas Kleinschmidts berufliches Horrorszenario – Teil 2

Er musste raus aus der Business Class. Vor diesen glatten Vielfliegern die Sanitary Bag zu benutzen kam nicht infrage, er schnallte sich ab und schlingerte den Gang runter zu den Toiletten in der Touristenklasse. Besetzt! Eine Stewardess bedeutete ihm, sich auf den nächsten freien Platz zu setzen und sich anzuschnallen. Immerhin war er jetzt unter fremden Leuten – Touristen und bulgarischen Leiharbeitern auf Urlaub. Er übergab sich.

Sein Optimismus war dahin, er dachte mit gemischten Gefühlen an die Verhandlungen mit den Auftraggebern. Noch nie hatte er solche Gespräche auf Englisch führen müssen, und von den Jüngelchen da vorn war wohl kein Entgegenkommen zu erwarten. Die würden ihn eher ins offene Messer laufen lassen. Er musste wohl doch zu Schmidt vom Personal wegen seines Zeugnisses, damit er sich im Ernstfall damit bewerben konnte.

Benommen stolperte Thomas die Gangway runter. Schneider sah ihn mitleidig an: „Bekommt nicht jedem, so eine Achterbahnfahrt, was, Kleinschmidt?" Sie fuhren direkt vom Flughafen zum Werk, fünfzig halsbrecherische Kilometer in einem maximal klimatisierten Taxi. Thomas hatte seine Jacke in den Kofferraum gelegt. Er fror so stark, dass er Mühe hatte, seine Zähne nicht aufeinander klappern zu lassen. Ihm war immer noch speiübel.

Er dachte an seine Bewerbungen, die er in den vergangenen Monaten verschickt hatte. In den seltenen Fällen, wenn er mal zum Vorstellungsgespräch eingeladen worden war, wurde ihm abgesagt mit der Begründung, er sei überqualifiziert. Langsam schwante ihm: Was sie meinten, war: zu alt!

→ Lesen Sie unter dem Kapitel „Was steht zwischen den Zeilen? Arbeitszeugnisse verstehen", wie es bei Thomas Kleinschmidt weitergeht.

→ Was vorher geschah: Den Anfang der Geschichte von Thomas Kleinschmidt finden Sie im Kapitel „Familie Kleinschmidt stellt sich vor". ◄

Machen Sie sich ein Bild von sich: die Potenzialanalyse

Ich habe es gelegentlich in der Beratung erlebt, dass Menschen überrollt werden von den Ereignissen: Der Schulabschluss, Ausbildungs- oder Studienabschluss, aber auch die Rationalisierung und Zentralisierung oder die Unternehmensinsolvenz sind klassische Beispiele dafür. Wenn Sie aber nicht zu denjenigen gehören, die eher reagieren als agieren, dann ist es sinnvoll, sich möglichst frühzeitig ein Bild von den eigenen Kompetenzen zu machen.

Denn als Grundlage einer jeden Bewerbungsstrategie sollte das Ziel und die Voraussetzungen feststehen, auf das sie sich richten kann bzw. die beworben werden sollen. Das gilt für die Suche nach einem Ausbildungsplatz genauso wie für den Aufstieg ins Management.

Mit einer Potenzialanalyse können Sie systematisch herausarbeiten, welche Voraussetzungen Sie für eine berufliche Tätigkeit mitbringen. Sehr gut geht dies mit einem einfachen Tool, dem Kompetenzquadrat bestehend aus (1) Fachkompetenz (also fachspezifischen Kenntnissen und Erfahrungen), (2) Methodenkompetenz/Tools (zum Beispiel im Projektmanagement, in der Informationsbeschaffung und als Entscheidungsfähigkeit), (3) Sozialkompetenz (wie Kommunikations-, Moderations-, Führungs- und Verhandlungsfähigkeit) und (4) persönlichen Stärken (etwa Durchhaltevermögen, Verträglichkeit, Zuverlässigkeit oder Zuversicht).

Aus den so visualisierten Kompetenzen ergibt sich meist schon ein Bild von den vorstellbaren Arbeitsbereichen. Dieses Bild wird weiter geschärft anhand der Motivation für bestimmte Aufgaben, der Situation auf dem Arbeitsmarkt und der persönlichen Verpflichtungen, die beispielsweise Einfluss auf die Dauer einer Ausbildung und die Notwendigkeit eines sicheren Einkommens haben. In der Schnittmenge von Kompetenz, Motivation und Gegebenheiten liegen mögliche Ziele, von denen schließlich dasjenige ausgewählt wird, was Ihnen am vielversprechendsten erscheint.

Es ist zu prüfen, ob dieses Ziel direkt erreicht werden kann oder ob eventuell Zwischenschritte eingeplant werden müssen, um es zu erreichen. So können beispielsweise mehr Sprachkenntnisse oder IT-Kompetenz erforderlich sein, oder vielleicht ist eine Hospitation nötig, um Erfahrung in einem Arbeitsbereich zu erlangen. Bei einer radikalen beruflichen Neuorientierung ist gelegentlich ein Branchenwechsel in eine niedrigere Position oder einen unbeliebten Einsatzort nötig, bevor Sie sich die angestrebte Stelle bzw. Gegend erobern können. Diese Schritte sollten schriftlich fixiert und mit einem Zeithorizont versehen werden.

Wenn Sie sich einen Überblick über Ihre Kompetenzen verschafft haben, können Sie diese in den weiteren Bewerbungsschritten besser vermitteln: Es werden Bewerbungsunterlagen erstellt, die mit Blick auf das Ziel aussagekräftig sind. Diese vermitteln die erarbeiteten Kompetenzen und die Motivation für die Aufgabe, Umfang und Struktur der Unterlagen passen zur gewählten Aufgabe. Auch im Vorstellungsgespräch oder Assessmentcenter sind Sie sich Ihrer Kompetenzen, Ihres Potenzials und Ihrer Motivation bewusst. Das erleichtert die Kommunikation Ihres Ziels und Ihrer Voraussetzungen wie auch der Schritte, die Sie ergriffen haben, um es zu erreichen.

Der gelegentliche Abgleich der Selbst- und Fremdwahrnehmung lohnt: Holen Sie sich zum Beispiel zu bestimmten Kompetenzen gezielt Feedback von Menschen Ihres Vertrauens aus dem Kollegen- oder Freundeskreis ein. Auch das Jahres- oder Beurteilungsgespräch mit der Führungskraft können Sie nutzen, um den Status quo und Ihr Entwicklungspotenzial zu beleuchten. Mit einem professionellen Coaching (intern oder extern) stellen Sie bei umfangreichen Veränderungen sicher, dass Sie Ihr Potenzial in der konkreten Situation entfalten können und wirklich in der Stelle ankommen.

Verwandte Themen:

- Das Karriereziel – passend zu Kompetenz und Persönlichkeit
- Welche Richtung soll ich einschlagen? Berufliche Orientierung und Eignungstests
- Steigerung der (Arbeits-)Zufriedenheit mit Jahresbilanz und Zielformulierung
- Karriere als Führungskraft oder Expertin – Ihre Entscheidung

Tourismusmanager Daniel Mertens im Interview zu seinem Werdegang – Teil 2

I.:   Was fiel Ihnen bei Ihrer schulischen und beruflichen Entwicklung leicht und an welchen Stellen lief es nicht ganz so gut?

D.M.:   In der Schule war ich ein mittlerer Schüler. Ich konnte reden, Mathematik und Sport lagen mir auch, aber Sprachen, vor allem das Schreiben war schon eine Herausforderung für mich. Ich glaube, das lag vor allem daran, dass meine Eltern mir in diesen Fächern nicht helfen konnten. Dabei waren meine Schwester und ich auf uns allein gestellt.

I.:   Haben Ihre Lehrer Sie unterstützt?

D.M.:   Manche Lehrer und Lehrerinnen haben mir gute Noten gegeben, obwohl ich sie nicht verdient hatte. Das hat mir zwar fachlich nicht weitergeholfen, aber die wussten, dass ich es nicht besser konnte, und wollten mich nicht für meine Herkunft bestrafen. Andere Lehrer haben nur meinen Akzent gehört und dann bekam ich eine Note schlechter. Aber selten. Besser wäre gewesen, wenn wir in der Schule Nachhilfeunterricht gehabt hätten, in Deutsch und Englisch, Rechtschreibung und Grammatik. Ich hätte es gehasst, aber mehr gelernt. [lacht]

I.:   Hätten Sie gern gleich Abitur gemacht und studiert, wenn es in der Schule besser gelaufen wäre?

D.M.:   Schwer zu sagen. Das Abi habe ich ja gemacht, ich war nach der Realschule auf der Fachoberschule für Wirtschaft und Verwaltung. Aber ich sehe es an meinen Freunden, dass das Abi für das Studium nicht immer reicht. Man muss sich schriftlich ausdrücken können. Das wäre damals nichts für mich gewesen. Wenn ich besser gefördert worden wäre, hätte es vielleicht anders ausgesehen.

I.:   Welche Strategie haben Sie verfolgt?

D.M.:   Ich habe nach dem Abi die Ausbildung zum Reiseverkehrskaufmann gemacht und dann erst ganz klassisch ein paar Jahre Urlaubsreisen verkauft. Ich wusste, dass ich arbeiten kann und sich durch den Erfolg vielleicht auch neue Chancen ergeben. Dann hat sich das Geschäft mehr ins Internet verlagert. Deswegen habe ich mich bei einer Zeitarbeitsfirma als Event Manager auf Kreuzfahrtschiffen beworben. Über die Zeitarbeitsfirma ging es leichter, als direkt bei der

Reederei einzusteigen. Event Manager klingt gut, aber letztlich ging es darum, auf einem Kreuzfahrtschiff das Freizeit- und Unterhaltungsprogramm für die Gäste zu organisieren, dafür zu sorgen, dass die Veranstaltungen reibungslos abliefen und gut besucht waren. Die Organisation kannte ich von früher. Neu war der enge Kontakt mit den Kunden und Kundinnen und auch mit den Partnern, also den Künstlern, Trainern, Animateuren usw.

→ Lesen Sie unter dem Kapitel „Lohnt sich meine Bewerbung überhaupt? Zur Analyse von Stellenanzeigen", wie es bei Daniel Mertens weitergeht.

→ Was vorher geschah: Den Anfang der Geschichte von Daniel Mertens finden Sie im Kapitel „Familie Kleinschmidt stellt sich vor". ◄

Lohnt sich meine Bewerbung überhaupt? Zur Analyse von Stellenanzeigen

Häufig erhielt ich von einer Kundin oder einem Kunden eine Stellenanzeige mit der Bitte einzuschätzen, ob eine Bewerbung lohnenswert wäre. Der Erfolg einer Bewerbung hängt von zwei wesentlichen Faktoren ab: dem Profil des Bewerbers bzw. der Bewerberin und der Marktsituation.

Das **Profil** bildet in erster Linie die Kompetenz ab, also Kenntnisse und Erfahrungen, Methodenwissen, überfachliche Qualifikationen und persönliche Stärken. Außerdem spielen die Motivation und bei Nachwuchskräften auch das Potenzial eine Rolle.

In erster Linie muss daher die Frage gestellt werden: Erfülle ich die in der Stellenanzeige genannten Anforderungen? Hier gilt es, genau hinzuschauen, denn es kann sich um sogenannte **Muss- oder Kann-Anforderungen** handeln, mithin zwingend notwendige, unabdingbare Voraussetzungen und solche, die unter die Nice-to-have-Rubrik fallen. Erkennen lassen sich die Muss-Anforderungen an Formulierungen wie „Wir erwarten …", „Sie haben …"; die Kann-Anforderungen an „Idealerweise können Sie …", „Wünschenswert wären …"

Nun könnten Sie auf die Idee kommen, dass Sie die **Kann-Anforderungen** nicht erfüllen müssen. Das stimmt im Grunde schon, doch der Erfolg der Bewerbung wird sich in diesem Fall eher dann einstellen, wenn es kaum andere Bewerber/innen gibt, die diese Anforderungen erfüllen, oder wenn Sie sich durch besondere Qualifikationen von diesen abheben, zum Beispiel, weil Sie mit den Aufgaben der Stelle bereits ausgezeichnet vertraut sind, relevante Branchenerfahrungen vorweisen können oder bei einem wichtigen Wettbewerber gearbeitet haben.

Solche besonderen Qualifikationen können auch dazu führen, dass eine **Muss-Anforderung** umgangen werden kann: vor allem die der Ausbildung oder des Studiums. Bei langjähriger Erfahrung im relevanten Arbeitsbereich rückt zunehmend in den Hintergrund, was damals die Einstiegsvoraussetzung war – sonst würde es nicht so viele Quereinsteiger/innen geben. Vielleicht war die Marktsituation gerade günstig, ein persönlicher Kontakt, eine Empfehlung hat den Ausschlag gegeben oder die vorliegende Ausbildung wurde im weitesten Sinne unter die Kategorie „vergleichbar" eingeordnet. Im engeren Sinne fallen darunter verwandte Berufe: Industriekauffrau/Kauffrau für Groß- und Außenhandel, Betriebswirt/Volkswirt (mit betriebswirtschaftlichem Schwerpunkt), Bilanzbuchhalterin/Betriebswirtin. Ansonsten ist die Nichterfüllung einer wesentlichen Muss-Anforderung als K.-o.-Kriterium für die Bewerbung zu werten: Sie wird dann eher keinen Erfolg haben.

Die **Marktsituation** bestimmt ebenfalls die Höhe der Anforderungen bzw. die Notwendigkeit, diese zu erfüllen. Stellenanzeigen zeigen, wie weit die Anforderungen in einigen Branchen, in denen zurzeit ein Bewerbermarkt herrscht, nach unten korrigiert werden. In manchen handwerklichen, technischen und pflegerischen Berufen werden derzeit so dringend Mitarbeiter/innen gesucht, dass fast schon allein die Motivation ausreicht, in einem solchen Beruf arbeiten zu wollen, um zum Vorstellungsgespräch eingeladen zu werden. Natürlich muss dann trotzdem das Potenzial stimmen, denn allein die Motivation wird aus einem Menschen, der kein Blut sehen kann, keinen guten Gesundheits- und Krankenpfleger machen, und eine Maschinenbautechnikerin ohne räumliches Vorstellungsvermögen wird vermutlich ebenfalls nicht sehr erfolgreich sein.

Doch vieles kann erlernt werden. Unternehmen prüfen daher – gerade bei jüngeren – Bewerbern und Bewerberinnen das **Potenzial.** Ist Führungserfahrung gefragt, lohnt sich also zum Beispiel herauszustellen, wenn Sie (vor kurzem noch) privat eine Gruppe oder ein Team geleitet haben. Sind mehr Englischkenntnisse notwendig, als Sie vorweisen können, kommt der ehemalige Leistungskurs oder ein internationaler Freundeskreis ins Spiel. Natürlich müssen solche Argumente zur Position und zu Ihrer Stellung passen, um nicht zu weit hergeholt zu wirken.

Das Unternehmen wird es immer vorziehen, eine Stelle mit einer Person zu besetzen, die von vornherein alle Anforderungen erfüllt und mit möglichst geringer Einarbeitung die Aufgaben erledigen kann. Doch bei entsprechendem Potenzial und einer günstigen Marktsituation haben Quereinsteiger/innen eine echte Chance. Tipp: Das gilt umso mehr, je abgelegener und unattraktiver die Region ist, in der sich das Unternehmen befindet. Zum Einstieg kann das eine Option sein.

Verwandte Themen:

• Lassen Sie sich finden – von der Stellenrecherche zur Stellenauswahl

Tourismusmanager Daniel Mertens im Interview zu seinem Werdegang – Teil 3

I.: Wie kam es, dass Sie später direkt bei AIDA angestellt wurden?

D.M.: Aus zwei Gründen, glaube ich. Erstens war ich tatsächlich gut in dem, was ich tat. Die Gäste mögen mich und ich kann auch gut mit den Kollegen und

Kolleginnen umgehen. Ich bin eher so der Kumpeltyp. Die Gäste freuen sich, wenn sie mich sehen und ich zum Beispiel auch mal an einer Veranstaltung teilnehme, und die Kollegen und Kolleginnen können sich auf mich verlassen, dass ich ihnen eine gute Auslastung verschaffe, was für sie wegen zukünftiger Anstellung wichtig ist. Die meisten arbeiten ja auf Zeitverträgen.

I.:   Und wie war das bei Ihnen, waren Sie auch befristet angestellt?

D.M.:   Ja, erst schon, nur für eine Saison, dann wurde das zweimal verlängert, und schließlich habe ich einen Festvertrag bekommen. Das lag an dem zweiten Grund, warum die mich eingestellt haben. Ich war dazu bereit, auf Schiffen zu arbeiten, die für meine Kollegen und Kolleginnen nicht ganz so attraktiv waren. Also ältere Schiffe oder Reisen, bei denen man lange von zu Hause weg war oder an nicht ganz so attraktiven Orten Station machte.

I.:   Konnten Sie die Arbeitsbedingungen für sich verbessern?

D.M.:   Seitdem ich direkt bei AIDA angestellt bin, läuft es für mich ganz gut. Wie gesagt, ich verstehe etwas von meinem Job und mache gute Zahlen …

I.:   Wurden Sie dann zum Teamleiter befördert?

D.M.:   Nein, so läuft das hier nicht. Ich habe mich erst auf bessere Schiffe und Routen beworben. Als ich auch da Erfolg hatte, habe ich mich auf eine Stellenanzeige als interner Bewerber gemeldet. Wichtig war, dass ich mich auf die Gäste, die ja auf den verschiedenen Schiffen unterschiedlich sind, einstellen konnte. Auch die Kollegen und Kolleginnen sind anders. Darauf habe ich mich konzentriert. Und als ich das konnte, habe ich eine Statistik über meine Zahlen angefertigt und mich initiativ als Teamleiter beworben. Denn nun hatte ich die Kenntnisse, die ich an meine Mitarbeiter und Mitarbeiterinnen weitergeben konnte, sodass ich auch in Zukunft Erfolg habe.

I.:   Wie lief das Auswahlverfahren ab?

D.M.:   Ich habe mich ganz normal über das Bewerbungsportal beworben und bin dann zu einem Assessmentcenter nach Hamburg und später zu einem Interview eingeladen worden. Das lief online ab, weil ich in dieser Zeit gerade wieder unterwegs war und ja auch konkret kein Teamleiter gesucht wurde.

→ Lesen Sie unter dem Kapitel „Gehaltsverhandlung – über Geld sprechen lohnt sich!", wie es bei Daniel Mertens weitergeht.

→ Was vorher geschah: Den Anfang der Geschichte von Daniel Mertens finden Sie im Kapitel „Familie Kleinschmidt stellt sich vor". ◄

Bewerbungsunterlagen

Das Angebot: Wie Sie eingeladen werden

Zusammenfassung

Ihre Bewerbung ist die erste Arbeitsprobe, die Sie einem neuen Arbeitgeber zukommen lassen. Daher lohnt es sich, bei der Auswahl der Inhalte, dem Aufbau und der Gestaltung der Unterlagen sorgfältig und überlegt vorzugehen. Dieser Teil des Ratgebers erläutert, wodurch sich gute Bewerbungsunterlagen auszeichnen. Zudem werden Sonderformen der Bewerbung besprochen: die Initiativbewerbung (auch Initialbewerbung, Direktbewerbung oder Blindbewerbung), die innovative Bewerbung und Kurzbewerbung, die alle Bewerber/innen betreffen, aber auch Bewerbungsunterlagen für Führungskräfte und das Motivationsschreiben. Ich gehe auf häufig gestellte Fragen ein: den Nutzen einer Dritten Seite, die Kriterien für ein gutes Bewerbungsfoto, die Angabe der Erziehungszeit, die Erstellung einer E-Mail-Bewerbung und das Füllen eines XING-Profils. Schließlich möchte ich Ihnen die Entscheidung, welche Zeugnisse beigelegt werden, erleichtern, indem Sie Ihre Arbeitszeugnisse gut verstehen.

Gute Bewerbungsunterlagen – das Wichtigste zusammengefasst

Die Kommunikationsformen einer Bewerbung bei einem inhabergeführten kleineren Unternehmen sind andere als bei einem internationalen Konzern. Kaufmännische, technische, handwerkliche und kreative Berufe haben unterschiedliche Anforderungen, die durch Sprache, Inhalt und Layout und bei der Übermittlung der Bewerbungsunterlagen aufgenommen werden können. Aber vor allem der Karrierelevel – Berufseinsteiger/in, Fachkraft oder Leitungsfunktion – entscheidet über den Aufbau und den Umfang der Bewerbungsunterlagen. Neben diesen Überlegungen, die zu einer sehr

P. Oerke, *Bewerbungsratgeber und Karrierestrategie für Einstieg, Aufstieg und Stellenwechsel,* https://doi.org/10.1007/978-3-658-35304-9_3

unterschiedlichen Ausgestaltung führen können, gibt es aber ein paar grundsätzliche Hinweise für die Erstellung guter Bewerbungsunterlagen.

In Stellenanzeigen werden häufig **vollständige oder aussagekräftige Bewerbungsunterlagen** erbeten. Vollständige Unterlagen informieren Personalentscheider/innen über alle Stationen Ihrer Ausbildung und Ihres beruflichen Werdegangs. Diese werden im Lebenslauf aufgeführt und durch Zeugnisse ab dem höchsten Schulabschluss bzw. dem Ausbildungs- oder Studienabschluss belegt. Aussagekräftige Unterlagen konzentrieren sich hingegen auf die für die angestrebte Stelle wesentlichen Stationen und dokumentieren in Zeugnissen die dafür relevanten Zeiten; empfohlen wird häufig, die Zeugnisse der letzten zehn Jahre aufzunehmen. Meiner Erfahrung nach sollte diese Regel aber nicht zu starr befolgt werden. Die Dauer der Unternehmenszugehörigkeit, die Situation des Bewerbers bzw. der Bewerberin, der spezifische Werdegang etc. können andere Prioritäten sinnvoll erscheinen lassen. Ein vollständiger Lebenslauf nennt auch Zeiten der Arbeitslosigkeit, während üblicherweise und vor allem in aussagekräftigen Unterlagen nur Lücken ab drei Monaten angegeben werden.

Wesentlich ist es meines Erachtens aber vielmehr, dafür zu sorgen, dass sich Personalentscheider/innen ein **vollständiges Bild von Ihrer Kompetenz und Persönlichkeit** machen können. Das Anschreiben und im Idealfall schon der Lebenslauf allein sollten alle wichtigen Angaben zu Ihrer Ausbildung und den Berufsstationen enthalten, sodass die Zeugnisse dafür nicht herangezogen werden müssen, sondern lediglich als Bestätigung Ihrer Aussagen dienen (dafür müssen sie dann allerdings vorliegen).

Im Lebenslauf und insbesondere im Anschreiben sollten Sie außerdem **auf die Aufgaben und Anforderungen der Stelle eingehen.** Diese werden meist in der Anzeige genannt, können aber auch aus der Funktion abgeleitet werden, wenn die Anzeige knapp gehalten ist. Sie können beispielsweise vergleichbare Tätigkeiten beschreiben, bei denen Sie die gewünschten Kenntnisse und Fähigkeiten gezeigt haben. Es sollten auch Erfolge und besondere Beanspruchungen genannt werden und Sie können Ihre Motivation für bestimmte Aufgaben oder Ihre berufliche Entwicklung schildern, um Ihre Eignung und Leistungsfähigkeit für die angestrebte Stelle herauszustellen.

Selbstverständlich ist das **Einhalten von Formalien** wie weitgehende Fehlerfreiheit, ein einheitliches Schriftbild und Layout, die Aufnahme eines ansprechenden Fotos und die Übermittlung der Unterlagen in einer angemessenen oder der gewünschten Form (heute meist per E-Mail, über Jobportale oder Apps). Im Lebenslauf hat sich – mit Ausnahme bei der Ausbildungsplatzsuche nach dem Schulabschluss – der **rückwärtschronologische Aufbau** durchgesetzt. Dabei werden nicht nur die Rubriken (Berufspraxis, Studium/Ausbildung etc.) chronologisch rückwärts angegeben, sondern auch die Stationen innerhalb dieser Rubriken. Dann noch Ort, Datum und (bei elektronischen Unterlagen ggf. auch maschinenschriftliche) Unterschrift einsetzen und fertig ist die Bewerbung.

Da jeder Berufsweg anders ist, kann dieser Ratgeber nicht alles abdecken, was im Einzelfall von Interesse ist. Die folgenden Kapitel behandeln jedoch Themen, zu denen ich sehr häufig befragt worden bin und die damit auch Ihnen bei der Erstellung von Bewerbungsunterlagen weiterhelfen können.

Darüber hinaus ermöglicht Ihnen die Checkliste für Bewerbungsunterlagen, die als Zusatzmaterial im Download verfügbar ist, Ihre Bewerbungsunterlagen zu optimieren. Wenn Sie die in der Checkliste gestellten Fragen berücksichtigen, stellen Sie sicher, dass Ihre Unterlagen korrekt und vollständig sind und eine hohe Qualität haben. Die Checkliste bietet zudem ein *Extra für Experten und Führungskräfte*, ein *Extra für Frauen in einer männerdominierten Umgebung* und ein *Extra für nicht-geradlinige Lebensläufe*.

Weiterführende Themen:

- Initiativbewerbung oder wie geht das, wenn ich mich direkt bewerbe?
- Innovative Bewerbung – ich suche mir meinen neuen Arbeitsplatz selbst aus
- Erziehungszeit und Familienphase – angeben oder weglassen?
- Was steht zwischen den Zeilen? Arbeitszeugnisse verstehen
- Schneller bewerben – Kurzbewerbung per E-Mail, Bewerbungsformular oder Karriere-App
- Bewerbungsunterlagen für Führungskräfte
- Die Dritte Seite – vom Sinn (und Unsinn) einer Extraseite
- Motivationsschreiben: Durch Wollen zaubern!
- Erstellung einer Bewerbungsdatei für E-Mail-Bewerbungen
- Wie wird ein XING-Profil gefüllt?
- Was ist ein gutes Bewerbungsfoto?

Berufsschullehrer i. R. Peter Maibauers Logbuch – Teil 1

Oktober

200 Tage – sechs Monate, zwei Wochen und vier Tage – Leere, Stille. Ich falle.

Wieso bist du nicht mehr da! Ich verstehe es nicht, vergesse es immer noch. Erinnere mich beim Griff zur Kaffeedose – deine Tasse – dein Platz. Ist nicht besetzt. Allein im Zimmer – allein im Garten – allein mit anderen. In mir eingeschlossen – erstarrt.

Einladung zum Mittagessen bei Monika. Besprechung meines Geburtstages. Gut gemeint – ich spreche, lache, funktioniere wie immer. Innerlich zerbrochen. Roh.

Du warst mein Kompass. Hast mich getrieben, hast mich gehalten.

Unter Fremden geht es besser. Wenn keiner weiß, wie es um mich steht. „Geh arbeiten. Das hilft dir durch diese Zeit." Dein Rat.

Doch wie stell ich das an? Ich habe mich eigentlich noch nie richtig beworben.

→ Lesen Sie unter dem Kapitel „Schneller bewerben – Kurzbewerbung per E-Mail, Bewerbungsformular oder KarriereApp", wie es bei Peter Maibauer weitergeht.

→ Was vorher geschah: Den Anfang der Geschichte von Peter Maibauer finden Sie im Kapitel „Familie Kleinschmidt stellt sich vor". ◄

Initiativbewerbung oder wie geht das, wenn ich mich direkt bewerbe?

Das Wort „Initiativbewerbung" findet sich in einer solchen ja an keiner Stelle. Dass es sich darum handelt, wird allein durch Ihre Initiative deutlich, dass Sie sich beim Unternehmen bewerben, ohne eine Stellenausschreibung gesehen zu haben. Sie machen den initialen Schritt und wecken durch Ihr eigeninitiatives Vorgehen mit einer prägnanten Kurzbewerbung das Interesse des Unternehmens, und das, obwohl Sie sich blind, ohne Kenntnis einer Vakanz beworben haben!

Doch worin unterscheidet sich nun eine Initiativbewerbung – auch Initialbewerbung, Direktbewerbung oder Blindbewerbung genannt – von einer Bewerbung auf ausgeschriebene Stellen? Hier ein paar Kniffe, damit Sie als potenzieller neuer Mitarbeiter, als interessante Bewerberin wahrgenommen werden, zu Anlass, Inhalt, Aufbau, Empfänger und Erfolg von Initiativbewerbungen.

Anlass einer Initiativbewerbung

Der Anlass für eine Initiativbewerbung kann identisch sein wie bei einer Bewerbung um eine ausgeschriebene Stelle: Sie wünschen sich eine berufliche Veränderung, möchten Ihrer Karriere einen neuen Impuls geben, vielleicht müssen Sie aber auch wegen des Verlusts Ihres Arbeitsplatzes wechseln oder Sie wollen Ihren Marktwert testen. Der zentrale Unterschied liegt in dem Umstand, dass keine Stelle ausgeschrieben ist, sondern Sie die Initiative zur Bewerbung ergreifen.

Und dies ist auch schon der größte Vorteil von Initiativbewerbungen: Sie sprechen den verdeckten Stellenmarkt an. Denn aus organisatorischen oder politischen Gründen wird nicht jede Stelle ausgeschrieben. Gerade bei Führungspositionen nehmen Unternehmen den Weg über Direktansprache und Headhunter – oder reagieren auf eine eigeninitiativ eingesandte Bewerbung.

Inhalt einer Initiativbewerbung

Qualifizierte Fach- und Führungskräfte stellen auch in einer Initiativbewerbung ihre Fachkenntnisse, Erfahrungen und Erfolge in den Vordergrund, um Interesse zu wecken. Die Formulierungen im Anschreiben und der Aufbau des Lebenslaufs gleichen also weitgehend einer guten Bewerbung um eine ausgeschriebene Stelle.

Allerdings denken Sie sich in diesem Fall die Stelle aus, die Sie idealerweise im Unternehmen einnehmen können. Ungünstig ist es, dem Unternehmen diese Entscheidung zu überlassen und sich als eierlegende Wollmilchsau zu präsentieren. Das Unternehmen weiß dann nicht, wo es Sie einordnen soll, und Sie werden als wenig fokussiert angesehen. Stellen Sie sich also besser eine Stellenanzeige oder eine

Arbeitsplatzbeschreibung vor, die sehr gut zu Ihrer Qualifikation und Motivation passen würde. Und dann schreiben Sie darauf wie auf eine ausgeschriebene Stelle.

Der Vorteil dieses Verfahrens ist: Sie können sich ganz auf Ihre Kompetenzen und Stärken konzentrieren. Es kann nicht schaden, dabei einen kleinen Seitenblick auf die Entwicklung des Unternehmens zu werfen. Expandierende Unternehmen haben einen anderen Bedarf als Unternehmen in einem Change-Prozess. Doch die Erfahrung zeigt: Es werden wieder mehr Persönlichkeiten gesucht, keine Lemminge, die alle in eine Richtung laufen! Bleiben Sie sich selbst treu und versuchen Sie eher herauszustellen, was Sie unverwechselbar macht.

Aufbau und Anlagen einer Initiativbewerbung

Zu einer Initiativbewerbung gehören normalerweise Anschreiben und Lebenslauf, auch wenn einige Unternehmen Bewerber/innen dazu einladen, einfach Kontakt über Facebook, Portale und Apps aufzunehmen. Dies betrifft zurzeit eher Branchen oder Bereiche, in denen ein hoher Fachkräftemangel herrscht – und dann hat (fast) jede Bewerbung Erfolg.

Zeugnisse können, müssen aber nicht mitgeschickt werden. Hier ist weniger mehr, denn das Unternehmen hat Ihre Unterlagen nicht angefordert und seitenweise Zeugnisse durchzuscrollen kann ermüdend wirken. Mehr noch als bei normalen Bewerbungen konzentrieren Sie sich auf die wichtigsten und aussagekräftigsten Anlagen, oder Sie lassen diese gleich ganz weg und verweisen darauf, sie sofort nachsenden zu können, wenn Interesse besteht.

Empfänger einer Initiativbewerbung

Während Bewerbungen um ausgeschriebene Stellen häufig an die Personalabteilung gehen, ist es sinnvoll, eine Initiativbewerbung eher an die Leitung der Fachabteilung, in der Sie später tätig werden würden, zu schicken. Hier ist der akute Bedarf besser bekannt, kann Ihre dargestellte Expertise gut eingeschätzt werden. Allerdings geben viele Unternehmen auch für Initiativbewerbungen vor, auf welche Weise diese das Unternehmen erreichen sollen: zum Beispiel über ein Bewerbungsportal oder eine Sammel-E-Mail-Adresse, selten kann die Fachabteilung direkt angesprochen werden. Es ist sinnvoll, sich an die vorgegebenen Formalien zu halten. Können Sie die E-Mail-Adresse der Bereichsleitung auf einfache Weise recherchieren, kann es allerdings nicht schaden, dort ebenfalls Ihre Bewerbung einzusenden.

Außerdem hilfreich ist, sich über das persönliche digitale und analoge Netzwerk zu bewerben. Sprechen Sie Ihre Freunde und Bekannten, insbesondere Ihre Fachkontakte an und platzieren Sie so Ihre Bewerbung passgenau. Untersuchungen haben gezeigt, dass Empfehlungen leistungsstarker Mitarbeiter/innen sehr häufig zu einer Einladung zu einem Vorstellungsgespräch führen.

Erfolg einer Initiativbewerbung

Meiner Erfahrung nach hat derzeit ein Bewerbungsprozess, der ausschließlich auf einer gut gemachten Initiativbewerbung beruht, ebenso viel Erfolg wie ein Bewerbungsprozess, in dem nur auf ausgeschriebene Stellen reagiert wird – in Mangelberufen und bei Führungspositionen ist der Erfolg sogar deutlich höher. Bei Initiativbewerbungen werden allerdings etwas mehr Bewerbungen verschickt, bevor es zu einer Einladung zum Vorstellungsgespräch kommt (dank Digitalisierung ist dies glücklicherweise unproblematisch), und Sie müssen eventuell etwas länger auf einen Wechsel warten, da Ihre neue Stelle erst frei werden oder eingerichtet werden muss.

Verwandte Themen:

- Gute Bewerbungsunterlagen – das Wichtigste zusammengefasst
- Innovative Bewerbung – Ich suche mir meinen neuen Arbeitsplatz selbst aus
- Schneller bewerben – Kurzbewerbung per E-Mail, Bewerbungsformular oder Karriere-App

Mesopotamienexperte Andreas Maibauers innerer Monolog – Teil 1

Schon wieder ist es passiert, auf die arglose Frage, „Und was machst du so?", antwortest du nicht einfach, „Archäologie", sondern fragst natürlich nach, „Du meinst, für Geld?", um dich dann in einen Fachvortrag zu stürzen, du würdest dich zurzeit mehr mit präventiver Konservierung und Katastrophenschutz mittels Satellitenbildanalyse befassen, aber sobald die Situation es zuließe, wärst du in Uruk wieder dabei, um das Wasserstraßennetz im Reich der Sumerer weiter zu erforschen. Jetzt wird dein Gegenüber von Katharina gerettet, Meisterin des Smalltalks, die dich augenrollend anblitzt, du mögest dich doch wenigstens auf dem Geburtstagsfest eures Vaters angemessen verhalten.

Die Gespräche rauschen, sie rollen hierhin und dorthin, das Zwitschern einer Frau ertönt aus einer dämmrigen Ecke, unterlegt vom Bass eines Mannes, Balzgeräusche. In Uruk haben wir vorsumerische Artefakte gefunden, die auf eine matriarchalische Ordnung der Gesellschaft hindeuten. Dort liegt jetzt morgens Schnee auf den Hängen, auf den Ebenen glitzert der Frost. Wir haben alles wieder zugeschüttet, damit der Wind und die Trophäenjäger die historischen Stätten nicht zerstören. Mühsam, es wieder freizulegen, aber immerhin beschert es dir ein neues Projekt, neue Grabungsfelder, die vermessen und voruntersucht werden müssen – wenn es bewilligt wird, wenn der IS ruhig bleibt, wenn du dabei sein wirst.

Auf deinem Schreibtisch in Montpellier liegt der Gutschein für eine Karriereberatung zur beruflichen Neuorientierung und Erstellung einer Initiativbewerbung. Katharina hat die Hoffnung nicht aufgegeben, dass aus ihrem großen Bruder doch noch etwas anderes als ein verhinderter Abenteurer wird. – Du hast ihn nicht mitgebracht. Dir wird übel bei dem Gedanken an die Art und Weise, wie du dich ihrer Ansicht nach bei deinen Auftraggebern anbiedern sollst. Wenn du das schon hörst: Initiativbewerbung – lachhaft, das hatte mit Eigeninitiative nicht viel zu tun. Ging es doch darum, sich möglichst gekonnt in Szene zu setzen.

„Ich reise ja auch viel", sagt die Stimme neben dir, „als Teamleiter auf der Aida". Ist der nicht mit Katharina weggegangen? „Allerdings sieht man längst nicht so viel, wie die Leute denken. Denn meist ist man mit der Organisation der Ausflüge für die Gäste beschäftigt." Mein Gott, wer ist das nur, dass er sich nicht vertreiben lässt. Der redet, als würdet ihr euch kennen.

→ Lesen Sie unter dem Kapitel „Wie wird ein XING-Profil gefüllt?", wie es bei Andreas Maibauer weitergeht.

→ Was vorher geschah: Den Anfang der Geschichte von Andreas Maibauer finden Sie im Kapitel „Familie Kleinschmidt stellt sich vor". ◄

Innovative Bewerbung – ich suche mir meinen neuen Arbeitsplatz selbst aus

„Bitte erstellen Sie mir eine innovative Bewerbung. Ich bekomme nur Absagen auf meine normalen Bewerbungen!" Diese Bitte erreichte mich wohl mehrmals im Monat. Zunächst: Eine innovative Bewerbung kann zwar auch eigeninitiativ erfolgen, ist aber nicht zu verwechseln mit einer Initiativbewerbung, die dem Unternehmen unverlangt geschickt wird. Vielmehr hat eine innovative Bewerbung das Ziel, die Bewerberin oder den Bewerber von der Masse abzuheben und das Interesse des potenziellen Arbeitgebers zu wecken, um in die nächste Runde zu kommen, also zum Vorstellungsgespräch oder Assessment Center eingeladen zu werden. **Doch wodurch zeichnet sich eine innovative Bewerbung aus und für wen ist sie geeignet?**

Der Aufwand, sich innovativ zu bewerben, ist beträchtlich. Daher empfehle ich, zunächst eine Prüfung der vorhandenen Unterlagen vorzunehmen (siehe dazu die Checkliste zur Prüfung von Bewerbungsunterlagen). Denn meiner Erfahrung nach reicht es in 90 % der Fälle aus, diese nach aktuellen Standards zu optimieren, damit es mit den Bewerbungen künftig klappt, es also zu einer Einladung zum Vorstellungsgespräch kommt.

Doch manchmal ist eine innovative Bewerbung angebracht, nämlich dann, wenn ein Berufswechsel oder ein Auf- oder Abstieg geplant ist, oder auch, wenn ein nicht so geradliniger Lebenslauf oder schlechte Zeugnisse ausgeglichen werden sollen. Eine innovative Bewerbung ist aber auch dann **sinnvoll, wenn Sie lieber agieren, statt zu reagieren,** und Sie sich den Job, der am besten zu Ihnen passt, selbst (aus)suchen möchten.

Damit wird schon zweierlei deutlich: **Das Ziel muss klar sein! Und es muss ein Profil vorliegen, das beworben werden kann.** Eine innovative Bewerbung funktioniert nur, wenn Sie wissen, welche Kenntnisse, Erfahrungen und Fähigkeiten Sie mitbringen – und wo Sie diese einbringen wollen. Außerdem gehört es zu einer innovativen Bewerbung, sich mit diesem unverwechselbaren und ruhig auch persönlich gefärbten Profil aktiv zu zeigen.

Mit dem letzten Punkt sind wir schon bei den Strategien der innovativen Bewerbung. Diese weichen oft von dem ab, was sich meine Kunden und Kundinnen nach der eingangs geäußerten Bitte erhoffen. Denn **eine innovative Bewerbung erwartet Mitarbeit von Ihnen.** Zwar gehört auch die Überarbeitung der Bewerbungsunterlagen dazu, indem die Struktur des Lebenslaufs, der Aufbau und die Gestaltung der gesamten Unterlagen sowie Sprache und Formulierungen von Profil und Anschreiben ganz auf das angestrebte Ziel ausgerichtet werden. Doch darüber hinaus sind Sie gefragt, die klassischen Bewerbungsaktivitäten durch weitere Strategien zu flankieren.

Infrage kommen zum Beispiel folgende **Strategien der innovativen Bewerbung:**

(1) Ein Angebot machen
(2) Sich in sozialen Netzwerken zeigen
(3) Analoge Netzwerke nutzen
(4) Persönlichen Kontakt suchen

(1) Ein Angebot machen

Unternehmen favorisieren selbstbewusste und zielstrebige Menschen als Mitarbeiter/innen. Sie können sich als einen solchen Menschen präsentieren, wenn Sie dem Unternehmen ein Angebot machen, von dem beide profitieren:

- Freiberufliche Mitarbeit in einem Arbeitsfeld, in dem Sie Spezialwissen haben (z. B. in der Lehre und in Trainings, im Vertrieb und in der Kundenbetreuung, in Konzeption und Planung)
- Unterstützung des Unternehmens bei Überhängen (z. B. Saisonarbeit, Urlaubs- und Krankheitsvertretung, Interimstätigkeit, Projektarbeit)
- Mehrmonatige Einarbeitung bei zunächst geringerer Vergütung (z. B. bei Berufswechsel oder Wiedereinstieg nach längerer Selbstständigkeit)
- Realisierung von Kontakten, Strategien und Konzepten (z. B. bei Aufstieg oder Spezialisierung, Achtung: Wettbewerbsverbot beachten)
- Praktikum zur Überprüfung der Eignung (z. B. bei Zickzack-Lebenslauf und schlechten Noten)

Dies sind nur Beispiele, die sich bewährt haben. Doch es gibt viele weitere Möglichkeiten, einem Unternehmen ein attraktives Angebot zu unterbreiten, je nach Ihrem Profil und dem angestrebten Ziel. Manche Idee kann vielleicht nicht umgesetzt werden, doch häufig findet sich ein Weg, wie Sie Ihre Wünsche realisieren und zu mehr Arbeitszufriedenheit gelangen.

(2) Sich in sozialen Netzwerken zeigen

Ein Profil bei XING oder LinkedIn gehört für viele ohnehin zum Standard, unabhängig davon, ob derzeit ein neuer Job gesucht wird. Zur Flankierung einer innovativen Bewerbung können diese Profile sowie Ihr Auftritt bei Facebook oder Google+ – genauso wie die Bewerbungsunterlagen – auf das Ziel zugeschnitten werden. Nutzen Sie die angebotenen Funktionen für Ihre Zwecke:

- Durchleuchten Sie Ihr Profil (insbesondere auf Facebook), ob es die Bewerbung stützt, und modifizieren, bereinigen und professionalisieren Sie es.
- Wählen Sie ein ansprechendes Profilfoto.
- Füllen Sie die Bereiche „Info" und „Über mich" und die Timeline (bei Facebook) bzw. „Ich biete", „Ich suche", das „Portfolio" und die Profildetails (bei XING bzw. analog bei LinkedIn).
- Ordnen Sie Ihre Kontakte in verschiedene Listen, zum Beispiel Freunde und Familie sowie (ehemalige und zukünftige) Kollegen/Kolleginnen, und differenzieren Sie Ihre Aktivitäten entsprechend.
- Knüpfen Sie auch digital Kontakt zu (ehemaligen) Mitschülern, Kommilitoninnen, Kollegen, Nachbarn, Familienangehörigen, Freundinnen und Bekannten.
- Liken, bestätigen und empfehlen Sie die Beiträge, Kompetenzen und Aktivitäten Ihrer Kontakte – diese werden sich bei Ihnen dafür revanchieren.
- Treten Sie Gruppen bei, diskutieren Sie mit und posten Sie dort sowie auf Ihrem Profil eigene Beiträge, die Sie für potenzielle Arbeitgeber interessant machen könnten.

(3) Analoge Netzwerke nutzen

Wie die meisten Menschen verfügen Sie über eine Vielzahl von Kontakten aus dem Familien- und Freundeskreis, der Nachbarschaft, aus Vereinen oder Verbänden, Sie kennen (ehemalige) Mitschüler/innen, Kommilitonen und Kolleginnen, aber auch Ihren Rechtsanwalt und Notar, Ihre Ärztin und Ihre Friseurin. Diese analogen Netzwerke und realen Kontakte können Sie für Ihre Zwecke aktivieren:

- Lassen Sie es andere (möglichst viele) Menschen wissen, welche beruflichen Ziele Sie derzeit verfolgen, und machen Sie deutlich, welche Kompetenzen Sie dafür mitbringen.
- Bitten Sie darum, diese Information an geeigneter Stelle weiterzugeben.
- Verweisen Sie auf Ihr Profil bei XING, LinkedIn, Facebook oder Google+. Sie können dazu auch eine Karte überreichen.
- Bieten Sie an, dem Kontakt Ihres Kontakts kurzfristig eine Kurzbewerbung einreichen zu können und zu einem Gespräch zur Verfügung zu stehen.

Das Netzwerk nutzen Sie selbstverständlich, ohne Ihre Kontakte auszunutzen. Es geht nur darum, Ihre Ziele und Ihr Profil bekannt zu machen, Ihr Netzwerk quasi up to date zu halten, sodass bei Bedarf Informationen über Sie vorliegen.

(4) Persönlichen Kontakt suchen

Die Kür der innovativen Bewerbung ist das Knüpfen neuer – analoger und digitaler – Kontakte zu potenziellen Arbeitgebern. Üben Sie dabei am besten an einem Unternehmen, das Ihnen gar nicht so wichtig ist.

* Anruf beim Personalverantwortlichen oder bei der Abteilungsleiterin mit der Bitte um eine Information zu den wichtigsten Kenntnissen und Fähigkeiten für eine bestimmte Position. Viele Menschen freuen sich darüber, als Experten angesprochen zu werden, und helfen gern weiter.
* Likes und Diskussionsbeiträge in Blogs, Foren oder auf Profilen von Fach- und Führungskräften in interessanten Branchen.
* Besuch von Vorträgen, Messen, Konferenzen, Tagen der offenen Tür etc., auf denen Sie direkt oder nach Diskussionsbeiträgen in ein Gespräch mit Ansprechpartnern potenzieller Arbeitgeber oder Multiplikatorinnen kommen können. Stellen Sie sicher, dass Ihr Name und Ihre Qualifikation gehört werden.
* Kurzbewerbung als persönlicher Brief (ggf. mit Angebot, siehe unter (1)) an Vorstand, Geschäftsführerin, Abteilungsleiter oder Inhaberin. Ankündigung Ihres Anrufs oder Besuchs bzw. bei kleineren Unternehmen persönliche Abgabe des Briefes.

Neben diesen Strategien, die die meisten Jobsuchenden nutzen können, bietet es sich für Spezialisten, Beraterinnen oder Kreative beispielsweise auch an, eine Bewerbungshomepage (Microsite) oder einen Blog zu erstellen, sich in einem YouTube-Video zu präsentieren oder andere Arbeitsproben über Twitter und Pinterest zu lancieren.

Sie sehen schon: Eine innovative Bewerbung bedeutet viele Überlegungen und einen ziemlichen Aufwand. Doch der zahlt sich aus. Viel mehr als bei herkömmlichen Bewerbungen bestimmen Sie selbst, wo, wie und für wen Sie in Zukunft arbeiten werden. Und Sie werden aus mehreren Angeboten wählen können!

Verwandte Themen:

* Gute Bewerbungsunterlagen – das Wichtigste zusammengefasst
* Initiativbewerbung oder wie geht das, wenn ich mich direkt bewerbe?
* Schneller bewerben – Kurzbewerbung per E-Mail, Bewerbungsformular oder Karriere-App
* Motivationsschreiben: Durch Wollen zaubern!

Abiturient Lukas Kleinschmidts WhatsApp-Nachrichten an seine Schwester Sophie – Teil 2

Ich mach's so wie Andreas. Zieh mein eigenes Ding durch, nur nicht so depressiv. 😁 [14:02]

Aber ich bewerbe mich nicht wie alle, mache eher ein Angebot. Wie Daniel. Habe ich zufällig beim Interview mitgekriegt. Der hat sich mega auf seinen neuen Job vorbereitet. Die mussten! ihn einladen. 😉 [14:04]

Habe schon vor Monaten Seiten bei Facebook, XING und LinkedIn angelegt, nur für Arbeitgeber. Kommt eine gute Resonanz auf das, was ich teile, auch auf mein Anschreiben. Habe mehrere Angebote für Ausbildungsplätze bekommen. Vielleicht interessant. [14:06]

Papa sagt eh nie was. Musst du selbst entscheiden. Oder frag Mama, was los ist. [14:07]

→ Lesen Sie unter dem Kapitel „Mit Boxershorts im Skype-Interview: Vorbereitung auf ein Telefon- oder Onlineinterviews", wie es bei Lukas Kleinschmidt weitergeht.

→ Was vorher geschah: Den Anfang der Geschichte von Lukas Kleinschmidt finden Sie im Kapitel „Familie Kleinschmidt stellt sich vor". ◀

Erziehungszeit und Familienphase – angeben oder weglassen?

Vor einiger Zeit fragte mich eine Kundin, ob es nicht besser sei, in ihrem Lebenslauf und im XING-Profil die Familienphase/Erziehungszeit anzugeben. Ich hatte ihr bei der Überarbeitung der Bewerbungsunterlagen empfohlen, lediglich die Honorar- und befristeten Tätigkeiten aufzuführen, die sie in dieser Zeit alle bei einem Arbeitgeber ausgeübt hatte – und die Familienarbeit wegzulassen.

Dass sie natürlich auch ihre Kinder versorgt hat, wurde in der von mir empfohlenen Form deutlich durch deren Erwähnung (einschließlich Alter) bei den persönlichen Daten – in gedanklicher Kombination mit dem Zeitraum, in dem meine Kundin befristet oder auf Honorarbasis tätig war. Nun standen die beruflichen Aufgaben im Vordergrund, die sie in dieser Zeit erledigt hatte. Aus meiner Sicht sind diese Angaben für einen zukünftigen Arbeitgeber aussagekräftiger als die Erwähnung einer Familienphase. Diese Lösung erschien mir außerdem deshalb besonders sinnvoll, weil meine Kundin auch künftig wieder in diesem Arbeitsbereich tätig sein wollte.

Die Sorge, etwas zu verschweigen oder zu übertreiben, ist unbegründet: Personalverantwortliche haben genügend Erfahrung, um einordnen zu können, warum zu bestimmten Zeiten im Werdegang einer Arbeitnehmerin die Berufstätigkeit in Teilzeit, befristet oder auf Honorarbasis ausgeübt wurde. Gleichzeitig verstehen sie aber die Konzentration auf die Arbeitsinhalte in den Bewerbungsunterlagen als erfreuliche Berufsorientierung der Bewerberin, die sich vermutlich auch im Berufsalltag niederschlagen wird.

Ihre Frage einleitend verwies meine Kundin auf Karriereblogs und Karrierehandbücher, die sie vor meiner Bewerbungsberatung konsultiert hatte. Dieses Beispiel macht damit auch deutlich, dass Tipps und Ratschläge nicht eins zu eins übernommen werden können. In einem anderen Fall hätte ich vermutlich ebenfalls die Angabe der Erziehungszeit empfohlen, beispielsweise wenn in dieser Zeit der Arbeitsvertrag beendet oder länger unterbrochen war und keine andere Tätigkeit ausgeübt wurde. Jeder Lebenslauf ist – trotz aller Ähnlichkeiten – eben doch unterschiedlich und erfordert eine entsprechend individuelle Herangehensweise!

Mit der Checkliste für Bewerbungsunterlagen können Sie die Korrektheit, Vollständigkeit und Qualität Ihrer Bewerbungsunterlagen prüfen. Sie bietet zudem ein Extra für Frauen in einer männerdominierten Umgebung.

Verwandte Themen:

- Gute Bewerbungsunterlagen – das Wichtigste zusammengefasst

Erzieherin Monika Kleinschmidts erlebtes Tagebuch – Teil 2

Sonntag, 25. Oktober

Mit den gemütlichen Sonntagen ist es vorbei und Lukas bringt seine Wäsche (notgedrungen) selbst in die Waschküche. Habe gerade die zweite Fortbildung hinter mir und fühle mich prima. Es hat sich gelohnt, dass ich mich regelmäßig zu aktuellen Themen weitergebildet habe. Und die Treffen mit Katharina machen mir noch mehr Spaß. Jetzt verstehe ich, womit sie sich den ganzen Tag beschäftigt. Natürlich ist die Leitung einer Kita mit 20 Leuten nicht zu vergleichen mit der Personalleitung in einer Firma mit 120 Mitarbeitern. Aber trotzdem – die Teambildungsübungen, die wir gemacht haben, das kam mir alles bekannt vor. Und Katharina hat mir gestern noch mehr solcher Übungen erläutert. Am liebsten wäre ich im Lokal aufgestanden und hätte sie direkt ausprobiert!

Heute Morgen allerdings habe ich einen Dämpfer bekommen: Thomas ist damit rausgerückt, was ihn bedrückt: Er hat ein Zwischenzeugnis erhalten und sieht dies als ernstzunehmendes Zeichen dafür, dass sie ihn loswerden wollen. Aus jeder Zeile des Zeugnisses liest er etwas Schlechtes heraus. Außerdem fehlt die Hälfte, wie er meint. Aber mit Katharina reden, das will er nicht. Lieber grübelt er vor sich hin. Ich bin ihm keine Hilfe. Damit kenne ich mich (noch!) nicht aus. Jedenfalls hat das den Ausschlag gegeben: Ich bewerbe mich auf die nächste freie Stelle als Kita-Leitung, auch wenn ich dann nicht mehr mit meinen Kolleginnen zusammenarbeiten kann. Was – wie Katharina meint – besser ist, da es schwer ist, aus dem Team in die Leitung aufzusteigen. Das hatte ich mir schon gedacht. Die Frage, ob ich die Erziehungszeit im Lebenslauf angeben soll oder nicht, erübrigt sich bei mir. Jetzt, wo überall Krippen ausgebaut werden, kann es nur von Vorteil sein, jahrelang Windeln gewechselt zu haben und sich über jedes neue Wort wie über ein Weltwunder zu freuen.

→ Lesen Sie unter dem Kapitel „Die Dritte Seite – vom Sinn (und Unsinn) einer Extraseite", wie es bei Monika Kleinschmidt weitergeht.

→ Was vorher geschah: Den Anfang der Geschichte von Monika Kleinschmidt finden Sie im Kapitel „Familie Kleinschmidt stellt sich vor". ◀

Was steht zwischen den Zeilen? Arbeitszeugnisse verstehen

Ein Arbeitszeugnis markiert das Ende eines Arbeitsverhältnisses oder – im Falle des Zwischenzeugnisses – einer Tätigkeit in einer Position. Auch Vorgesetztenwechsel oder andere Veränderungen, zum Beispiel Fusionen, können Grund für das Ausstellen eines (Zwischen-)Zeugnisses sein.

Doch nicht immer sind die Entwicklungen konfliktfrei verlaufen, die zur Beendigung des Arbeitsverhältnisses, zur Versetzung oder anderen Veränderungen geführt haben, und gelegentlich schlagen sich diese Konflikte im Arbeitszeugnis nieder und sind für geübte Augen zu erkennen. Da das Arbeitszeugnis als Referenz gegenüber zukünftigen Arbeitgebern dient und jedem Vorgesetzten in der Personalakte einsehbar ist, sollten Sie als Arbeitnehmer/in es vollständig verstehen (und idealerweise damit einverstanden sein), bevor Sie es akzeptieren.

Im Folgenden geht es um den **Zeugniscode,** um **Zeugnistechniken** sowie um den **Aufbau** von qualifizierten Arbeitszeugnissen, damit Sie nicht nur die allgemeine Zufriedenheitsaussage richtig deuten, sondern auch zwischen den Zeilen lesen können.

Zeugnisanspruch – eine „Holschuld"

Jeder Arbeitnehmer hat am Ende eines Arbeitsverhältnisses nach § 109 GewO Anspruch auf ein Arbeitszeugnis. Der Arbeitgeber muss das Zeugnis allerdings nicht von sich aus ausstellen; dazu ist er nur verpflichtet, wenn der Arbeitnehmer dies verlangt. Dann sollte die Zeugniserstellung innerhalb einer angemessenen Frist erfolgen, sodass der Arbeitnehmer es abholen (Holschuld) kann.

Der Zeugnisanspruch kann erlöschen, wenn im Arbeitsvertrag eine Verfallsklausel (häufig ein Monat nach Vertragsende) enthalten ist. Ansonsten erkennt der Gesetzgeber den Anspruch meist noch 6 Monate bis 3 Jahre an.

Ein rechtlicher Anspruch auf ein Zwischenzeugnis besteht nur aus triftigem Grund: etwa bei Versetzung, Beförderung, Vorgesetztenwechsel, Fortbildung, Freistellung oder Betriebsübergang.

Bitten Sie Ihren Arbeitgeber daher am besten sofort bei Bekanntwerden des bevorstehenden Vertragsendes oder einer erheblichen Veränderung schriftlich um ein qualifiziertes Arbeitszeugnis oder Zwischenzeugnis.

Der Zeugniscode

Deutsche Arbeitgeber sind bei der Ausstellung von Zeugnissen verpflichtet zu Klarheit, Wahrheit, Wohlwollen und Vollständigkeit sowie zu individueller Beurteilung (Zeugnisgrundsätze). Im Übrigen besteht Formulierungshoheit, das heißt, Aufbau und Wortwahl können frei gewählt werden. Allerdings haben sich Standards – der sogenannte Zeugniscode – durchgesetzt, die Arbeitgebern und auch Arbeitnehmern und Arbeitnehmerinnen das Schreiben, Lesen und Verstehen von Zeugnissen erleichtern. Codes bzw. standardisierte Formulierungen werden sowohl für die allgemeine Zufriedenheitsaussage als auch für die Bewertung des persönlichen Verhaltens sowie der einzelnen Leistungsaspekte und -merkmale verwendet. Dies trifft insbesondere bei Unternehmen zu, die standardisierte Beurteilungsbögen oder einen Zeugnisgenerator nutzen.

Die **allgemeine Zufriedenheitsaussage** in Bezug auf die Arbeitsleistung lässt sich meist noch recht gut deuten. Hier gelten folgende Formulierungen:

- stets zu unserer vollsten Zufriedenheit = sehr gut (1)
- stets zu unserer vollen Zufriedenheit *oder* zu unserer vollsten Zufriedenheit = gut (2)
- zu unserer vollen Zufriedenheit *oder* stets zur Zufriedenheit = befriedigend (3)
- zu unserer Zufriedenheit = unterdurchschnittlich (4)

Allerdings bevorzugen manche Arbeitgeber andere Standardformulierungen wie:

- hat unseren Erwartungen in jeder Hinsicht und in allerbester Weise entsprochen *oder* Leistungen haben unsere besondere Anerkennung gefunden *oder* mit den Arbeitsergebnissen waren wir stets und in jeder Hinsicht vollauf zufrieden = sehr gut (1)
- mit den Arbeitsergebnissen waren wir stets zufrieden = gut (2)
- hat unseren Erwartungen voll entsprochen = befriedigend (3)
- hat unseren Erwartungen entsprochen = ausreichend (4)
- hat im Großen und Ganzen unsere Erwartungen erfüllt = mangelhaft (5)

Die Positivskala zur **Bewertung des persönlichen Verhaltens** lautet:

- stets vorbildlich = sehr gut (1)
- vorbildlich *oder* stets einwandfrei = gut (2)
- einwandfrei = befriedigend (3)
- ohne Tadel = unterdurchschnittlich (4)

Zeugnistechniken

Neben dem Zeugniscode hat sich eine Reihe von Zeugnistechniken etabliert, mit denen ein Arbeitgeber die Leistung und das Verhalten von Mitarbeitern und Mitarbeiterinnen recht differenziert beurteilen kann, ohne dass dies auf den ersten Blick ersichtlich ist. Häufig genutzt werden die Andeutungs-, Reihenfolge-, Auslassungs- und Widerspruchstechnik.

Wenn es in einem Zeugnis lediglich heißt, *„das Aufgabengebiet erfordert in hohem Maße exaktes und selbstständiges Arbeiten"*, wurde vermutlich genau diese Arbeitsweise beim Arbeitnehmer vermisst, denn es wird nicht genannt, inwieweit dieses Erfordernis erfüllt wurde (**Andeutungstechnik**).

Die Formulierung *„aufgrund ihrer ausgezeichneten Umgangsformen fand sie bei Kunden, Kollegen und Vorgesetzten stets gleichermaßen Anerkennung"* lässt auf Ärger mit den Vorgesetzten schließen, da die Kollegen vor den Vorgesetzten genannt werden (**Reihenfolgetechnik**).

Eine ebenfalls negative Deutung wird durch beredtes Schweigen erreicht, wenn etwa zu erwartende Angaben fehlen, wie beispielsweise zur Kundenbetreuung oder zum Vertriebserfolg bei einem Kundenberater (**Auslassungstechnik**).

Auch wenn die Beurteilung wichtiger Leistungsaspekte – zum Beispiel von Führungsfähigkeit einer Teamleiterin – nicht mit der allgemeinen Zufriedenheitsaussage harmoniert, wird meist ein Mangel ausgedrückt (**Widerspruchstechnik**).

Es kommt also nicht nur auf die allgemeine Zufriedenheitsaussage oder die Bewertung des Verhaltens an, sondern ausschlaggebend ist die Stimmigkeit des Zeugnisses in sich. Die Beurteilung von Leistung und Führung sollte mit der Zufriedenheitsaussage sowie allen anderen Elementen des Zeugnisses in Einklang stehen.

Bei der Anfechtung von Formulierungen kann **Satz 2 § 109 GewO** einen ersten Anhaltspunkt geben: „Das Zeugnis muss klar und verständlich formuliert sein. Es darf keine […] Formulierungen enthalten, die den Zweck haben, eine andere als […] aus dem Wortlaut ersichtliche Aussage […] zu treffen." Sollte der Arbeitgeber allerdings der Auffassung sein, dass diese Deutungen den Tatsachen entsprechen, kann er sich bei einem Streitfall darauf berufen, seiner Wahrheits- und Wohlwollenspflicht nachgekommen zu sein, insofern er eine nicht so gute Leistung in einer positiven Formulierung ausgedrückt hat.

Eine Änderung ist am besten durchzusetzen, wenn glaubhaft gemacht werden kann, dass es sich tatsächlich anders verhalten hat. Hier helfen Zwischenzeugnisse, Protokolle aus Mitarbeitergesprächen, dokumentierte Auszeichnungen für besondere Leistungen sowie das Hinzuziehen anderer oder früherer Vorgesetzter. Auch auf Vollständigkeit von Aufbau und Inhalt können Sie als Arbeitnehmer/in bestehen.

Aufbau und Inhalt von Arbeitszeugnissen

Die Reihenfolge der einzelnen Elemente kann variieren, doch grundsätzlich sind folgende Inhalte in einem qualifizierten Arbeitszeugnis zu erwarten:

- Überschrift
- Einleitung mit persönlichen Daten des Arbeitnehmers/der Arbeitnehmerin, Positionsbezeichnung und Beschäftigungszeitraum
- evtl. Firmenbeschreibung
- Aufgabendarstellung
- **Beurteilung der Leistung** (Einzelaspekte siehe unten)
- Bewertung des Verhaltens im Arbeitsverhältnis (siehe unten)
- Schlussformulierungen mit Austrittstermin, auf Wunsch Art der Kündigung oder Grund des Ausscheidens sowie Dank- und Bedauernsformel
- Ort, Datum, Unterschrift(en)

Die **Beurteilung der Leistung** untergliedert sich in die **Leistungsaspekte** Fachwissen und Fachkönnen nach den Kriterien Arbeitsgüte, Arbeitsmenge und Arbeitsbereitschaft; EDV-Kenntnisse und Sprachkenntnisse; Fort- bzw. Weiterbildung; Führungs- und Managementleistung sowie die **Leistungsmerkmale** selbstständiges Arbeiten, Einsatz- und Leistungsbereitschaft, Zuverlässigkeit, Sorgfalt, Verantwortungsbewusstsein, Vertrauenswürdigkeit, Belastbarkeit, Team- und Kooperationsfähigkeit, Stärken und Erfolge.

Die **Bewertung des Verhaltens** im Arbeitsverhältnis (früher **Führung**) betrachtet das Sozialverhalten gegenüber Internen wie Vorgesetzten, Kolleginnen und Mitarbeitern und gegenüber Externen wie Kundinnen, Geschäfts- und anderen Ansprechpartnern sowie eventuell sonstiges Verhalten.

Zeugnisse selbst schreiben

Sowohl von Arbeitgeber- als auch von Arbeitnehmerseite kommt manchmal der Vorschlag, dass der Arbeitnehmer bzw. die Arbeitnehmerin das Zeugnis selbst schreibt. Gerade in kleineren Unternehmen oder in einer Umbruchsituation stehen im Unternehmen nicht immer die nötigen Kompetenzen und Kapazitäten für die Formulierung von Arbeitszeugnissen zur Verfügung.

Für beide Seiten hat das Vorteile: Im Unternehmen wird keine Arbeitszeit gebunden, die anderweitig produktiver eingesetzt werden kann. Als Arbeitnehmer/in können Sie sicherstellen, ein vollständiges, authentisches und gutes Arbeitszeugnis zu erhalten. Wichtig für die Akzeptanz des Zeugnisses ist allerdings, nicht der Versuchung zu erliegen, zu viele Details aufzuführen oder „stets und jederzeit" nur Spitzenleistungen „in allerbester Weise" auszuweisen. Dann wird es entweder in dieser Form nicht unterschrieben oder der potenzielle zukünftige Arbeitgeber stuft es als Gefälligkeitszeugnis und damit als unglaubwürdig ein. Für das berufliche Vorankommen ist es besser, ein glaubwürdiges Zeugnis zu erstellen, das Aufgaben zwar vollständig, aber nicht langatmig aufführt, und Leistungunter dem Kapiteln positiv (= gut) bewertet, aber nicht überschwänglich lobt.

Verwandte Themen:

- Zur Optimierung von Arbeitszeugnissen: Motive und Vorgehen

Projektingenieur Thomas Kleinschmidts berufliches Horrorszenario – Teil 3

Schneider und de Boer saßen im blütenweißen Hemd im Fond und parlierten über die Effizienz der angepassten Prozesssteuerung, wie die paar kleinen technischen Probleme ausgeräumt und die letzten widerspenstigen Mitarbeiter überzeugt werden konnten. Thomas hatte mehrmals auf die Schwierigkeit hingewiesen, dass nicht alle Prozessschritte und vor allem nicht alle Teile im neuen System abgebildet worden waren, dass noch viel Anpassungsarbeit nötig sei, bevor Entwicklung, Konstruktion und die Projektabteilung wieder auf die nötige Bandbreite zugreifen konnten.

Nun dämmerte es ihm: Das war gar nicht erwünscht! So konnten sie den Prozess verschlanken und Vollzug nach oben melden. Was sollte er gleich dem Kunden sagen, wie er die finale Komponente gestalten würde? Mit den verfügbaren Teilen konnte er die Anforderungen nicht realisieren. Er war der Sündenbock! Sie hatten ihn nur mitgenommen, damit sie auch ihn abschießen konnten. Dafür hatte er sich nun abgerackert! Wenn doch wenigstens eine Bewerbung mal klappen könnte, er würde auch als Konstrukteur oder notfalls auch als Zeichner gehen. Dann hätte er endlich mal weniger Verantwortung und weniger Stress.

Vielleicht müsste er doch mal mit Katharina sein Zeugnis durchgehen. Sie würde einschätzen können, ob es an den Formulierungen lag, dass er nicht eingeladen wurde. Und was am Zeugnis geändert werden müsste.

→ Lesen Sie unter dem Kapitel „Lernen Sie Marsianisch – wie die Integration gelingt: zu Einarbeitung und Probezeit", wie es bei Thomas Kleinschmidt weitergeht.

→ Was vorher geschah: Den Anfang der Geschichte von Thomas Kleinschmidt finden Sie im Kapitel „Familie Kleinschmidt stellt sich vor". ◄

Schneller bewerben – Kurzbewerbung per E-Mail, Bewerbungsformular oder Karriere-App

„Das Unternehmen möchte eine Kurzbewerbung haben, was soll ich jetzt genau schicken?" ist eine Frage, die ich häufig hörte und die daher hier für verschiedene Bewerbungswege – per E-Mail, über ein Bewerbungsformular oder eine Karriere-App – beantwortet wird.

Früher, das heißt, in der guten alten Zeit der schriftlichen Bewerbung, waren die Dinge noch übersichtlich: Bei einer Kurzbewerbung handelte es sich um ein Anschreiben und einen Lebenslauf. Diese wurden in eine Mappe oder auch nur in einen Umschlag gesteckt und fertig war die Chose. Okay, manchmal bot es sich an, auch noch das letzte Arbeitszeugnis oder das Prüfungszeugnis oder einen aktuellen Fortbildungsnachweis oder ein Referenzschreiben oder … Ganz so einfach war es früher also auch nicht. Aber der Reihe nach:

Kurzbewerbung schriftlich/per E-Mail

Die schriftliche Bewerbung ist im Grunde ausgestorben. Selten sind vereinzelte Exemplare dieser schönen Spezies noch anzutreffen, etwa in abgelegenen Sphären sehr konservativer Arbeitgeber oder auf den einsamen Inseln weniger kleinerer Betriebe. Sie wurde verdrängt durch die leistungsfähigere E-Mail-Bewerbung. Diese kann – vorausgesetzt, es ist ein rudimentäres EDV-Verständnis vorhanden – genauso ansehnlich daherkommen. Sie hat aber den Vorzug, für Absender und Empfängerin wesentlich günstiger, schneller und flexibler zu sein. Ansonsten ist alles weitgehend identisch.

Es wird ein **Anschreiben** formuliert, das sich ausnahmslos – also in der Darstellung Ihrer Kenntnisse, Erfahrungen und Motivation – auf die Stelle im Unternehmen bezieht, die Sie gern besetzen möchten. Außerdem ist ein **Lebenslauf** nötig, der Ihren Werdegang und Ihre Qualifikationen ebenfalls mit Blick auf die angestrebte Position ansprechend präsentiert. Um dem Empfänger das Abspeichern der E-Mail-Nachricht zu ersparen, werden beide – also Anschreiben und Lebenslauf – als Anlage der E-Mail-Nachricht angehängt, nachdem sie in eine (einzige) **PDF-Datei** umgewandelt worden sind (weiter unten das Beispiel einer Begleitmail zur Erstellung einer Bewerbungsdatei für E-Mail-Bewerbungen).

Eine Kurzbewerbung besteht also nur aus Anschreiben und Lebenslauf. Nicht erforderlich ist daher das **Beilegen von Zeugnissen.** Ganz im Gegenteil, der Aufforderung zu einer Kurzbewerbung liegt der Wunsch des Unternehmens zugrunde, sich nicht durch umfangreiche Bewerbungsportfolios durcharbeiten zu müssen, von denen viele Seiten ohnehin überflüssig sind; zum Beispiel das Gestrüpp der Auftaktseiten wie Deckblatt oder Inhaltsverzeichnis und das Dickicht der Zertifikate nebst Übersetzungen und Anhängen. Wenn Sie aber einen Nachweis Ihrer Eignung für die Stelle haben, den Sie trotzdem unbedingt mitschicken wollen, dann wird dies nicht zu Ihrem Ausschluss vom Stellenbesetzungsverfahren führen. Dabei sollte es sich aber wirklich um eine Unterlage mit Wow-Effekt handeln, also einen Nachweis über besondere Leistungen (Jahrgangsbeste, Innungssieger, Wirtschafts- oder Wissenschaftspreis, Verkaufs-/Vertriebserfolge).

Sie haben sich bei der obigen ungefähren Beschreibung des Lebenslaufs sicher schon gefragt, wie umfangreich dieser denn nun sein darf, wenn das Unternehmen gerne eine schlanke Bewerbung bevorzugt. Die Antwort ergibt sich abermals aus der Natur der Kurzbewerbung, nur aus Anschreiben und Lebenslauf zu bestehen: Der **Lebenslauf** sollte so knapp wie möglich, aber so ausführlich wie nötig sein. Schließlich soll er alle Informationen enthalten, die der Empfänger (auch ohne Zeugnisse) braucht, um darüber zu entscheiden, ob Sie für die zu vergebende Position infrage kommen. Dies ist das Ziel jeder Bewerbung, und damit auch der Kurzbewerbung. Hilfreich dazu können Angaben des Verantwortungsbereichs, der wichtigsten Aufgaben und Erfolge zu den Positionen sein. Ein gut gemachter Lebenslauf einer Führungskraft oder Expertin kann sich über fünf Seiten erstrecken, ohne auch nur ansatzweise langweilig zu werden. Normale Fachkräfte kommen meist mit zwei, manchmal drei Seiten aus.

Kurzbewerbung über ein Bewerbungsformular/-portal

Gehen wir einmal davon aus, Sie haben bereits einen aussagekräftigen Lebenslauf erstellt und bewerben sich um Positionen mit mehr oder weniger identischen Anforderungen. Dann ist eine Kurzbewerbung über ein Bewerbungsformular oder Bewerbungsportal für Sie ideal. Sie können sich ganz auf das **Ausfüllen des Formulars** konzentrieren. Das ist mit Copy & Paste aus dem Lebenslauf mühelos erledigt. Etwas mehr Aufmerksamkeit wird für die Angaben in eventuellen Bemerkungsfeldern aufgebracht. Haben Sie auch schon ein Anschreiben formuliert, können Sie eine **Kurzversion des Anschreibens** dort verwenden.

Bei einer Kurzbewerbung über ein Bewerbungsformular wird meist auf das Hochladen von Anlagen verzichtet. Wenn aber doch Anschreiben und Lebenslauf erwünscht sind, dann können Sie sich ein rationales Vorgehen zulegen: Sie erstellen eine **immer gültige Version des Lebenslaufs als PDF-Datei,** wobei Sie Datum und Unterschrift weglassen (auch in diesem Punkt passen wir uns in Deutschland gerade internationalen Gepflogenheiten an, sodass dies akzeptiert wird). Auch können Sie theoretisch das **Anschreiben vorproduzieren,** indem Sie es auf die Art der gewünschten Position zuschneiden, aber Datum und Empfängerdaten weglassen. Damit Ihre Bewerbung nicht Gefahr läuft, wie eine Massenmail daherzukommen, ist das aber eigentlich nur für Bewerbungen in Mangelberufen ideal.

Kurzbewerbung per Smartphone

Noch einfacher ist das neue Verfahren der Kurzbewerbung per Smartphone. Jeder von uns trägt heute einen solchen Minicomputer bei sich. Dies hat dazu geführt, dass viele Menschen keinen anderen Rechner mehr besitzen, was mithin die Bewerbungsprozedur ziemlich mühsam macht. Wer schreibt schon gern längere Texte auf einem Smartphone, ganz zu schweigen von der nicht existenten Möglichkeit, diese zu formatieren?

Also haben sich Großunternehmen eine Lösung ausgedacht, auch das **Bewerbungs-verfahren smart** zu machen. Das Verfahren verwendet Auswahllisten, bei denen die Antwort angeklickt werden kann. Wie bei Multiple-Choice-Aufgaben scheinen die vorgegebenen Möglichkeiten zwar nicht immer die richtige oder die präferierte Antwort abzubilden. Doch dies ist zweitrangig angesichts der Schnelligkeit, Flexibili-tät und Bequemlichkeit dieser Bewerbungsform. Das Hochladen von Lebenslauf oder Anschreiben entfällt meist komplett, auch das Ausfüllen von Bemerkungsfeldern ist in der Regel nicht nötig. Die Hürde, sich zu bewerben, wird so niedrig wie möglich gehalten.

Nun könnte der Eindruck entstehen, es sollen damit nur gering qualifizierte, der deutschen Sprache nicht mächtige Bewerber und Bewerberinnen angesprochen werden. Das ist aber mitnichten der Fall. Gerade weil Unternehmen mehr Bewerbungen von mobilen Arbeitnehmern und Arbeitnehmerinnen erhalten wollen, geht der Trend zur **Karriere-App oder Bewerbungs-App.** So können Sie sich mühelos von unterwegs, während einer Wartezeit oder auch am Strand durch die App klicken. In Deutsch-land sind solche Apps bei Thyssen Krupp, Daimler, Accenture Deutschland, Fresenius, der Deutschen Telekom oder E-Plus und natürlich in Jobbörsen bereits Standard. Gern angenommen wird auch das Angebot, sich einfach mit dem **XING- oder LinkedIn-Profil** zu bewerben. Klar, bei diesen mobilen Bewerbungsverfahren geht es vor allem darum, jüngere Nachwuchskräfte anzuziehen. Später, wenn beide Seiten ernsthaftes Interesse haben, finden dann ausführlichere Auswahlverfahren statt. Je nach Stelle kommen dann auch wieder der Lebenslauf und ein Anschreiben oder Motivations-schreiben ins Spiel.

Begleitmail

Die Begleitmail zu einer Kurzbewerbung per E-Mail ist entweder ebenfalls kurz. Das ist der Fall, wenn Sie den Lebenslauf und das Anschreiben (möglichst in einer Datei) anhängen. Oder die Begleitmail enthält das (komplette) Anschreiben. Das kann ich aber nur empfehlen, wenn vom Unternehmen ausschließlich ein Lebenslauf erbeten wird. Denn eine Mail mit einem ausführlichen Anschreiben muss vom Unternehmen weiter-verarbeitet und den Entscheidern zugänglich gemacht werden. Das geht mit einer anhängenden Datei, die Anschreiben und Lebenslauf enthält, wesentlich leichter.

Das folgende Beispiel enthält eine Kurzversion des Anschreibens. Möglich ist auch eine noch knappere Begleitmail, bei der zum Beispiel der zweite und dritte Absatz entfallen bzw. weiter gekürzt werden.

Beispiel einer Begleitmail als Kurzversion des Anschreibens

Betreffzeile: Bewerbung als Logistik-Techniker, Job-ID: 1234

Sehr geehrte Frau [Name der Ansprechpartnerin, alternativ: Sehr geehrte Damen und Herren],

mit großem Interesse bewerbe ich mich in Ihrem Unternehmen um die Stelle als Logistik-Techniker.

Die beschriebenen Aufgaben sind mir bereits vertraut aus meiner Ausbildung zur Fachkraft für Lagerlogistik und der Fortbildung zum Logistik-Techniker der Fachrichtung Unternehmenslogistik sowie meiner Berufserfahrung in der Lager- und in der Unternehmenslogistik. Auch an der Analyse und Optimierung der Lieferkette konnte ich schon in Kooperation mit Lieferanten und Kunden mitwirken.

Im Anhang zu dieser E-Mail sende ich Ihnen meine Kurzbewerbung, bestehend aus Anschreiben, Lebenslauf und einer Auszeichnung für meinen Abschluss in der Logistikfortbildung. Ich freue mich, wenn meine Bewerbung Ihr Interesse weckt, und stehe Ihnen gerne für ein Vorstellungsgespräch zur Verfügung.

Mit freundlichen Grüßen
Max Mustermann
[Kontaktdaten wie in den Bewerbungsunterlagen] ◄

Verwandte Themen:

- Gute Bewerbungsunterlagen – das Wichtigste zusammengefasst
- Initiativbewerbung oder wie geht das, wenn ich mich direkt bewerbe?
- Innovative Bewerbung – ich suche mir meinen neuen Arbeitsplatz selbst aus
- Erstellung einer Bewerbungsdatei für E-Mail-Bewerbungen
- Wie wird ein XING-Profil gefüllt?

Berufsschullehrer i. R. Peter Maibauers Logbuch – Teil 2

November

Lukas hat mich zu seiner WhatsApp-Gruppe „Ein Job muss her" eingeladen. Sophie, er und ich wollen uns initiativ bewerben. Hätte dir gefallen, oder?

Sophie gestern hier, Online-Bewerbung gezeigt. Aber ich schreibe lieber einen Brief. Sophie meint, geht gar nicht mehr. Läuft alles übers Internet. Mal sehen.

Den Kindern sage ich nichts von unseren Treffen. Sophie und Lukas wollen es auch geheim halten. Ihre Eltern hätten genug eigene Probleme. Hab ich nicht gemerkt. Du hättest es gewusst!

Hab doch mit Monika geredet, sie will sich auch bewerben: um eine Leitungsstelle. Das passt doch gut zu ihr. Sie hat sich gefreut, dass ich das so sehe. Du wärst stolz auf mich.

→ Lesen Sie unter dem Kapitel „Was ist ein gutes Bewerbungsfoto?", wie es bei Peter Maibauer weitergeht.

→ Was vorher geschah: Den Anfang der Geschichte von Peter Maibauer finden Sie im Kapitel „Familie Kleinschmidt stellt sich vor". ◄

Bewerbungsunterlagen für Führungskräfte

Die Bearbeitung von Bewerbungsunterlagen für Führungskräfte der oberen Führungsebenen habe ich immer als besondere Herausforderung empfunden. Das hat zum einen folgenden Grund: Top-Manager/innen mit umfassender Personalverantwortung waren selten meine Kunden und Kundinnen. Im Schwerpunkt habe ich Fachkräfte und Experten sowie Führungskräfte der unteren Managementebenen oder Geschäftsführer/innen kleinerer Unternehmen beraten. Ich hatte daher den Eindruck, den Markt nicht gut genug zu kennen, um mir ein Urteil über angemessene Präsentationsformen von Führungskräften im Top-Management zu erlauben. Zum anderen empfand ich die mir von diesem Kundenkreis vorgelegten Bewerbungsunterlagen – pardon – meist als Zumutung. Sie waren sehr lang und detailliert, es fehlten häufig Übersicht, Schwerpunkte und Zusammenfassung. Auch die Struktur und das Layout waren aus meiner Sicht nicht dazu angetan, sich mit den Unterlagen gern zu beschäftigen. Aus dieser Rückmeldung an einen Kunden, der trotz meiner Auftragsabsage mit mir zusammenarbeiten wollte, und vermehrten Anfragen habe ich mich dann aber doch tiefer mit High-End-Bewerbungsunterlagen auseinandergesetzt.

Wie bei Bewerbungsunterlagen für andere Berufstätige ist auch bei der Erarbeitung von Bewerbungsunterlagen für Führungskräfte zunächst herauszufinden, welches Ziel verfolgt werden soll, sodann eine Bewerbungsstrategie dafür festzulegen und die Unterlagen darauf zuzuschneiden. Daher ist es nicht möglich, ein Schema vorzulegen, das Bewerbungsunterlagen für Führungskräfte generell zugrunde gelegt werden kann. Trotzdem gibt es ein paar Elemente, die meines Erachtens in diesen Unterlagen nicht fehlen sollten: (1) eine **Karriereübersicht,** also ein Abriss von Ausbildung und Berufsweg, (2) ein **Verantwortungs- und Aufgabenportfolio** als eine Art von nach Schwerpunkten geordnete Zusammenfassung oder Auflistung von Erfahrungen, Kenntnissen und Fähigkeiten, die im Verlauf des Berufslebens erlangt wurden, sowie (3) eine **Leistungs-bilanz,** die wesentliche Erfolge, die im Zuge der Übernahme der Verantwortung und Erledigung der Aufgaben erreicht wurden, nachvollziehbar herausstellt; nachvollziehbar heißt in diesem Zusammenhang: Die Leistungen können den Stationen des Berufswegs zugeordnet werden und sie sind mess- und vergleichbar.

Diese drei Elemente sollten sich meines Erachtens auf jeweils ein, höchstens zwei Seiten beschränken. Damit ergibt sich – zusammen mit dem Anschreiben, aber ohne den ausführlichen Lebenslauf – ein Umfang von vier bis sieben Seiten. Karriere-übersicht, Leistungsportfolio und Leistungsbilanz können dabei als separate Blöcke angeordnet werden, aber auch dem Karriereverlauf folgend angegeben werden. Beide Verfahren haben Vorteile: Beim ersten können länger zurückliegende Erfahrungen und Erfolge nach vorn geholt werden, was wichtig sein kann, wenn die aktuelle Position nicht dem Leistungspotenzial entspricht. Beim zweiten Verfahren sind die Erfolge den Stellen zugeordnet, was die Nachvollziehbarkeit und Überzeugungskraft erhöht. Größtes Plus des blockweisen Vorgehens ist es, sich auf Kernkompetenzen und Highlights zu konzentrieren, womit eine weitere Reduktion des Umfangs und die Fokussierung auf das angestrebte Ziel unterstützt werden.

Generell bieten diese komprimierten Präsentationsformen die Möglichkeit, stärker auf bestimmte Tätigkeiten abstellen zu können, als dies bei einer vollumfänglichen Darstellung der Fall ist, und somit die Aufmerksamkeit in eine bestimmte Richtung zu lenken. Zudem lassen sie sich schnell lesen, was bei Initiativbewerbungen, der Kontakt-aufnahme über Headhunter oder der Platzierung der Unterlagen über eine Empfehlung ein weiterer Vorteil ist.

In der Praxis haben sich meine Kunden und Kundinnen oft dafür entschieden, nur die genannten Seiten zu verwenden und – auch bei dem blockweisen Vorgehen – ganz auf den ausführlichen Lebenslauf zu verzichten – mit dem Hinweis, dass er nachgereicht werden könne. Der Erfolg gab ihnen recht: Die Unterlagen erweckten Interesse und es folgte oft eine Einladung zu einem Gespräch.

Mit der Checkliste für Bewerbungsunterlagen inkl. Extra für Experten und Führungs-kräfte können Sie die Korrektheit, Vollständigkeit und Qualität Ihrer Bewerbungsunter-lagen prüfen.

Verwandte Themen:

- Setzen, überqualifiziert! Wie Sie trotzdem eingeladen werden
- Gute Bewerbungsunterlagen – das Wichtigste zusammengefasst
- Innovative Bewerbung – ich suche mir meinen neuen Arbeitsplatz selbst aus

Personalleiterin Katharina Ast-Maibauers Arbeitsjournal – Teil 3

29.11.

Themen des Monats: Abschluss der Jahresgespräche; Entwicklung neuer Karrierewege im Unternehmen für Quereinsteiger*innen; berufliche Aufbruchstimmung in der
Familie

Nächste Woche habe ich die letzte Runde Jahresgespräche vor mir. Dann noch
die Entwicklungsvorschläge den Partner*innen präsentieren und es ist geschafft,
die Vorweihnachtszeit kann beginnen. Die meisten meiner Nachwuchskräfte – High
Potenzials und Quereinsteiger*innen – haben sich, wie in den Assessmentcentern
abzusehen war, exzellent entwickelt, nur B. S. wird uns wider Erwarten verlassen.
Er folgt seiner Frau an deren neuen Arbeitsort. Leider hat sie unser Angebot nicht
angenommen. Dies ist ein Argument für die Öffnung des Unternehmens und das
Schaffen neuer Karrierewege. Damit können wir trotz unseres schwierigen Standorts
in Zukunft unsere Wunschkandidaten überzeugen.

Monika hat mir gestern von Andreas' Zeugnis erzählt. Es ist auf jeden Fall sinnvoll, dass sie sich nach einer höher dotierten Stelle umsieht. Das Zwischenzeugnis
unaufgefordert zu erhalten ist wahrscheinlich Teil der Vereinbarungen mit dem
Betriebsrat im Zuge der Übernahme. Es kann aber auch den Zweck haben, ihn unter
Druck zu setzen. Andreas ist kein kommunikativer Typ und ihm fällt es schwerer als
anderen, im Team zu bestehen, wenn es nicht um Fachliches geht. Strategisches Vorgehen und das Einhalten der Vorgaben sind für ihn deshalb besonders wichtig, um
sich in die neuen Strukturen einzufinden. Glücklicherweise sieht er es als Entlastung
an, wenn seine Frau mehr Geld verdient und eigene berufliche Themen hat.

Ich glaube, ich sollte auch mal meinen Marktwert testen. Diese Aufbruchstimmung
bei Monika und Papa (sie hat mir von seinen Plänen erzählt) steckt an!

→ Lesen Sie unter dem Kapitel „Ran an die Macht: wichtigste Verhaltensregel in der
Hierarchie", wie es bei Katharina Ast-Maibauer weitergeht.

→ Was vorher geschah: Den Anfang der Geschichte von Katharina Ast-Maibauer finden Sie
im Kapitel „Familie Kleinschmidt stellt sich vor". ◄

Die Dritte Seite – vom Sinn (und Unsinn) einer Extraseite

Mythos Dritte Seite: Häufig wird, auch von führenden Bewerbungsexperten und
Beraterinnen, die Verwendung einer sogenannten Dritten Seite empfohlen. Sie soll als
Extraseite nach Anschreiben und Lebenslauf überraschen und Interesse an dem Bewerber
bzw. der Bewerberin wecken. Wenn ich von meinen Kunden und Kundinnen Bewerbungsunterlagen zur Optimierung erhalten hatte und diese durchsah, fand ich immer wieder
ähnliche und erstaunlicherweise auch häufig exakt identische Formulierungen. Als würde
eine Kopiervorlage verwendet werden – und so ist es wohl auch! Doch wie lässt sich

eine individuelle Dritte Seite erstellen, von der sich Personalentscheider/innen tatsächlich angesprochen fühlen, und wann ist deren Verwendung überhaupt sinnvoll?

Generell haben die meisten berufstätigen Menschen wenig Zeit! Das gilt vermutlich auch für Sie – und mit Sicherheit auch für Personalentscheider/innen. Daher sollten Sie mit dieser Zeit sorgsam umgehen und nur dann eine Extraseite verwenden, wenn diese Informationen enthält, die sonst in den Bewerbungsunterlagen nicht gut unterzubringen sind.

Auf einer Dritten Seite, so wie die Bewerbungsexperten Jürgen Hesse und Hans-Christian Schrader sich das ursprünglich unter dem Titel „Was Sie sonst noch über mich wissen sollten" gedacht haben, werden die Satzanfänge „Ich bin …", „Ich kann …", „Ich will …" ergänzt um Aussagen zur Person, Kompetenz und Motivation. Gut gemacht, kann eine solche Dritte Seite sicher immer noch einen Mehrwert bringen. Doch häufig enthalten Anschreiben und Lebenslauf diese Aussagen bereits, weshalb sie dann unsinnig ist und eher den Unwillen der gestressten Leserin hervorruft.

In aktualisierter Form hat das Tool jedoch weiterhin seine Berechtigung. Nämlich dann, wenn auf einer Extraseite zusätzliche Informationen übersichtlich aufbereitet werden, die eine hohe Aussagekraft über Ihre Kompetenz haben. In diesem Fall führt eine Dritte Seite tatsächlich häufig zu einer Einladung zum Vorstellungsgespräch. Denn sie präsentiert Inhalte, die sonst fehlen würden oder nicht so übersichtlich in den Unterlagen zu finden sind.

Beispiele für sinnvolle Extraseiten sind:

- Projektliste bei häufiger Projekttätigkeit bzw. -leitung
- Publikationsliste im Wissenschaftsbereich
- Kompetenz- oder Erfahrungsprofil bei Experten
- Leistungsbilanz bei Führungskräften und Managern
- Ausstellungsliste bei Menschen aus dem künstlerischen Bereich
- Referenzliste bei im Verkauf oder Vertrieb Tätigen

Wer aber nicht mehr zu sagen hat oder zu diesem Zeitpunkt sagen möchte, als schon im Anschreiben und Lebenslauf steht, kann sich einfach mal nett die gewonnene Zeit vertreiben – und besser die Finger von der Dritten Seite lassen!

Verwandte Themen:

- Gute Bewerbungsunterlagen – das Wichtigste zusammengefasst

Erzieherin Monika Kleinschmidts erlebtes Tagebuch – Teil 3

Sonntag, 29. November
Sophie ist dieses Wochenende hier und wir wollten mal wieder eine schöne Zeit als Familie verleben. Ich hatte mich so darauf gefreut, zu viert (oder auch mit Sophies

Freund, der aber wie meistens unterwegs war und arbeiten musste) etwas zu unternehmen. Das letzte Mal, als wir alle zusammen waren, war an Sophies Geburtstag Ende Juli. Wir sind nach einem langen Spaziergang um den See abends in den Biergarten gegangen. Wir saßen in der Sonne und alle haben von ihren aktuellen Projekten erzählt. Das war wunderschön. So ähnlich hatte ich es mir für dieses Wochenende vorgestellt: erst gemütlich was essen und dann ins Kino. Gemütlich war es ganz und gar nicht. Thomas' Niedergeschlagenheit hat auf uns alle abgefärbt und als Sophie ihn gefragt hat, was los sei, hat er nur einsilbig geantwortet. Ich weiß ja, er denkt, dass sie ihn in der Firma rausekeln wollen, aber ich verstehe nicht, warum er nicht mit den Kindern redet. Lukas zieht sich schon genauso zurück. Ich soll auch nichts sagen, aber so ist es viel schlimmer. Was glaubt er denn, dass Sophie und Lukas ihn nur lieben, wenn wir zweimal im Jahr in den Urlaub fahren können? Jetzt wäre doch die Gelegenheit zu leben, was wir versucht haben ihnen beizubringen: Einer für alle, alle für einen! Zusammenhalten, wenn es eng wird.

Am besten wäre es, wenn Sophie nicht direkt den Master anschließen würde. Dann könnte sich Lukas im Sommer (so wie sie vor vier Jahren) frei aussuchen, was er nach dem Abi macht. Und in einem Jahr sieht die Welt bestimmt wieder ganz anders aus. Dann bin ich, wenn alles klappt, schon Kita-Leiterin – schlotter …

Habe gestern bei Hesse und Schrader gelesen, man soll eine „dritte Seite" in die Bewerbungsunterlagen einfügen. Das kann ich mir für mich eigentlich nicht vorstellen. Was soll ich denn da unter die Überschriften „Ich bin …", „Ich kann …", „Ich will …" schreiben? Zurzeit schwirrt mir der Kopf mit anderen Sachen, Familie, Fortbildung und nun will Papa auch noch was Wichtiges mit mir besprechen. Er klang am Telefon ganz aufgeregt: Vielleicht hat er sich wieder verliebt? Aber seit Mamas Tod ist er ja im Grunde nicht mehr rausgegangen – vielleicht eine Internetbekanntschaft? Noch ein Drama kann ich jedenfalls nicht gebrauchen.

→ Lesen Sie unter dem Kapitel „Erstellung einer Bewerbungsdatei für E-Mail-Bewerbungen", wie es bei Monika Kleinschmidt weitergeht.

→ Was vorher geschah: Den Anfang der Geschichte von Monika Kleinschmidt finden Sie im Kapitel „Familie Kleinschmidt stellt sich vor". ◄

Motivationsschreiben: Durch Wollen zaubern!

Motivationsschreiben werden für die Bewerbung um Stipendien von Stiftungen oder Unternehmen und um Studienplätze an privaten Hochschulen benötigt. Gelegentlich fordern auch Unternehmen Motivationsschreiben bei der Bewerbung oder nach dem Interview an. Im Folgenden lesen Sie, wie Sie ein Motivationsschreiben aufbauen und füllen können und dabei sehr authentisch Ihre Kenntnisse, Erfahrungen und beruflichen Vorstellungen zum Ausdruck bringen.

Im regulären Fall handelt es sich beim Motivationsschreiben um das eigentliche Bewerbungsanschreiben. Das Anschreiben ist dann eher ein Begleitschreiben, in dem der Grund der Kontaktaufnahme, wesentliche Informationen und die übermittelten Anlagen vermerkt werden. Das Motivationsschreiben ist jedoch deutlich persönlicher als ein übliches Bewerbungsanschreiben. Sie werden vor allem Ihren Wunsch (aber auch Ihre Befähigung) erläutern, eine Aufgabe zu übernehmen oder in einem Unternehmen zu arbeiten. Wenn das Motivationsschreiben jedoch zusätzlich zu einem Bewerbungsanschreiben gegeben wird, möchten Sie darin dessen Inhalte nicht wiederholen, sondern vertiefen oder neue Aspekte einbringen. Die Betonung der Motivation liegt in der Natur der Sache: **Motivationsschreiben werden von Nachwuchskräften für gehobene Positionen verfasst.** Statt Kenntnisse und Erfahrungen können hier also vor allem Potenziale und eben die Motivation ins Feld geführt werden. Zur Abgrenzung von Motivationsschreiben und Bewerbungsanschreiben sowie anderen Bewerbungsunterlagen später mehr.

Zunächst eine kurze **Begriffsdefinition:** Unter einem Motivationsschreiben wird in Deutschland, wie eben kurz angerissen, eine Erläuterung Ihrer besonderen Motivation (und Eignung) verstanden für eine bestimmte Tätigkeit, eine bestimmte Ausbildung oder ein bestimmtes Studium, die sich an einen bestimmten Arbeitgeber, eine bestimmte Hochschule oder eine bestimmte Organisation richtet. Die penetrante Wiederholung des Wortes „bestimmt" macht schon deutlich, worauf Sie in einem Motivationsschreiben speziellen Bezug nehmen werden: Ihr Ziel. Denn bei einem Motivationsschreiben handelt es sich *nicht,* wie manchmal zu lesen ist, um eine sogenannte Dritte Seite, um ein Kompetenz- oder Kurzprofil, eine Leistungsübersicht oder sonstige Anlagen, die zwar ebenfalls Bestandteil von Bewerbungsunterlagen sein können, aber aus anderen Gründen, und die anderen Regeln folgen. In Österreich, der Schweiz und Frankreich wird das Bewerbungsanschreiben schon als Motivationsschreiben bezeichnet, wobei es sich von diesem dann nicht sonderlich unterscheidet.

Mancherorts wird ferner empfohlen, Argumente, die nicht mehr ins Anschreiben passen, in einem Motivationsschreiben unterzubringen. Es ist allerdings fraglich, ob dies bei Bewerbungen um ausgeschriebene Stellen sinnvoll ist. Meiner Erfahrung nach wird eine Bewerbung nicht interessanter, nur weil sie länger ist, sondern dann, wenn sie genau auf den Punkt kommt. Damit ist nicht gemeint, dass Bewerbungsunterlagen von erfahrenen Fach- und Führungskräften insgesamt nicht durchaus fünf oder mehr Seiten umfassen können – ohne zu langweilen –, aber dann sind auf diesen Seiten jeweils neue Informationen untergebracht. **Ich empfehle die Erstellung eines Motivationsschreibens also nur dann, wenn ein solches auch gefordert ist.**

Doch nun zum Praktischen: Es gibt keine Regeln für Aufbau, Inhalt und Stil eines Motivationsschreibens. Da es sich um ein eher persönliches Schreiben handelt, wird es auch offenkundig individuell variieren. Trotzdem möchte ich Ihnen ein paar Hinweise und Tipps geben, mit denen meine Kunden und Kundinnen bei ihren Bewerbungen um Stipendien, Studienplätze an privaten Hochschulen oder als High Potenzials in Unternehmen und Organisationen Erfolg hatten. Weitere Anregungen zu Inhalten des

Motivationsschreibens finden Sie auf den Internetseiten der Unternehmen, Hochschulen oder Stiftungen, an die Sie sich im Einzelnen wenden.

Bei den folgenden Empfehlungen gehe ich davon aus, dass Sie noch ein separates Anschreiben verwenden, in dem Sie schon auf die Ausschreibung Bezug genommen und alle formalen Aspekte angesprochen haben. Sie sind also frei, sich im Motivationsschreiben ganz auf Ihre Wünsche und Vorstellungen zu konzentrieren.

Aufbau eines Motivationsschreibens

Wie gesagt, es gibt keinen Standard und ich habe mit verschiedenen Varianten gute Ergebnisse erzielt. Grundsätzlich aber ist es hilfreich, sich an den elementaren Aufbau einer Rede, eines Aufsatzes oder einer Präsentation zu halten: **Überschrift – Einleitung – Hauptteil – Schluss.** Der Hauptteil wird eventuell weiter untergliedert, sodass Sie Absätze erhalten, die in etwa sieben Zeilen lang sind. Falls ein Lieblingsautor oder eine Lieblingsautorin vorhanden ist, kann auch ein – zu Ihnen und zum Anlass passendes – Zitat vorangestellt werden.

Inhalt eines Motivationsschreibens

- **Überschrift:** Sie können Ihr Schreiben schlicht „Motivationsschreiben" nennen. Aussagekräftiger wäre natürlich „Warum ich Arzt werden möchte" (bei einer Bewerbung um einen Studienplatz in Medizin an einer privaten Hochschule), „Was ich als Entwicklungsingenieurin bei Ihnen erreichen kann" (bei einer Bewerbung um eine Stelle/ ein duales Studium in einem Unternehmen) oder „Mein Leben gehört der Musik" (bei einer Bewerbung um ein Studienstipendium bei einer Stiftung).
- **Einleitung:** In einem ersten Absatz, bestehend aus zwei, drei Sätzen, fassen Sie das Ziel Ihrer Bewerbung zusammen. Zunächst stellen Sie dar, was Sie erreichen wollen. Dann sagen Sie, dass das Studium, die Stelle, das Stipendium der Schlüssel dazu ist – zum Beispiel so:

„Seit dem Schlaganfall meiner Großmutter, verbunden mit dem Verlust ihrer Sprache, beschäftigen mich die Ursachen und Folgen von Herz-Kreislauf-Erkrankungen. Als Arzt möchte ich Patienten mit Herz-Kreislauf-Erkrankungen in Therapie und Rehabilitation behandeln und durch meine Arbeit zur Prävention von Herz-Kreislauf-Erkrankungen beitragen. Das ausgezeichnete Studium und die Möglichkeit zur Spezialisierung wie auch das Peer-Learning- und das Alumni-Programm an Ihrer Hochschule sind die Bausteine, mit denen ich diese Ziele erreichen kann."

- **Hauptteil:** Der zweite bis vierte oder fünfte Absatz konzentrieren sich dann auf die Beantwortung folgender Fragen: Was sind meine herausragenden Kenntnisse und Fähigkeiten? Aus welchen Gründen sollte ich den Studienplatz (die Stelle, das

Stipendium) bekommen? Warum passe ich besonders gut an die Hochschule (in das Unternehmen, das Förderprogramm)? In welcher Beziehung steht das Studium (die Stelle, das Stipendium) zu meinem bisherigen Werdegang (jüngere Menschen denken dabei auch an Ehrenämter und Hobbys)? Auf welche Weise wird mich das Studium (die Stelle, das Stipendium) weiterbringen? Wie kann ich die Ziele der Hochschule (des Unternehmens, des Förderprogramms) unterstützen? Welche beruflichen und persönlichen Ziele möchte ich erreichen? Wenn wir beim Beispiel der Bewerbung um einen Studienplatz bleiben, könnte der erste Absatz so lauten:

„Bis zur zehnten Klasse hatte ich keine Lieblingsfächer und meine Noten waren durchschnittlich. Dann erlitt meine Großmutter einen Schlaganfall und wir nahmen in Biologie gerade den Menschen und seine Organe durch, sodass ich im Unterricht viele Fragen stellen konnte, die mich zu der Zeit beschäftigten. Zum ersten Mal machte es mir Spaß, etwas zu lernen, und ich hatte einen Grund, warum ich Zusammenhänge verstehen wollte. Meine Leistungen verbesserten sich, zuerst in Biologie und Chemie und später auch in anderen Fächern um ein bis zwei Noten. Im Abitur habe ich dann gezielt Biologie, Mathematik und Deutsch als Leistungskurse sowie Religion und Sport als weitere Prüfungsfächer gewählt. Damit konnte ich mir eine gute Grundlage an naturwissenschaftlichem, aber auch ethischem Wissen schaffen, die mir in meinem Studium und im späteren Beruf zugutekommen wird."

Danach folgen drei bis vier weitere Absätze, bis die oben genannten Fragen beantwortet sind.

- **Schluss:** Alles Wesentliche haben Sie gesagt, nun geht es nur noch darum, eine Schlussformulierung für das Motivationsschreiben zu finden. Wie bei einer guten Rede summiert der Schluss das Gesagte noch einmal auf. Wieder für das Beispiel:

„Ausgehend von meiner persönlichen Motivation habe ich Ihnen die Gründe für meinen Wunsch, an Ihrer Hochschule Medizin zu studieren, dargelegt. Es würde mich sehr freuen, wenn diese Gründe Sie überzeugen und Sie mich zum weiteren Auswahlverfahren zulassen."

Stil eines Motivationsschreibens

Auch der Stil eines Motivationsschreibens ist natürlich abhängig vom Bewerber oder von der Bewerberin. Zwar sollten Sie sich um eine gehobene Sprache bemühen, doch dabei immer authentisch bleiben. Was kann das konkret bedeuten? Vermeiden Sie eher umgangssprachliche Wendungen (wie „Akquise" oder „händeln", obwohl der Duden diese mittlerweile kennt) und verzichten Sie auf Fremdwörter, wenn diese nicht unbedingt nötig sind. Plattheiten, Standardformulierungen und Übertreibungen sowie Füllwörter, Wortungetüme und Floskeln („insbesondere auch", „mit Bezugnahme auf", „in Abhängigkeit von") sagen nichts aus und verstimmen beim Lesen. Allein diese Hinweise zu berücksichtigen, beschert Ihnen einen eher schlanken, konzentrierten, vor allem aber verständlichen Stil. Wenn Sie dann noch die Regeln der Rechtschreibung, Zeichensetzung und Grammatik beherzigen, haben Sie ein wirklich gutes Schreiben erstellt.

PS: Sind Sie bei der letzten Beispielformulierung („Es würde mich sehr freuen, …") über den Konjunktiv gestolpert? Für die meisten Bewerbungsexperten ist der Konjunktiv ja so eine Art Flaschengeist: Er darf auf keinen Fall freigelassen werden. Als könnte ein kleiner Konjunktiv die Wirkung eines ganzen Anschreibens zunichtemachen. Meines Erachtens tut Höflichkeit aber gut und sie schmälert auch nicht den Eindruck von Selbstbewusstsein, Souveränität und Überzeugungskraft, den Sie durch eine durchdachte, schlüssig vorgetragene Argumentation erzeugt haben. Ganz im Gegenteil: Gezielt eingesetzt, kann sie diesen sogar noch erhöhen!

Verwandte Themen:

- Gute Bewerbungsunterlagen – das Wichtigste zusammengefasst
- Initiativbewerbung oder wie geht das, wenn ich mich direkt bewerbe?
- Innovative Bewerbung – Ich suche mir meinen neuen Arbeitsplatz selbst aus

B. A.-Absolventin Sophie Kleinschmidts E-Mails an ihren Bruder Lukas – Teil 2, Betreff: 1. Wahl

Moin Lukas,

war heute Morgen deprimiert. Daniel ist zurzeit eigentlich in der Karibik unterwegs. Wir sehen uns lange nicht. Der Besuch zu Opas Geburtstag ist die Ausnahme. Ich werde auch nicht hinfliegen, wenn das Schiff mal ein paar Tage irgendwo bleibt. Ich spare mein Geld, falls es mit den Bewerbungen nicht klappt. Meine Stellenrecherche und mein aufpoliertes Image haben also doch was gebracht. Habe mich gerade an die Erstellung eines Motivationsschreibens gemacht, gar nicht so einfach. Doch das macht mehr Lust, meinen Plan zu verfolgen, als vor dem Master ein oder zwei Jahre Praxiserfahrung zu sammeln. Studium ist immer noch meine erste Wahl.

Mit Daniel habe ich vorhin besprochen, dass er in dieser Zeit entweder eine nähere Route findet, sodass wir uns öfters besuchen können, oder sich später an meinem Studienort etwas sucht, was ja nicht unbedingt in Deutschland sein muss, wenn ich ein Stipendium bekomme.

Was ist eigentlich in letzter Zeit mit Papa los? Er redet ja nie viel, in den letzten Wochen war er aber richtig neben der Spur, wenn ich zu Hause war. Das muss ziemlich schlecht laufen für ihn in der Firma. Oder hat er seinen Job verloren? Mama wollte nichts sagen, sie meint, das wäre Papas Ding. Echt krass, die beiden.

LG, Sophilia

→ Lesen Sie unter dem Kapitel „Souverän auftreten und reden – von Großmäulern und Miesepetern", wie es bei Sophie Kleinschmidt weitergeht.

→ Was vorher geschah: Den Anfang der Geschichte von Sophie Kleinschmidt finden Sie im Kapitel „Familie Kleinschmidt stellt sich vor". ◀

Erstellung einer Bewerbungsdatei für E-Mail-Bewerbungen

Dieses Kapitel konzentriert sich auf EDV-technische Fragen zur Erstellung einer Bewerbungsdatei für eine E-Mail-Bewerbung. Die meisten Menschen nutzen zwar diverse EDV-Anwendungen, doch dazu gehört nicht immer ein Textverarbeitungsprogramm. Auch die Umwandlung von Dokumenten in PDF-Dateien geht möglicherweise nicht so leicht von der Hand, wenn dies am heimischen Rechner geschehen soll, an dem andere Programme zur Verfügung stehen als im Büro. Hier wird erklärt, wie Sie eine Bewerbungsdatei erstellen, die Personalverantwortliche prima finden:

Unternehmen bevorzugen es, Bewerbungsunterlagen in einer PDF-Datei zu erhalten. Eine Datenmenge von bis zu 2 MB wird empfohlen, von der je nach Anzahl der Zeugnisse/Anlagen abgewichen werden kann (3 MB sollte aber die Obergrenze sein).

Nun zur Erstellung der PDF-Datei: Der einfachste Weg ist, Anschreiben und Lebenslauf etc. in einem Textverarbeitungsprogramm zu erstellen, auszudrucken und anschließend alle Unterlagen inklusive Zeugnisse zu scannen und dabei zu einer PDF-Datei zusammenzufügen. Beim Scannen können das Ausgabeformat (PDF) und die Auflösung (etwa 150×150 dpi) eingestellt werden, um die gewünschte Datenmenge zu erreichen.

Wenn Sie eine bessere Qualität anstreben und langfristig zeitsparender vorgehen wollen, werden zunächst wieder die Unterlagen in einem Textverarbeitungsprogramm erstellt, diese dann aber direkt in PDFs umgewandelt.

Das geschieht entweder über die Funktion „Drucken" oder über die Funktion „Speichern". Für beide Funktionen muss ein Programm zur Erzeugung von PDFs vorhanden sein (zum Beispiel der kostenlose PDF24 Creator, der über das Internet heruntergeladen werden kann und der sich automatisch in Word und OpenOffice installiert). Beim Drucken wird der PDF-Drucker ausgewählt. Beim Speichern wird die Funktion „Speichern unter" genutzt und als Dateityp das PDF ausgewählt.

Achtung: Es ist hilfreich, als Dateipfad/Ablageordner im Computer, auf den die PDFs gedruckt oder gespeichert werden, den Ort auszuwählen, an dem auch die übrigen Bewerbungsunterlagen liegen. Das erspart lästiges Suchen und Umspeichern für den letzten Arbeitsschritt. Denn schließlich werden alle Dateien zu einer Datei zusammengefasst: die PDFs von Anschreiben, Lebenslauf etc. sowie die vorab beim Scannen der Zeugnisoriginale erstellten PDFs der Zeugnisse. Das geschieht zum Beispiel ebenfalls über den PDF24 Creator.

Aus meiner Sicht ideal ist die nun folgende dritte Variante zur Erstellung einer Bewerbungsdatei für E-Mail-Bewerbungen. Dazu legen Sie eine Datei in Word oder einem anderen Textverarbeitungsprogramm an und nehmen in diese Datei Anschreiben, Profil/ Lebenslauf sowie alle Zeugnisse auf. Letztere werden als Bilddateien hineinkopiert. Das hat zwei Vorteile: Erstens können Sie bei der Bearbeitung der einzelnen Bewerbungen einfacher als bei den vorangegangenen Varianten Zeugnisse aufnehmen und entfernen, je nach deren Bedeutung für die jeweilige Stelle. Und zweitens ist es möglich, eine Kopf- oder Fußzeile mit dem eigenen Namen oder sonstigen Angaben und eventuell auch einem grafischen Element hinzuzufügen, die sich über die gesamten Unterlagen inkl. Zeugnisse erstreckt.

Profis versehen das PDF – entweder gleich über Links in Word oder später über Lesezeichen im PDF – mit Navigationshilfen. So kann die Personalreferentin im Unternehmen bei der Durchsicht der Unterlagen im Dokument leicht hin und her springen, etwa von der Berufserfahrung zu einem bestimmten Zeugnis und wieder zurück. Das ist sehr praktisch und verschafft Ihnen Pluspunkte in Sachen Kundenorientierung.

Für die Erstellung einer kompletten Bewerbungsdatei in Word müssen die Zeugnisse (wie ja auch das Foto) als Bilddateien vorliegen. Dafür empfehle ich das JPG-Format aufgrund der guten Bildqualität bei relativ geringer Datenmenge sowie der Kompatibilität mit den meisten Ausgabe- und Ansichtsprogrammen. Wenn alle Unterlagen aufgenommen worden sind, kann die Datei praktischerweise insgesamt als PDF gespeichert oder in eine PDF-Datei gedruckt werden.

Dann nur noch mit einer kurzen Begleitmail versehen und ab geht die E-Post!

Verwandte Themen:

- Gute Bewerbungsunterlagen – das Wichtigste zusammengefasst
- Schneller bewerben – Kurzbewerbung per E-Mail, Bewerbungsformular oder Karriere-App
- Wie wird ein XING-Profil gefüllt?

Erzieherin Monika Kleinschmidts erlebtes Tagebuch – Teil 4

Zweiter Weihnachtstag

Weihnachten war besser als erwartet! Das beste Geschenk war die Ankündigung der Geschäftsreise von Thomas im neuen Jahr. Er sieht dies als Chance, sein Können vor seinen neuen Kollegen zu beweisen. Jetzt ist es ihm auch nicht mehr ganz so wichtig, ob jede Kleinigkeit in seinem Zeugnis steht. Er war entspannter und hat sogar mit den Kindern über alles geredet, als er mit ihnen den Weihnachtsbaum aussuchen gefahren ist.

Was sich dann bei meinem Treffen mit Papa herausgestellt hat: Papa will wieder arbeiten gehen. Er meinte, er könne es zu Hause nicht mehr aushalten, Mama fehle ihm zu sehr und alleine machen ihm die Gartenarbeit und die Ausflüge keinen Spaß mehr. Außerdem könne er dann Sophie, die ja sein Patenkind sei, was zuschießen, wenn sie ins Ausland gehen würde. Das kommt natürlich genau zum richtigen Zeitpunkt! Papa hat eben noch das (pädagogische) Gespür. Sein O-Ton: „Einmal Lehrer, immer Lehrer!" Doch bevor er zu Hause die Wände anstarre, wolle er lieber wieder in die Praxis gehen. Das würde ihm noch mehr gefallen. Jedenfalls haben wir uns seitdem ein paarmal getroffen und unsere Bewerbungsunterlagen erstellt. Das waren richtige Arbeitstreffen (mit Standleitung zu Katharina), und beim letzten Mal war sogar Lukas mit dabei, der uns zeigen musste, wie wir Lebenslauf, Anschreiben, Foto und Zeugnisse in ein Bewerbungsportal hochladen (das vor allem mir) bzw. alles zusammenfügen, in ein PDF umwandeln und per E-Mail verschicken können (Papa).

Mein Kleiner kann ganz gut erklären. Wer hätte das gedacht, dass er mit mir mehr als fünf Minuten am Stück reden würde. Jedenfalls haben Papa und ich uns jetzt beworben … Mal sehen, was dabei rauskommt.

→ Lesen Sie unter dem Kapitel „Locker ins Vorstellungsgespräch", wie es bei Monika Kleinschmidt weitergeht.

→ Was vorher geschah: Den Anfang der Geschichte von Monika Kleinschmidt finden Sie im Kapitel „Familie Kleinschmidt stellt sich vor". ◄

Wie wird ein XING-Profil gefüllt?

Ein XING-Profil ist Ihre Visitenkarte im Netz: Sie zeigen Ihren Kontakten oder allen Interessierten Ihre fachlichen Kenntnisse, Fähigkeiten und Erfahrungen. Spannend wird dies dann, wenn Sie sich beruflich verändern wollen. Dieses Kapitel beschäftigt sich damit, wie Sie Ihr XING-Profil füllen, damit es Ihre Kernkompetenzen als Fach- oder Führungskraft authentisch und überzeugend darstellt.

Stellenverantwortliche, Vorgesetzte, Kolleginnen und Geschäftspartner googeln Sie. Daher ist es für Sie vorteilhaft, wenn dabei an erster Stelle ein von Ihnen professionell gestaltetes und aktuelles Profil erscheint. Außerdem verstärkt die Wiederholung wichtiger Aussagen – in den Bewerbungsunterlagen, im XING-Profil, im Vorstellungsgespräch – deren Überzeugungskraft.

XING ist in Deutschland eines der wichtigsten Karriereportale (neben LinkedIn und experteer). Großer Vorteil ist, dass es sowohl als soziales Netzwerk als auch als Jobbörse fungiert. Was Sie bei XING öffentlich machen und ob Sie sich als stellensuchend darstellen, bleibt ganz Ihnen überlassen. Wenn Sie sich jedoch für ein XING-Profil entscheiden, dann sollte es in sich stimmig und vollständig sein.

Die **Elemente eines XING-Profils** sind: Foto, Berufsbezeichnung und Profilspruch sowie Rubriken zu „Ich biete" und „Ich suche", „Berufserfahrung" und „Ausbildung" sowie zu weiteren Informationen (dazu unten mehr). Wie diese gefüllt werden, wird im Folgenden erläutert:

Als Erstes fällt bei jedem Profil das **Foto** in den Blick. Das Foto sollte Sie so zeigen, wie Sie von Ihrem (zukünftigen) beruflichen Umfeld gesehen werden wollen. Möglicherweise haben Sie ein aktuelles Bewerbungsfoto, das Sie nutzen können, oder der Arbeitgeber ermöglicht Ihnen die Verwendung Ihres Fotos von der Unternehmenswebsite. Auch beim Foto ist der Wiedererkennungswert hoch einzuschätzen, also verwenden Sie ruhig ein geeignetes Foto in mehreren Medien.

Neben dem Foto steht Ihr Name und die Berufsbezeichnung und ggf. der aktuelle Arbeitgeber. Als **Berufsbezeichnung** wird die derzeitige Tätigkeit angegeben. Dabei haben Sie einen gewissen Spielraum, da für viele Tätigkeiten synonyme, vor allem englische Bezeichnungen existieren: Berater/in = Consultant, Kundenbetreuer/in = (Key) Account Manager, Geschäftsführer/in = CEO. Sind Sie zurzeit auf Stellensuche oder in einer Übergangsbeschäftigung, können Sie auch eine andere Tätigkeit anzeigen lassen, indem Sie bei einer früheren Position das Häkchen bei „Diese Tätigkeit unter meinem Namen anzeigen" setzen.

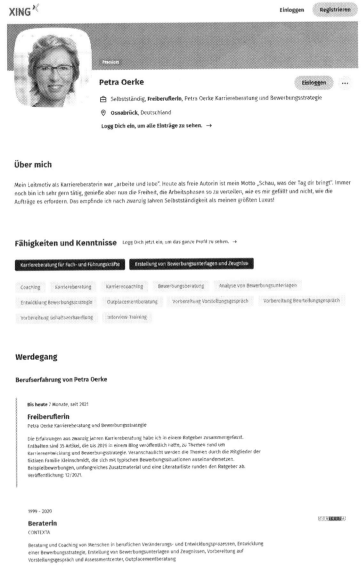

XING-Profil von Petra Oerke

Dann haben Sie die Möglichkeit, eine kurze Selbstdarstellung **Über mich** einzustellen. Das kann ein berufliches Motto sein, die Zusammenfassung Ihrer Kompetenzen oder die Formulierung Ihrer beruflichen Vorstellungen. So hatte ich meinem XING-Profil als

Karriereberaterin zum Beispiel lange Zeit das Motto: „Arbeite und lebe!" vorangestellt. Eine andere Möglichkeit, diese Rubrik zu nutzen, ist, sich wie in einem Stellengesuch kurz vorzustellen: „Betriebswirtschaftlich denkender Verfahrenstechniker mit Erfahrung in der Anlagenautomatisierung und Mitarbeiterführung."

Unter **Ich biete** werden die Kernkompetenzen (Kenntnisse, Erfahrungen und Fähigkeiten) als Schlüsselwörter, also Suchbegriffe aufgeführt. XING macht Ergänzungsvorschläge zu häufig gewählten Begriffen, Sie können sich zudem an Stellenanzeigen orientieren, die Ihrem Profil nahekommen. Die in der Branche übliche Wortwahl, das Wording, zu berücksichtigen erleichtert Headhuntern und Personalverantwortlichen die Suche nach geeigneten Kandidaten – wird etwa eher von „Consulting" gesprochen oder von „Beratung", dann können Sie Ihre Einträge daran ausrichten. Tipp: Weniger ist mehr! Es ist überzeugender, sich mit Expertise in einem Bereich zu positionieren, als die eierlegende Wollmilchsau sein zu wollen.

Unter **Ich suche** können Sie Ihre Stellensuche entweder offensiv angehen („Ich suche eine neue Herausforderung als Projektleiter in der Automobilindustrie.") oder, wenn Sie sich nicht als stellensuchend outen wollen, verhaltener ausdrücken („Interesse an fachlichem Austausch in der Projektleitung/-abwicklung im Bereich Automotive").

Die **Berufserfahrung** wird mit den Stationen Ihres Berufswegs bestückt. Dabei können, müssen aber nicht alle Positionen aufgeführt werden. Möglicherweise reicht es aus, wenn Sie die aktuelle langjährige Tätigkeit oder auch die letzten zwei, drei Stationen aufnehmen. Bei der Auswahl sollten Sie sich davon leiten lassen, was für Ihr Umfeld oder für Stellenverantwortliche wichtig sein könnte und was Sie von sich preisgeben wollen. Allerdings: Lücken werfen auch in einem XING-Profil Fragen auf. Wie Sie mit einem nicht ganz gradlinigen Berufsweg umgehen, ist eine eigene Beratung wert. Tipp: Nutzen Sie das Feld „Beschreibung Ihrer Tätigkeit" zur Darstellung von Verantwortungsbereichen, wesentlichen Aufgaben und Schwerpunkten, um Ihr Profil weiter auszuarbeiten. Hier sollten wieder die Schlüsselwörter/Suchbegriffe (siehe oben bei „Ich biete") auftauchen, aber eher in zusammenhängenden Formulierungen: zum Beispiel „Beratung der Führungskräfte (Verkaufsstellenleiter, Gebietsverkaufsleiter) bei der Personalentwicklung" oder „Weiterentwicklung der Anlagen als Projektleiter mit Verantwortung für Konzeptionierung, technische Prüfung und Steuerung der Lieferanten". Das Nutzen dieses Feldes bringt Sie bei der Internetrecherche von Headhuntern und Personalverantwortlichen weiter nach vorn, da hier Schlüsselwörter auftauchen, mit denen Kandidaten und Kandidatinnen gesucht werden.

In der Rubrik **Ausbildung** finden die Angaben zu Studium oder Ausbildung Platz. Lassen Sie sich nicht davon irritieren, dass XING das Feld der Ausbildungsorganisation mit „Hochschule" bezeichnet. Hier lassen sich genauso gut eine Fachschule oder ein Ausbildungsbetrieb eintragen. In das Feld „Schwerpunkte" können Sie neben offiziellen Schwerpunkten in Studium oder Ausbildung auch Zusatzmodule oder wichtige praktische Erfahrungen aufnehmen.

Bei den **weiteren Informationen** ist es ratsam, die Rubriken „Sprachen", „Organisationen" (Mitgliedschaften) und „Interessen" im Sinne Ihres Profils zu nutzen.

Unter „Qualifikationen" können Zusatzqualifikationen aufgeführt werden, die noch nicht unter Ausbildung erschienen sind; und die Rubrik „Auszeichnungen" ermöglicht es Ihnen, offizielle (XING gibt als Beispiel „Friedenspreis des Deutschen Buchhandels" an), aber auch inoffizielle Auszeichnungen aufzunehmen („Bester Verkaufsleiter im Bereich Funsport"), wenn diese zum Beispiel nur mündlich auf einer Jahrestagung bekannt gegeben wurden. Die Rubrik „Persönliches" wird automatisch mit Ihrem Geburtsdatum (sofern Sie dieses für die Veröffentlichung freigegeben haben) und mit dem Datum des Beginns Ihrer XING-Mitgliedschaft bestückt. Übrigens: Bis auf „Persönliches" werden Rubriken, in denen Sie keine Einträge vorgenommen haben, bei XING nicht angezeigt.

Nun haben Sie es geschafft: Die Profildetails sind aufgenommen! Sie haben Ihr XING-Profil gefüllt. Dabei haben Sie sich als Fach- oder Führungskraft ein authentisches Profil gegeben, das Ihre Kernkompetenzen abbildet.

Wenn Sie Ihr XING-Profil noch intensiver nutzen wollen, können Sie außerdem das **Portfolio** bestücken. Es bietet Raum für eine ausführlichere, multimediale Darstellung Ihrer Kompetenz und Persönlichkeit. Sie können Textfelder füllen, Bilder, Videos und PDFs einstellen. Was sich hier im Einzelnen eignet, hängt von Ihrer Situation und Ihren Zielen ab und muss individuell ausgewählt werden. Grundsätzlich sollten aber auch diese Beiträge auf Ihr Profil ausgerichtet sein und es untermauern.

Tipp: Wenn Sie in den Einstellungen zur Privatsphäre die Aktivitäten freischalten (für Ihre direkten Kontakte oder alle Mitglieder), dann werden mehr Menschen auf Ihr Profil aufmerksam. Voraussetzung ist: Sie pflegen Ihr Profil, zum Beispiel das Portfolio durch das Einstellen neuer Beiträge oder die Profildetails durch eine Neugewichtung der Kompetenzen.

Verwandte Themen:

- Innovative Bewerbung – Ich suche mir meinen neuen Arbeitsplatz selbst aus
- Schneller bewerben – Kurzbewerbung per E-Mail, Bewerbungsformular oder Karriere-App
- Erstellung einer Bewerbungsdatei für E-Mail-Bewerbungen
- Was ist ein gutes Bewerbungsfoto?

Mesopotamienexperte Andreas Maibauers innerer Monolog – Teil 2

Das Reisen bietet dir – genau wie damals das Studium im Süden der Republik, weit weg von deinem Elternhaus – vor allem eines: für dich sein zu können, dich in der Geschichte des Zweistromlandes zu verlieren, nicht hören zu müssen, du mögest doch mal ausgehen, dich mit anderen treffen, hast du denn immer noch keine Freundin. Als ob es im Leben nichts andere gibt, als sich zu reproduzieren, als im Gleichschritt dem Ende entgegenzugehen.

An deinem Vater ist abzulesen, wohin das Dasein nach Schablone führt: in Ängste und Depression, Abhängigkeit von einer Partnerin, die alles managt, damit der Mann als Ernährer funktionierte. Wie alt er mit seinen siebzig Jahren aussieht, einsam und verloren, nun, da seine Frau tot ist, die nicht nur für die Kinder Mutter war, sondern auch für ihren Mann. Allerdings kann dein Vater einen erfolgreichen Berufsweg vorweisen. Er ist immer dorthin abgebogen, wo es ihm gefallen hat – und er gleichzeitig die Familie durchbringen konnte. Das ist mehr als du vorweisen kannst, du machst dir doch was vor, wenn du von Selbstbestimmung redest. Wer bestimmt denn, wo du arbeitest: Geld und Politik.

„Du siehst aus, als hättest du den Leibhaftigen gesehen, Bruder." Monika muss sich einschalten, ganz Ebenbild ihrer Mutter befürchtet sie, du würdest die Geburtstagsfeier deines Vaters klammheimlich verlassen. Unrecht hat sie damit nicht, Lukas' Achtzehnten hast du auch nur kurz ausgehalten. Lukas ist dein Patenkind, als wenn du als Pate taugst – Vorbild kannst du nur darin sein, deiner inneren Stimme zu folgen, auch wenn sie dich auf steinige Wege führt. Das rät Katharina auch ihren Kandidaten. Sie meint damit aber: Authentizität zeigen, nicht haben.

„Das kommt mir bekannt vor", nun wieder der Mensch auf deiner linken Seite, „ich brauche auch immer etwas Zeit, bis ich mich wieder eingewöhnt habe, wenn ich vom Schiff komme." Stimmt, das war Sophies Freund, irgendwas mit Marketing auf Kreuzfahrtschiffen, schlimmer geht's kaum. Der kann sich bestimmt toll präsentieren. Wo steckt Lukas überhaupt? – der Einzige, für den es sich hier zu sein lohnt. Lukas' Profil im Netz ist wirklich super – der hat's drauf. So etwas kannst du auch gebrauchen, wenn du dich das nächste Mal bei deinen Auftraggebern meldest. Doch auch dazu musst du deine Kenntnisse und Erfahrungen zusammenstellen. Immer diese Selbstdarstellung. Dir wird schlecht beim Gedanken daran. Aber das kann Katharina für dich machen. Du musst nur Inhalte liefern. Sie hat dir schon einen Fragebogen geschickt. Den auszufüllen ist noch grässlicher, als sich auf einem Fest zu unterhalten. Aber es hilft nichts.

→ Lesen Sie unter dem Kapitel „Kleidung, die Experten und Führungskräfte tragen", wie es bei Andreas Maibauer weitergeht.

→ Was vorher geschah: Den Anfang der Geschichte von Andreas Maibauer finden Sie im Kapitel „Familie Kleinschmidt stellt sich vor". ◀

Was ist ein gutes Bewerbungsfoto?

Das folgende Kapitel widmet sich dem Bewerbungsfoto, einem Thema, das nach wie vor interessiert. In fast jeder Beratung zur Bearbeitung von Bewerbungsunterlagen wurde die Frage gestellt: Was halten Sie von meinem Bewerbungsfoto?

Ein gutes Bewerbungsfoto passt zur Position, zur Branche und zu Ihnen als Bewerber bzw. Bewerberin. Es wird anhand dieser Aspekte angefertigt oder ausgewählt. Das hört sich leicht an, führt aber in der Umsetzung wohl doch zu Verunsicherung. Daher folgt eine **Checkliste,** die Sie nicht nur für das Foto, sondern auch für das Vorstellungsgespräch nutzen können.

Das Wichtigste vorab: Die meiste Aufmerksamkeit der Betrachter/innen – aus Fachabteilung, Personalwesen und Geschäftsführung – wird und sollte auf dem Foto Ihr **Gesichtsausdruck** auf sich ziehen. Alles andere ist, auch wenn es in vielen Ratgebern anders zu lesen ist, unterstützendes Beiwerk. Das heißt konkret, entscheiden Sie sich für das Foto, auf dem Sie „am besten gucken", auch wenn noch eine kleine Falte in der Jacke ist oder das Haar nicht ganz so perfekt liegt.

Nun die Checkliste:

- Nehmen Sie **Blickkontakt** mit dem potenziellen Betrachter auf. Ein offener, wacher Ausdruck und ein freundliches **Lächeln** wirken in jeder Position anziehend. Allerdings: Je höher Sie auf der Karriereleiter stehen, desto sparsamer können Sie das Lächeln dosieren.
- Die **Kleidung** sollten Sie so wählen, dass sie zu Beruf und Branche passt (Banker oder Bäcker?). Im Zweifel schauen Sie auf der Homepage des Unternehmens oder bei XING nach, wie die Mitarbeiter/innen präsentiert sind. Knallige Farben und große Muster sind ungeeignet, sie lenken die Aufmerksamkeit zu stark auf sich und von Ihrem Gesicht ab (siehe oben). Außerdem sollten Sie sich in der Kleidung mit sich, aber auch gegenüber den Gesprächspartnern im Vorstellungsgespräch wohlfühlen.
- Bei **Haar- und Barttracht** ist es von Vorteil, wenn eine Frisur, ein Schnitt eindeutig zu erkennen ist. Die Haare sollten das Gesicht nicht verdecken, daher ggf. zusammennehmen oder auf einer Seite tragen. Dies gilt besonders für Frauen in Führungspositionen. Stirn zeigen wird mit Kompetenz und Durchsetzungsvermögen assoziiert.
- Nochmal für Frauen: Auch der **Schmuck** passt zur Position. Schmuck soll wie Frisur und Kleidung nicht ablenken. Das **Make-up** ist eher unsichtbar.

Speziell zum Foto:

- Wählen Sie ein **aktuelles Bild,** max. ein oder zwei Jahre alt, oder lassen Sie bei einem Profi eines anfertigen (dazu unten mehr). Frisur, Haarfarbe und Brille sollten später mit Ihrem Erscheinungsbild im Vorstellungsgespräch übereinstimmen: Sie wollen ja wiedererkannt werden.
- Die **Körperhaltung** ist gerade zur Blickachse, also nicht nach vorn oder hinten gebeugt; der Kopf sollte nicht zur Seite geneigt sein, das wird als unterwürfig interpretiert.
- Der **Bildausschnitt** zeigt Sie von Kopf bis zu den Schultern; ein leichter Anschnitt ist möglich und zurzeit en vogue, weil dies Dynamik und Spontanität ausdrückt – wie aus dem Leben gegriffen. Es sollte auf dem Foto das Wichtigste, also verhältnismäßig viel Kopf/Gesicht zu sehen sein. Ein klassisches Brustportrait, auf dem mehr vom

Oberkörper zu sehen ist, oder ein Ganzkörperfoto wird gern von Führungskräften gewählt.

- Ob Sie ein Foto in **Farbe oder Schwarz-Weiß** bevorzugen, ist Geschmackssache. In Berufen, in denen Sie mit Menschen arbeiten – Kunden, Patientinnen, Klienten etc. –, ist meines Erachtens ein Farbfoto die bessere Wahl, weil es authentischer wirkt. Ein Schwarz-Weiß-Foto wurde lange als interessanter und künstlerischer empfunden. Diese Wirkung hat sich jedoch abgenutzt. Heute wird eher angenommen, dass die abgebildete Person in Farbe weniger präsentabel ist.
- Als **Format** kommen das für Bewerbungsfotos klassische Hochformat, aber auch ein Querformat oder ein quadratisches Format infrage. Letztlich können alle drei Formate in die Bewerbungsunterlagen ansprechend eingebunden werden.
- Die **Größe** des Fotos spielt so gut wie keine Rolle mehr, da die Unterlagen kaum noch schriftlich versendet werden. Falls das ausnahmsweise doch erwünscht ist, können Sie sich an folgenden Richtwerten orientieren: min. $6 \times 4{,}5$ cm, max. 12×9 cm. Diese gelten auch für das eingebundene Bild, wobei Sie da natürlich flexibler sind und die Größe exakt auf die Gestaltung der Unterlagen abstimmen können.

Zum Schluss noch zur Frage, ob ein Foto überhaupt nötig ist: Seit Verabschiedung des **Antidiskriminierungsgesetzes** bzw. Allgemeinen Gleichbehandlungsgesetzes (AGG) ist es nicht mehr Pflicht, einer Bewerbung ein Bild beizufügen, und die Bedeutung des Bewerbungsfotos nimmt insgesamt ab. Dies auch aufgrund der Globalisierung der Arbeitswelt, denn im Ausland werden in der Regel keine Bewerbungsfotos verlangt. Aber warum sollten Sie auf etwas verzichten, was Ihnen nützen kann? Sie können bereits im Bild den Eindruck vermitteln, dass Sie gut zur Position und zum Betrieb passen. Dabei geht es, wie eingangs erwähnt, nicht darum, sich zu verstellen, sondern sich stimmig zu präsentieren.

Das funktioniert besonders gut bei einem auf diesem Gebiet erfahrenen Fotostudio. Je nach Position und Branche werden Sie dort außerdem zu Mimik und Körperhaltung, ggf. auch zu Outfit und Make-up beraten. Und bei einem guten Fotografen, einer guten Fotografin werden Sie sich entspannen und vielleicht sogar Freude am Shooting gewinnen.

Verwandte Themen:

- Gute Bewerbungsunterlagen – das Wichtigste zusammengefasst

Berufsschullehrer i. R. Peter Maibauers Logbuch – Teil 3

Dezember
Weihnachten hätte dir gefallen! Die ganze Familie beisammen (außer Andreas natürlich, hat sich kurz per Video zugeschaltet) und in guter Stimmung. Monika und ich

haben uns auf unsere Traumstellen beworben und Sophie hat ihrer Mutter gesagt, dass sie sich für Auslandspraktika und Traineeprogramme mit viel Auslandseinsatz bewerben möchte. Thomas schweigsam wie immer, aber guter Dinge, soweit ich das beurteilen kann.

Du fehlst mir schrecklich – nicht nur in Familienangelegenheiten.

Freue mich aufs neue Jahr. Bin sicher, es wird sich etwas finden für mich. Habe die guten Betriebe angeschrieben, die ich von der Praxisbetreuung kenne. Beim Bewerbungsfoto habe ich auf Monika gehört, die es von Katharina hat, und bin zum Profifotografen gegangen inkl. Bearbeitung des besten Fotos. Kann ja nicht schaden, wenn ich etwas jünger aussehe, dann erkennen mich meine alten Ansprechpartner besser. Im Gespräch kriege ich es hin. Bin gespannt.

→ Sehen Sie im Kapitel „Beispielbewerbungen" die Bewerbungsunterlagen von Dipl.-Ing./ Heizungsbauer Peter Maibauer.

→ Was vorher geschah: Den Anfang der Geschichte von Peter Maibauer finden Sie im Kapitel „Familie Kleinschmidt stellt sich vor". ◄

Auftreten im Vorstellungsgespräch und Unternehmen

Die Umsetzung: Wie Sie bekommen, was Sie wollen

Zusammenfassung

Die ersten Schritte im Bewerbungsprozess sind geschafft, Sie wissen, wo Sie hinwollen, und haben die Bewerbungsunterlagen erstellt. Im diesem Teil des Ratgebers geht es um den dritten Schritt: das persönliche Auftreten: im Vorstellungsgespräch und Assessmentcenter, bei der Gehaltsverhandlung, im Jahres- oder Beurteilungsgespräch, während Einarbeitung und Probezeit. Sie lesen, wie Sie souverän auftreten, welche Besonderheiten Telefon- und Onlineinterviews mit sich bringen, wie Sie die Fallstricke von Persönlichkeitstests umgehen und Leistungstests zur Personalauswahl und Mitarbeiterentwicklung meistern. Die Fähigkeit zur professionellen Kommunikation ist heute so wichtig wie das Fachwissen. Daher möchte ich an einfachen Beispielen zeigen, wie Sie Gespräche konstruktiv und partnerschaftlich führen. Auch das Verständnis für den Umgang mit schwierigen Menschen wird Sie im beruflichen Kontext voranbringen. Unabdingbar für Frauen mit Karrierewunsch ist zu wissen, wie sie sich in der Hierarchie behaupten. Für Männer wird die Frage der Kleiderwahl für Führungskräfte und Experten beantwortet.

Souverän auftreten und reden – von Großmäulern und Miesepetern

„Als zurückhaltender Mensch sind mir Großmäuler zuwider. Mit ihrem Getöse beanspruchen sie geradezu zwanghaft die Aufmerksamkeit ihrer Umgebung." Das kann so gesehen werden. Oder auch anders: „Als aktiver Mensch kann ich Miesepeter nicht ausstehen. Anstatt sich am Geschehen zu beteiligten, ermahnen sie ihre Umgebung unentwegt zu Ruhe und Disziplin."

P. Oerke, *Bewerbungsratgeber und Karrierestrategie für Einstieg, Aufstieg und Stellenwechsel,* https://doi.org/10.1007/978-3-658-35304-9_4

Ist Ihnen diese Situation bekannt? Bewerten Sie sie aus der ersten oder der zweiten Perspektive? Vermutlich schwankt dies bei Ihnen wie bei den meisten Menschen je nach Anlass und Stimmung. Und auch wie Sie von anderen gesehen werden, ob als Großmaul oder Miesepeter, ist herzlich egal – außer Sie befinden sich gerade in einer für Sie wichtigen Situation: einem Vorstellungsgespräch, einem Assessmentcenter, während der Probezeit oder einer Gehaltsverhandlung.

Dann wäre es schon schön, wenn Ihr Gegenüber Ihre Sichtweise teilt. Wie Sie Ihre Souveränität unabhängig von Ihrer möglicherweise intro- oder extravertierten Disposition steigern können, darum geht es in den folgenden Anregungen. Viele der Tipps können Sie sofort umsetzen, doch manches erfordert etwas Übung.

(1) Körpersprache und Stimme beherrschen

Noch bevor Sie sprechen, teilt Ihre Körpersprache Ihrer Umgebung schon Ihre Verfassung mit. Und noch bevor der Inhalt des Gesagten erfasst werden kann, verrät Ihre Stimme, ob Sie sich freuen, Sie aufgeregt oder wütend sind. Es ist schwer, nonverbale Signale zu beherrschen, werden diese doch zu einem Großteil von unbewussten Prozessen gesteuert. Doch folgende Rituale können Sie im Alltag einüben, sodass Ihre Präsenz davon auch in Situationen profitiert, in denen es darauf ankommt:

- *Stehen und sitzen Sie aufrecht.* Belasten Sie beide Füße gleichmäßig und setzen Sie sich auf Ihrem Stuhl zurück. Eine aufrechte Körperhaltung und Kontakt zu Boden oder Rückenlehne sieht nicht nur selbstsicher aus, sondern gibt Ihnen auch Rückhalt.
- *Wenden Sie sich Ihrem Gesprächspartner frontal zu.* So zeigen Sie volle Aufmerksamkeit, fordern diese aber auch ein, notfalls zusätzlich, indem Sie die Sphäre Ihres Gegenübers durch eine Bewegung nach vorn touchieren.
- *Betonen Sie mit Gesten das Gesagte.* Wählen Sie ein paar ruhig raumgreifende Gesten aus, die zu Ihnen passen und die Sie in verschiedenen Situationen einsetzen können. Versuchen Sie dagegen Herumgezappel und persönliche Ticks (wie Knibbeln oder Scharren) in den Griff zu bekommen.
- *Setzen Sie Ihre Mimik bewusst ein.* Mit Ihrem Gesichtsausdruck können Sie ebenfalls Sprachinhalte (eigene und die Ihres Gesprächspartners) spiegeln. Erlauben Sie sich in einer intensiven Kommunikation die ganze Bandbreite. In angespannten Situationen hilft es außerdem, zu lächeln: Die beteiligten Muskelgruppen senden Entspannung an das Gehirn. Sie werden automatisch lockerer …
- *Atmen Sie ruhig und tief.* Langes Ein- und Ausatmen signalisiert dem Körper ebenfalls eine ruhige Geisteshaltung, das Zwergfell entspannt sich, Ihre Stimme wird voller und tiefer.

- *Sprechen Sie angenehm.* Machen Sie es sich zur Gewohnheit, so sprechen zu *wollen*, dass Ihr Gegenüber Ihnen gerne zuhört. Dann harmonisieren sich automatisch Atmungs- und Sprachvorgang und Sie finden zu Ihrer optimalen Stimmlage.
- *Last but not least: Treiben Sie regelmäßig Sport.* Eine gute Körperspannung und gute Körperbeherrschung tragen zu einem vitalen Auftreten bei. Ausdauersport sorgt zudem für mehr Ausgeglichenheit. Das kann auch der auf dem Rad zurückgelegte Arbeitsweg oder der flotte Spaziergang in der Mittagspause sein.

Es wird nicht alles sofort und gleichzeitig gelingen. Aber wenn Sie sich jeden Tag ein Ritual vornehmen, gehen Ihnen diese irgendwann in Fleisch und Blut über. Und anstatt vorgefertigte Lösungen zu übernehmen, entwickeln Sie eine eigene, mit Ihrer Persönlichkeit übereinstimmende nonverbale Kommunikation.

(2) Inhalte festlegen und loswerden

Wichtige Gesprächssituationen sind meist im Vorhinein bekannt. Das ist das Gute an ihnen, denn dadurch lassen Sie sich inhaltlich ausgezeichnet vorbereiten. Je nach Anlass des Gesprächs können Sie Ihre Argumente und Gesprächsinhalte festlegen, die Sie unbedingt sagen wollen. Ebenso wichtig ist die Festlegung von Inhalten, über die Sie nicht (länger) sprechen wollen. Zwei Beispiele:

- Im *Vorstellungsgespräch* ist es unerlässlich, zum Ausdruck zu bringen, warum Sie die Stelle haben wollen und was Sie von Ihren Erfahrungen, Kenntnissen und Ihrer Persönlichkeit dafür prädestiniert. Nicht sprechen wollen Sie möglicherweise über eine Lücke im Lebenslauf aufgrund von Krankheit, einen Studienabbruch oder plötzlichen Stellenwechsel. Legen Sie sich dafür eine kurze schlüssige Begründung zurecht und leiten Sie dazu über, was Sie daraus gelernt haben und wovon Sie auch in der neuen Stelle profitieren werden.
- Bei der *Gehaltsverhandlung* können Sie mit gelungener Einarbeitung, messbaren Leistungen und Erfolgen sowie Zuwachs an Wissen, Erfahrung oder Verantwortung punkten. Wenig überzeugend dagegen sind gestiegene Lebenshaltungskosten, lange Anfahrtswege, die Gehälter von Kollegen und Kolleginnen oder reiner Zeitablauf (außer Sie haben lange keine Gehaltserhöhung mehr erhalten). Auch hier ist es für kritische Aspekte (nachlassende Auftragslage, rückläufiges Ergebnis) hilfreich, eine reflektierende Argumentation mit einem auf die Zukunft gerichteten Lösungsansatz vorzubereiten.

Neben den vorhersehbaren Gesprächsinhalten können Sie weitere Inhalte antizipieren und einsteuern.

- In der *Argumentationsphase* in Vorstellungsgesprächen, Gehaltsverhandlungen, Jahresgesprächen oder Ähnlichem werden gerne Beispiele als eine Art Arbeitsprobe eingesetzt. Sie werden gefragt, wie Sie in einer bestimmten Situation handeln würden. Solche Beispiele können Sie sich durch die Vergegenwärtigung der Aufgaben vorstellen, die in einer neuen Position auf Sie zukommen werden. So sind Sie nicht überrascht von der Frage. Darüber hinaus können Sie selbst Beispiele aus Ihrer bisherigen Berufserfahrung überlegen, die den zukünftigen Aufgaben nahekommen, und diese aktiv einbringen.
- Begleitet werden Präsentationen auf Teammeetings, Aufgaben im Assessmentcenter oder die Argumentationsphase im Vorstellungsgespräch von eher *informellen Gesprächssituationen*. Bei der starken Konzentration auf die Hochleistungsphasen des Termins geht Ihnen, wenn der Druck nachlässt, in einer solchen Situation möglicherweise die Luft aus. Vielleicht gehören Sie aber zu den Menschen, die sich in jeder Lebenslage leichter Konversation bedienen können. Andernfalls legen Sie sich lieber ein paar anregende unverfängliche Themen zurecht wie aktuelle Urlaubspläne, neue Restaurants in der Stadt, Auswahl eines Familienhundes etc., mit denen Sie ein Gespräch in Gang bringen können.

Machen Sie eine Liste Ihrer Argumente, Beispiele und anderen Gesprächsinhalte, die Sie in der jeweiligen Gesprächsphase anführen wollen, und nutzen Sie eine Erinnerungstechnik (siehe Zusatzmaterial „Vorbereitung von Vorstellungsgespräch und Interview mit Fragen, Erinnerungstechnik und Gehaltsverhandlung"), um nichts zu vergessen. Bringen Sie Ihren wichtigsten Punkt zu Anfang als starken Einstieg, aber verschießen Sie dann nicht Ihr ganzes Pulver sofort, sondern sparen Sie sich den zweitwichtigsten Punkt für das Ende auf. Anfang und Ende einer Argumentationskette bleiben am stärksten im Gedächtnis haften.

Nicht selten hörte ich von meinen Kunden und Kundinnen, dass sie Themen und Fragen perplex gegenüberstanden und dann irgendetwas „dahergeplappert" haben, um überhaupt etwas zu sagen. Dagegen hilft erstens eine gründliche Vorbereitung (siehe oben) und zweitens: erst denken, dann reden! Oder im Zweifel auch nachzufragen (das verschafft etwas Zeit und die Sicherheit, die Frage verstanden zu haben), oder das schlichte Eingeständnis, zu diesem Thema zurzeit nichts sagen zu können (wohl aber in Zukunft).

(3) Innere Bewertungen überprüfen

Manche Menschen sind sich jedoch selbst das größte Hindernis. Eine Kundin erzählte mir von ihrer Schwierigkeit, sich in Vorstellungsgesprächen konzentrieren zu können. Sie sei so stark mit sich selbst und ihren Gedanken beschäftigt, dass sie die Fragen kaum verstehe, geschweige denn das Geschehen objektiv beurteilen oder positiv beeinflussen könne.

Bei dieser Schilderung habe ich mir lebhaft vorgestellt, wie bei meiner Kundin der „innere Kritiker" auf der einen Schulter und das „ängstliche Mädchen" auf der anderen Schulter saßen und ihr permanent ins Ohr flüsterten: „Du kannst das nicht!", „Die mögen dich nicht!" und „Was bildest du dir überhaupt ein!" Kein Wunder, dass sie nichts verstanden hat. Es war einfach zu laut!

Nach dem Persönlichkeitsmodell des „inneren Teams" von Friedemann Schulz von Thun haben wir alle ein Team verschiedener Persönlichkeiten (unsere Persönlichkeitsanteile) in uns, die uns das Leben schwer oder leicht machen können. Ohne hier auf die komplexe Arbeit mit dem Persönlichkeitsmodell eingehen zu können, sei doch vereinfacht Folgendes gesagt: Wenn die negativen Stimmen überhandnehmen, ist es sinnvoll, sich vor einem wichtigen Termin mit diesen auseinanderzusetzen. Woher kommt deren Einschätzung? Ist sie möglicherweise zu einem früheren Zeitpunkt im Leben entstanden, und ist sie in dieser Situation überhaupt noch angemessen?

Gleichzeitig können die ebenfalls vorhandenen, aber leiseren Teammitglieder nach vorn geholt werden. Diese sind vermutlich dafür zuständig, dass es überhaupt zum Vorstellungsgespräch, zur Gehaltsverhandlung oder zu einem Vortrag kam. Das sind zum Beispiel die „kompetente Fachkraft" oder die „ermunternde Freundin". Diese Stimmen sagen vermutlich: „Du hast umfangreiche Kenntnisse und viel Erfahrung!" und „Es ist nicht einfach, meine Liebe, das stimmt, aber ich weiß genau, dass du dem gewachsen bist!" Diesen wohlwollenden Stimmen zuzuhören, kann mehr Selbstbewusstsein verleihen und Mut zusprechen.

Vielleicht haben Sie ja in Ihrer Umgebung auch reale Personen, die Sie bei Ihrem Vorhaben unterstützen würden. Lassen Sie sich von ihnen Situationen vergegenwärtigen, in denen Sie kompetent gehandelt haben und souverän aufgetreten sind, oder visualisieren Sie selbst bravourös gemeisterte Auftritte. Oft hilft es, sich vorzustellen, mit einem Kunden oder Klienten zu sprechen und diesen für sich gewinnen zu wollen, denn das ist eine formelle Situation, die die meisten Berufstätigen sehr gut beherrschen.

(4) Gesprächssituation und Beteiligte berücksichtigen

Abschließend sei noch eine weitere Möglichkeit erwähnt, die ebenfalls hilfreich bei der Einstimmung auf wichtige Termine ist. In vielen Ratgebern wird empfohlen, sich vorher über Anfahrtswege etc. Gedanken zu machen, sodass pünktliches Erscheinen gesichert ist. Denn nichts stresst mehr, als in letzter Sekunde oder gar zu spät angehetzt zu kommen. Dann cool zu bleiben ist wohl dem *wundersamen Mr. Ripley* oder *Hochstapler Felix Krull* gegeben, doch den wenigsten von uns.

Wenn Sie dann noch Ihre Aufmerksamkeit auf die räumliche Situation und die am Gespräch Beteiligten richten, können Sie sich im Vorfeld bestens einstimmen. Wer nimmt teil, der gesamte Vorstand oder nur die Fachleitung? Wie viele Personen sind zu erwarten? Welche Interessen haben diese Personen? Welche Ausdrucksweise (eher respektvoll, fachlich oder kollegial) ist für welche Person angemessen? Wo findet der Termin statt? (Wo) werde ich stehen oder sitzen, wie viel Abstand habe ich zu den anderen?

Besonders wichtig finde ich die Frage danach, welche Themen die Anwesenden interessieren werden. Sie können anhand der Antwort Gesprächsinhalte gezielt vorbereiten. Eine Personalleiterin wird sich zum Beispiel weniger für Ihr Spezialgebiet interessieren, etwa die Feinheiten der Programmierung selbstfahrender Autos oder die Frühförderung von sprachlich und motorisch beeinträchtigten Kindern, sondern eher dafür, ob Sie eine widerstandsfähige Persönlichkeit sind, die den Belastungen des Tagesgeschäfts oder den Anforderungen komplexer Projekte gewachsen sein wird.

Die Aufmerksamkeit eines Auditoriums, das sich zu großen Teilen aus gewerblichen Fachkräften zusammensetzt, werden Sie eher durch die Schilderung konkreter Fallbeispiele erreichen als die Beschreibung theoretischer Konstrukte, die dem Entwicklungsteam vorbehalten sein sollte. Die Auseinandersetzung mit der Gesprächssituation und den Beteiligten wird Sie im Vorfeld schon mit dem Anlass vertraut machen und Sie werden allein dadurch an Sicherheit gewinnen. In jedem Fall werden Sie, wenn nicht durch Jobzusage oder Standing Ovations, so doch durch einen echten Austausch mit Ihrem Gegenüber oder dem Publikum dafür belohnt, dass es Ihnen gelungen ist, sowohl inhaltlich als auch formal adressatengerecht zu sprechen!

Verwandte Themen:

- Locker ins Vorstellungsgespräch
- Kleidung, die Experten und Führungskräfte tragen
- Mit Boxershorts im Skype-Interview: Vorbereitung auf ein Telefon- oder Onlineinterview
- Die Vorbereitung auf ein Assessmentcenter – kann auch Spaß machen
- Gehaltsverhandlung – über Geld sprechen lohnt sich!
- Bleiben oder gehen: Beurteilungsgespräche effektiv nutzen

B. A.-Absolventin Sophie Kleinschmidts E-Mails an ihren Bruder Lukas – Teil 3, Betreff: Performance

Hi Lukas,
Daniel hat gerade erfahren, dass er noch nicht aufs Schiff zurückkann. Ein paar der Besatzungsmitglieder sind an Corona erkrankt und es ist eine Quarantäne verhängt worden. Unheimlich, aber für uns gerade schön.

Habe mehrere Stipendienprogramme von Stiftungen gesehen, die mich interessieren. Auch das Masterstudium in Osnabrück ist spannend. Da würde ich wieder zu Hause wohnen, aber mehrere Praktika im Ausland machen. Eigentlich habe ich lieber Lust, weiter zu studieren, und wenn keine Miete mehr zu zahlen ist, würde es auf jeden Fall gehen. Mama meint, ich soll mir keine Sorgen machen, wir würden es schon schaffen. Sie ist sich ziemlich sicher, dass sie den Job als Leiterin bekommt.

Kannst du nicht für mich zu den Interviews und Assessmentcentern gehen? Ich finde das schrecklich. Bei jeder Präsentation bereite ich mich extrem vor, das stresst mich total. Inhaltlich läuft es gut, aber ich bin einfach nicht so spontan.

LG, Sophilia

→ Lesen Sie unter dem Kapitel „Die Vorbereitung auf ein Assessmentcenter – kann auch Spaß machen", wie es bei Sophie Kleinschmidt weitergeht.

→ Was vorher geschah: Den Anfang der Geschichte von Sophie Kleinschmidt finden Sie im Kapitel „Familie Kleinschmidt stellt sich vor". ◄

Locker ins Vorstellungsgespräch

Im Vorstellungsgespräch wird Ihre Kompetenz und Persönlichkeit auf Herz und Nieren gecheckt: Es werden unbequeme Fragen zu Werdegang und Wechselmotivation gestellt, Psychotests durchgeführt und zum Schluss sollen Sie auch noch Englisch sprechen! Kein Wunder, dass viele Bewerber/innen ein Vorstellungsgespräch wie eine Prüfung empfinden. Das muss aber nicht sein. Sie können den Spieß umdrehen und das Jobinterview als Chance betrachten, sich bei einem interessanten Unternehmen vorzustellen, das Sie nun auf seine Eignung als Ihr nächster Arbeitgeber unter die Lupe nehmen. Wie Sie das auf möglichst elegante Art tun und sich ganz nebenbei selbst in ein gutes Licht rücken, darauf können Sie sich vorbereiten.

Richtig ist, dass das Unternehmen Sie im Vorstellungsgespräch genau kennenlernen möchte. Bestätigt werden soll Ihre Befähigung für die zu besetzende Stelle, die Ihnen anhand Ihrer Bewerbungsunterlagen bereits theoretisch zugetraut wird, denn sonst wären Sie nicht eingeladen worden. Darüber hinaus möchte das Unternehmen herausfinden, ob Sie sich ins Team integrieren werden, ggf. den Kunden und Kundinnen auf Augenhöhe begegnen können und ob Sie motiviert sind, sich fachlich und persönlich weiterzuentwickeln.

Die Überprüfung Ihrer Kompetenz hat – neben der erwarteten Leistungserbringung für das Unternehmen – einen weiteren guten Grund: Die richtige Mitarbeiterauswahl gehört zu den Sorgfaltspflichten des Arbeitgebers (cura in eligendo). Bei Verstoß gegen diese Pflicht handelt es sich nach deutschem Rechtsverständnis (BGH, BAG) um ein Organisationsverschulden. Damit kann eine Haftung gegenüber Dritten einhergehen, wenn ein Mitarbeiter oder eine Mitarbeiterin nicht die (vertraglich) geforderte Qualifikation aufweist. Bekannte Beispiele finden sich im Gesundheits- oder Schulwesen: So waren Ärzte und Lehrerinnen ohne Approbation bzw. Staatsexamen tätig, mit den entsprechenden Folgen für Patientinnen und Schüler.

Meiner Erfahrung nach ist die Überprüfung der Kompetenz aber nicht die Hürde, die im Vorstellungsgespräch schwer zu nehmen ist. Vielmehr wird die Darstellung der eigenen Kenntnisse und Fähigkeiten, die Kommunikation an sich als schwierig empfunden. Bewerber/innen befürchten, wichtige Punkte zu vergessen oder vor lauter Aufregung die Fallstricke psychologischer Fragen nicht zu erkennen.

Der erste Schritt zu einem souveränen Auftritt im Vorstellungsgespräch ist daher die genaue Kenntnis der Gründe, die für Ihre Einstellung sprechen. Das Herausarbeiten Ihrer **K**ompetenz und eines Bewusstseins für Ihre **P**ersönlichkeit und Ihre (Leistungs-) **M**otivation ist daher eine ideale Vorbereitung auf das Jobinterview. Außerdem helfen Erinnerungstechniken, Basiskenntnisse in Rhetorik sowie Selbstsuggestion und Körper-/ Atemübungen dabei, alles, was Sie sagen wollen, angemessen und überzeugend zum Ausdruck zu bringen. Wenn Sie sich über Ihr KPM-Profil im Klaren sind und diese unterstützenden Techniken kennen, wird es Ihnen leichter fallen, in einem Vorstellungsgespräch Ihrem Gegenüber auf Augenhöhe zu begegnen. Dann können Sie auch besser die Punkte in Erfahrung bringen, die Sie selbst für die Entscheidung für oder gegen die Stelle benötigen.

Als Zusatzmaterial zu diesem Ratgeber habe ich den Fragebogen „Vorbereitung auf Vorstellungsgespräch und Interview mit Fragen, Erinnerungstechnik und Gehaltsverhandlung" zusammengestellt. Dieser umfasst 100 Fragen und deckt von der Aufwärmphase über Fragen zur Kompetenz, zur Persönlichkeit und Motivation bis zu Ihren Fragen im Vorstellungsgespräch und dem Gesprächsabschluss alle Inhalte und den Verlauf des Gesprächs ab. Darüber hinaus sind ein *Extra zur Argumentation in der Gehaltsverhandlung* sowie eine *Kurzanleitung zu einer Erinnerungstechnik* enthalten. Probieren Sie es aus, wie leicht es Ihnen mit dieser Erinnerungstechnik fällt, alle Ihre Kernkompetenzen aus den verschiedenen Bereichen im Vorstellungsgespräch vollständig zu nennen.

Verwandte Themen:

- Souverän auftreten und reden – von Großmäulern und Miesepetern
- Mit Boxershorts im Skype-Interview: Vorbereitung auf ein Telefon- oder Onlineinterview
- Gehaltsverhandlung – über Geld sprechen lohnt sich!

Erzieherin Monika Kleinschmidts erlebtes Tagebuch – Teil 5

Sonntag, 31. Januar

Ich bin eingeladen worden! Donnerstagnachmittag „darf" ich mich einer Auswahlkommission vorstellen! Das Gespräch wird 1,5! Stunden dauern und ich muss außer dem Vorstellungsgespräch auch ein (fiktives) Mitarbeitergespräch führen und entweder einen Wochenarbeitsplan oder einen Konzeptentwurf erstellen und präsentieren. Katharina meint, dieser Ablauf wäre für Führungskräfte ganz normal – aber bei der Stadt? Gestern haben wir uns getroffen und geübt. Am schwierigsten finde ich es, vor so vielen Leuten

Fragen zu beantworten. Das Gespräch habe ich ganz gut hingekriegt. Da kann ich mir einfach vorstellen, wie ich es mit den Zweitkräften und den Jahrespraktikantinnen mache. Auch einen Wochenarbeitsplan und ein Konzept zu erarbeiten traue ich mir zu. Dabei kann ich zeigen, wie ich es gern machen würde, und außerdem habe ich etwas in der Hand, an dem ich mich festhalten kann. Aber diese Fragen nach meinen Zielen, meinen Stärken und Schwächen oder wie ich bei Stress reagieren würde … Katharina hat versucht, mir den Hintergrund der Fragen zu erläutern, und mit mir meine Kernkompetenzen erarbeitet und Tipps gegeben, wie ich es schaffe, die rüberzubringen, auch wenn nicht direkt danach gefragt wird. Für die Erinnerungstechnik stelle ich mir den Snoezelen-Raum in der Kita vor. Auf den Polstern ruhen meine Ausbildungs- und Berufsstationen, die Lampen beleuchten Aspekte meiner Persönlichkeit usw. Der Gedanke an diesen ruhigen Raum bringt mich auch gefühlsmäßig wieder runter.

→ Sehen Sie im Kapitel „Beispielbewerbungen" die Bewerbungsunterlagen von Erzieherin Monika Kleinschmidt.

→ Was vorher geschah: Den Anfang der Geschichte von Monika Kleinschmidt finden Sie im Kapitel „Familie Kleinschmidt stellt sich vor". ◄

Kleidung, die Experten und Führungskräfte tragen

Wenn ich in der Karriereberatung bei der Vorbereitung auf das Vorstellungsgespräch mit meinen Kunden alle Inhalte besprochen und alle Argumente festgelegt hatte, blieb oft die Frage nach der Kleidung. Zwar befassen sich die meisten Männer heute gern mit ihrem Outfit, doch für Shoppingtouren fehlen meist Zeit und Lust. Deswegen verfolgen Führungskräfte und Experten meist auch hier eine effiziente Strategie: Sie kaufen Markenprodukte in ausgezeichneter Qualität, die sich durch klassischen Stil und Langlebigkeit auszeichnen. Die Stücke dürfen ruhig mehr kosten, wenn man damit lange gut angezogen ist.

Je nach Branche und Position kann dies der Anzug, eine Kombination oder auch Jeans, Hemd und Sakko sein. Allen gemeinsam sind die Hochwertigkeit der Materialien, gute Marken und Schnitte sowie zurückhaltende Farben. Dann ist es leicht, die Stücke untereinander zu kombinieren oder die Garderobe für ein Vorstellungsgespräch oder ein wichtiges Meeting gezielt zu ergänzen.

Stilberatung

Mein Rat war meist nicht in Detailfragen gewünscht, sondern eher in Bezug auf den gesamten Stil: Geht eine Kombination oder muss es der Anzug sein? Wenn ich Jeans tragen möchte, wie werte ich sie durch den Rest des Outfits auf? Dazu möchte ich Ihnen zwei Beispiele geben:

Business Outfit

Neben dem Anzug und in manchen Positionen immer noch dem Dreiteiler hat sich die hochwertige Chino in Blau, Grau oder Schwarz mit weißem, hellblauem oder hellgrauem Hemd durchgesetzt, die Sie mit einem Sakko in derselben oder einer anderen, passenden Farbe kombinieren können. Schuhe und Gürtel sind schwarz oder braun und aus Leder. Je nach Funktion, Branche und Anlass wird Krawatte getragen.

Business Casual/Smart Casual

Diese Kombination aus legerer und eleganter Kleidung wirkt lässig und hochwertig, ist aber schwerer zusammenzustellen als das Business Outfit. Viele meine Kunden entscheiden sich daher für eine einfache, aber smarte Interpretation dieses Stils: Markenjeans mit hellem Hemd und Sakko in Dunkelblau, Grau oder Schwarz, Ledergürtel und Lederschuhe in Schwarz oder Braun. Vielleicht auch etwas für Sie?

No-Gos

In manchen Branchen ist in Kleidungsfragen auch im Management vieles erlaubt, was anderswo nicht geht. Daher orientieren Sie sich am besten an erfolgreichen Vertretern Ihrer Branche. Fast immer werden jedoch große Muster und grelle Farben als No-Gos angesehen. In Bezug auf die Schuhe fällt es schwer, in Chucks, Loafern oder Mokassins ernst genommen zu werden. Das gilt ebenso für die Passform der Kleidung, wenn beispielsweise die Hand im Ärmel verschwindet oder die Hose nicht richtig sitzt und Falten wirft.

Eigene Akzente setzen

Doch je stilsicherer Sie werden, desto freier sind Sie, vom klassischen Outfit abzuweichen. Neue leichte Stoffe machen heute schon jede Bewegung mit, doch auch der Kaschmirpullover kann ein idealer Begleiter zu Chino, Hemd und Krawatte sein. Oder Sie lassen die Krawatte weg und tragen einen Schal. Auch mit den Schuhen können Sie Akzente setzen, mit Chelsea Boots oder Monks statt Derby- oder Oxford-Schuh. Ihre Geschäftskleidung ist dann nicht mehr lästige Notwendigkeit, sondern repräsentiert ganz selbstverständlich Ihre Position und Ihre Persönlichkeit.

Verwandte Themen:

- Souverän auftreten und reden – von Großmäulern und Miesepetern
- Locker ins Vorstellungsgespräch

Mesopotamienexperte Andreas Maibauers innerer Monolog – Teil 3

Typisch, Lukas hat sich verdrückt – wie du früher. Geschieht Monika ganz recht, so einen Sohn zu haben. Und neben dir palavert immer noch der Marketing-Mensch: „Willst du ein Bier? Dann wird's leichter." Daniel, genau, so heißt er. Warum nicht. „Okay, gerne." Stimmt ja auch, in Uruk trinken wir auch immer etwas, wenn sich die Graberei endlos hinzieht, es vielleicht doch die falsche Stelle ist, an der die Grabstelle, der Palast oder das Schlachtfeld gefunden werden kann. Die Wissenschaftler verschwinden dann in ihren Instituten, ihren Höhlen, in denen sie Gänge anlegen, Artikel und Bücher, die kaum jemand liest, wenn sie korrekt sind, und die für Aufregung sorgen, wenn sie die Funde politisch verwerten. Je nach Geldgeber ist klar, was als Ergebnis verkündet wird. Wie bei einer Wahl.

Auf dem Feld zurück bleiben die Arbeiter: die einheimischen Helfer und die Lohnarbeiter und Werknehmer, Fotografen, Techniker, so wie du. Jeder Tag ohne Auftrag ist verloren. Auch wenn du wenig zum Leben brauchst, bleibt so gut wie nichts übrig für die grabungsfreie Zeit. Einen Ruhestand wirst du dir nie leisten können. Mit dem Strom schwimmen geht nicht mehr, du würdest sowieso nicht aufholen können. Aber vielleicht ist wieder eine Nische zu finden, wie mit der Technikerausbildung, nachdem der IS deine Arbeit als Archäologe unmöglich gemacht hat. Du hast dir eingebildet: Dein Spezialwissen ist zwar nicht mehr gefragt, aber deine handwerkliche Expertise kannst du in jeder Grabung einsetzen. Von wegen: Jetzt werden auch diese Aufträge weniger. Es ist selbst für öffentliche Geldgeber zu unsicher, in instabilen Gebieten zu investieren. Und in die anderen schicken sie die billigen Helfer von der Uni.

Da kommt Daniel mit zwei Flaschen. „Danke dir, ich bin Andreas." „Angenehm, Daniel, ich bin mit Sophie hier. Aber die holt gerade das Geschenk für ihren Opa." Eigentlich sieht Daniel gar nicht aus wie einer aus dem Marketing, eher ein bisschen bieder, als würde er in einer Sparkasse arbeiten.

Katharina hat irgendwann die Versuche aufgegeben, dich in einen Anzug von ihrem Mann zu stecken und in ein Fotostudio zu locken. Sie meint, es zeugt von Respekt dem Gesprächspartner gegenüber, sich gut zu kleiden. Gut ist aber nicht deine alte Outdoor-Hose von einem Nachhaltigkeits-Label. Gut ist ein Anzug, wenn auch aus dem Sweat-Shop, den man nach dreimaligem Tragen entsorgen kann. Nicht, dass ihr Mann so etwas je trägt … Aber wie sie im Ural erschienen ist, um dich an Ort und Stelle zu fotografieren. Sie hat sich den ukrainischen Fotografen geschnappt und ihm in perfektem Englisch erklärt, wie er dich aufzunehmen hat, vor dunklem Hintergrund und mit seitlichem Lichteinfall. Bewerbungsunterlagen werden in letzter Instanz von Menschen gesichtet, gut aussehen nützt also, meint Katharina, auch wenn eigentlich objektiv beurteilt werden soll. Das ist eine Chance bei nicht anonymisierten Bewerbungen. Anonyme Bewerbungen? Was soll das schon bringen? Spätestens im Vorstellungsgespräch bist du doch zu sehen: dann möglicherweise mit Hemd, aber auf jeden Fall mit Outdoor-Hose – wenn auch einer neuen.

→ Lesen Sie unter dem Kapitel „‚Mensch, die ist ja irre!' Zum Umgang mit schwierigen Menschen", wie es bei Andreas Maibauer weitergeht.

→ Was vorher geschah: Den Anfang der Geschichte von Andreas Maibauer finden Sie im Kapitel „Familie Kleinschmidt stellt sich vor". ◄

Mit Boxershorts im Skype-Interview: Vorbereitung eines Telefon- oder Onlineinterviews

Vor einigen Jahren erlebte ich, wie ein Interviewpartner am Schluss eines Skype-Interviews aufgestanden ist und zu sehen war, dass er nur eine Boxershorts unter Hemd und Krawatte anhatte. Im Folgenden geht es darum, worauf Sie bei telefonischen Vorstellungsgesprächen und Videointerviews – neben vollständiger Kleidung – achten sollten und welchen Sinn solche Instrumente im Auswahlverfahren haben.

Sie haben eine Bewerbung verschickt und erhalten eine Einladung – aber nicht zum persönlichen Gespräch, sondern zu einem Telefoninterview oder Videointerview. „Was soll das?", werden Sie sich vielleicht fragen, „warum wollen die mich nicht persönlich treffen?"

Ganz klar, mit einer Einladung zu einem telefonischen Vorstellungsgespräch oder einem Videointerview per Skype oder einem anderen Dienstleister sind Sie auf jeden Fall einmal einen Schritt weiter. Wo früher mehrere Gespräche oder auch andere Auswahlverfahren vor Ort im Unternehmen durchgeführt worden sind, werden heute aus praktischen Erwägungen heraus Instrumente vorgeschaltet, die sich auf Distanz bewältigen lassen. Dazu gehören die Bewerbung über ein Bewerbungsportal, Online-Eignungs- und Persönlichkeitstests und eben Telefon- oder Videointerviews.

Vorteile von telefonischen Vorstellungsgesprächen und Videointerviews

- Unternehmen mit mehreren Standorten können die Interviews von der zentralen Personalabteilung aus für die Standorte durchführen.
- Es können leichter Bewerber/innen eingeladen werden, die nicht in der Umgebung wohnen. Dies ist angesichts des heutigen Bewerbermarktes und der globalisierten Unternehmen wichtig.
- Die Kosten für das erste Gespräch sind wesentlich geringer, weder Interviewer noch Bewerberin müssen anreisen.
- Es kann eine Vorauswahl aus einer größeren Anzahl an Bewerbern in kürzerer Zeit getroffen werden.

Auch für Sie als Bewerber oder Bewerberin hat ein Telefoninterview oder ein Videointerview einige Zeit- und Kostenvorteile. Sie können ebenfalls in einem kürzeren Zeitraum mehrere Unternehmen kennenlernen, müssen sich nicht extra bzw. solange für ein Gespräch freinehmen, und es gibt keine Diskussion über die Reisekosten, die ja durchaus nicht immer von den Unternehmen getragen werden (obwohl diese § 670 BGB zur Erstattung der Kosten für ein Zugticket zweiter Klasse und bei Anreise mit dem Pkw der Entfernungspauschale von 30 Cent pro Kilometer verpflichtet sind). Manche Menschen fühlen sich zu Hause auch einfach wohler als in einer fremden Umgebung nach einer möglicherweise stressigen Anreise. Daher kann es für beide Seiten sinnvoll sein, wenn das erste Gespräch auf Distanz geführt wird.

Inhaltlich können Sie sich auf ein telefonisches Vorstellungsgespräch oder ein Videointerview genauso einstellen wie auf ein normales Vorstellungsgespräch. Meist wird in der Einladung erwähnt, welche Themen im Interview angesprochen werden, wer das Interview führen und wie lange es in etwa dauern wird. Wenn nur die allgemeine Aussage gemacht wird, dass das Unternehmen „Sie gerne kennenlernen" möchte, können Sie aus der Funktion des Interviewpartners trotzdem ungefähr herleiten, welche Richtung das Gespräch nehmen wird. Ein damit beauftragter Fachvorgesetzter wird an „seinen" Themen interessiert sein; zum Beispiel werden Sie mit der Leitung der Konstruktion leicht in ein Fachgespräch kommen und sich über Anforderungen und Lösungen bestimmter Konstruktionsprojekte unterhalten. Ein Personalleiter oder eine Personalberaterin dagegen führt eher ein klassisches Interview und fragt Sie mehr nach Ihrem bisherigen Werdegang, Ihren persönlichen Leistungsanreizen oder Ihrer Wechselmotivation.

Auch die angekündigte Dauer eines Gesprächs gibt einen Hinweis auf die Inhalte: Bei einem 15- bis 30-minütigen Interview sind in erster Linie Fragen zu Ihrer Person, Ihrer Motivation und ggf. nach Auffälligkeiten im Lebenslauf zu erwarten. Ist eine Stunde oder mehr angesetzt, wird es sich um ein vollständiges Vorstellungsgespräch handeln.

Den Auftakt des Gesprächs machen in jedem Fall die Begrüßung und der Dank für Ihr Interesse, anschließend werden je nach Gesprächsdauer Ihre Motivation und Eignung für die Stelle mehr oder weniger intensiv abgeklopft. Sie werden also nach Ihren Kenntnissen, Erfahrungen und Fähigkeiten, nach Ihren Vorstellungen und Zielen gefragt. Den Abschluss machen ein erneuter Dank und meist auch ein Hinweis auf das weitere Auswahlverfahren.

Wichtigste Fragen in Telefoninterviews und Onlineinterviews

- Warum interessieren Sie sich für die Stelle?
  (Hier können Sie Interesse an den Aufgaben, an der Herausforderung, am Unternehmen bekunden.)
- Warum meinen Sie, der/die Richtige dafür zu sein?
  (Auf diese Frage nennen Sie Ihre wesentlichen Kompetenzen, also Kenntnisse, Erfahrungen, Fähigkeiten und Stärken für die Stelle.)

- Welche Themen und Projekte stehen zurzeit im Zentrum Ihrer Arbeit?
  (Sie sollten zwei, drei Inhalte nennen können, die Bezug zu den Aufgaben in der angestrebten Stelle haben.)
- Was sind Ihre Ziele? Wo sehen Sie sich in zwei oder fünf Jahren?
  (Seien Sie authentisch und erläutern Sie, wo Sie beruflich hinwollen, idealerweise im Einklang zu der Position, auf die Sie sich bewerben.)
- Bei (zukünftigen) Führungskräften und Experten: Welche Erfolge haben Sie in der letzten Zeit erreicht?
  (Wenn Zielorientierung und Leistungsfähigkeit abgefragt werden, punkten Sie am besten mit konkreten Zahlen, Daten, Fakten.)
- Haben Sie noch Fragen an uns?
  (Bereiten Sie einige Fragen zum Unternehmen, zum Bereich oder zu den Aufgaben vor, die Sie sich nicht schon aus der Internetseite und Stellenanzeige beantworten konnten.)
- Welche Gehaltsvorstellung haben Sie und wann können Sie uns zur Verfügung stehen?
  (Auch bei Telefon- und Videointerviews werden solche Dinge angesprochen. Sie sollten wissen, welches Gehalt Sie unter den gegebenen Bedingungen verlangen können, und die Kündigungsfristen bzw. Regelungen Ihres Arbeitgebers bei Ausscheiden kennen.)

Haben Sie auf diese Fragen überzeugende Antworten und können Sie diese im Großen und Ganzen auch sicher und freundlich rüberbringen, ist das meiste schon geschafft! Wenn Sie dann noch Informationen zum Unternehmen und dem Gesprächspartner gesammelt und Ihre Bewerbungsunterlagen parat haben, sind Sie inhaltlich bereit für das Interview.

Nun sind bei der Vorbereitung auf telefonische Vorstellungsgespräche und Online-interviews nur noch die Rahmenbedingungen sicherzustellen: Verbannen Sie alle potenziellen Störquellen, schalten Sie Telefon, Handy und Klingel aus, informieren Sie Familienangehörige, dass und aus welchem Grund Sie in der nächsten Stunde in Ruhe telefonieren müssen, und telefonieren Sie lieber von einem Festnetzanschluss, damit keine Funklöcher das Gespräch unterbrechen können.

Bei Videointerviews achten Sie zudem auf einen neutralen Hintergrund, einen geraden Blick in die Kamera und ein ansprechendes Erscheinungsbild. Vollständig angezogen zu sein hilft – auch mental – bis zum Schluss einen guten Eindruck zu machen!

Verwandte Themen:

- Souverän auftreten und reden – von Großmäulern und Miesepetern
- Locker ins Vorstellungsgespräch

Abiturient Lukas Kleinschmidts WhatsApp-Nachrichten an seine Schwester Sophie – Teil 3

Ich glaube, Papa ist gestresst wegen der neuen Umstände in der Firma. Ob sich was für ihn ändert? Keine Ahnung. [16:15]

Werde nächste Woche zwei Firmen anrufen, die mich angefunkt haben. Erzähle denen, was ich gut finde, warum ich bei denen arbeiten möchte. Bin gespannt, ob die darauf eingehen oder mich als Spinner abtun. Kenn ich ja. [16:16]

Mach dir einfach weniger Gedanken, dann läuft es besser. Du hast nichts zu verlieren. Außerdem bist du IMMER krass gut vorbereitet. Die wären blöd, dich nicht zu nehmen! 😔 [16:17]

→ Lesen Sie unter dem Kapitel „Persönlichkeitstests und Leistungstests zur Personalauswahl und Mitarbeiterentwicklung", wie es bei Lukas Kleinschmidt weitergeht.

→ Was vorher geschah: Den Anfang der Geschichte von Lukas Kleinschmidt finden Sie im Kapitel „Familie Kleinschmidt stellt sich vor". ◄

Persönlichkeitstests und Leistungstests zur Personalauswahl und Mitarbeiterentwicklung

Mit den Persönlichkeitstests zur Personalauswahl und Mitarbeiterentwicklung verhält es sich entweder wie mit dem Horoskop oder einer sich selbst erfüllenden Prophezeiung: Jede und jeder kann sich in der Beschreibung wiederfinden und es wird nur das bestätigt, was ohnehin schon vermutet wurde! Wirklich Neues erfahre ich nicht, weder über mich als Testkandidatin noch über einen Stellenaspiranten. Anders ist es bei Leistungstests, die eine recht genaue Potenzialeinschätzung ermöglichen. Lesen Sie hier, warum Tests durchgeführt werden und wie Sie dabei gut abschneiden.

Bewerbungsunterlagen und Zeugnisse sagen schon einiges aus: Sie zeigen – auch wenn Noten relativ sind und Formulierungen blumig – immerhin, in welchen Bereichen Stärken und Erfahrungen liegen. Auch der Lebenslauf gibt Hinweise auf Leistungsmotivation und Durchhaltevermögen. Doch nicht immer wird von der Universität zur Hochschule wegen eines Mangels an Struktur und Fleiß gewechselt. Und das Stellenhopping alle zwei Jahre kann andere Gründe haben als eine unverträgliche oder unstete Persönlichkeit. Um diese Rohdiamanten in Zeiten eines Bewerbermarktes zu entdecken, die Spreu vom Weizen zu trennen, aber auch um Neigungszeugnisse zu entlarven und den Einserkandidaten auf den Zahn zu fühlen, darum gibt es Tests. Mit Tests zur Personalauswahl und Mitarbeiterentwicklung wollen sich Unternehmen selbst ein Urteil bilden und die Entscheidung für eine Person objektiv begründen.

Zwei grundlegende Arten von Tests – Persönlichkeitstests und Leistungstests – sowie jede Menge Mischformen werden bei der Personalauswahl und Mitarbeiterentwicklung genutzt.

Persönlichkeitstests

Persönlichkeitstests sollen Persönlichkeitseigenschaften im Hinblick auf die Eignung für eine bestimmte Position ermitteln. Dabei beantworten Sie als Kandidat bzw. Kandidatin meist Fragen zur Selbsteinschätzung und Fremdeinschätzung Ihrer Persönlichkeitseigenschaften. Die Antworten werden mit den durchschnittlichen Werten einer Normstichprobe verglichen.

Die am häufigsten eingesetzten Verfahren – unter anderem MPA, MBTI, DISG, MDI – basieren auf der Persönlichkeitstypologie von Carl Gustav Jung oder der Theorie der Emotions of Normal People von William M. Marston. Beide Modelle gelten heute als veraltet und nicht empirisch belegt. Lediglich der 16-PF (Raymond B. Cattell) und das BIP (Bochumer Inventar zur berufsbezogenen Persönlichkeitsbeschreibung) können als wissenschaftlich fundiert, also verlässlich und reproduzierbar, angesehen werden.

Unabhängig von ihrer mehr oder weniger begrenzten Aussagekraft sind die meisten Persönlichkeitstests durchschaubar und relativ leicht zu manipulieren. Gerade bei der Eignungsdiagnostik in Unternehmen verhalten sich einigermaßen intelligente Menschen automatisch sozial erwünscht, in diesem Fall also gemäß den Anforderungen der angestrebten Position. Interessieren Sie sich etwa für eine Stelle als Kundenberater/in, werden Sie Fragen nach Ihrer Kontaktfreudigkeit und Offenheit daher eher positiv beantworten. Wechselwillige Führungskräfte schätzen sich in puncto Motivationsfähigkeit und Überzeugungskraft natürlich hoch ein.

Indirekte Persönlichkeitstests – Psychotests

Ein Sonderfall unter den Persönlichkeitstests sind die sogenannten indirekten Tests. Sie unterscheiden sich von den direkten, leicht zu beeinflussenden Tests darin, dass kein eindeutiger Zusammenhang zwischen Frage und Antwort oder Aufgabe und Ergebnis gezogen werden kann.

Zum Beispiel müssen Sie auf eine Frage aus vorgegebenen Antworten wählen, aber diese sind alle falsch oder sinnlos. Oder Sie erhalten immer eine negative Rückmeldung zu Ihrem Ergebnis, wenn Sie eine Aufgabe gelöst haben. In diesen Fällen geht es gar nicht darum, eine zutreffende Antwort oder die richtige Lösung zu geben. Vielmehr wird gerade Ihre Frustrationstoleranz getestet.

> Wenn Sie merken, dass Sie einem solchen Test unterzogen werden, stellen Sie sich einfach vor, Sie seien Alice im Wunderland: Da können Spielkarten sprechen und Flamingos dienen als Krocketschläger. Staunen Sie über die wundersame Welt, die sich Ihnen auftut, und machen Sie munter mit!

Wenn Sie also den Job haben wollen, überlegen Sie sich vorher, welche Persönlichkeitseigenschaften in der Rolle hilfreich wären oder erwartet werden. Antworten Sie einfach in diesem Modus, dann kommen Sie ziemlich wahrscheinlich in die nächste Runde des Auswahlverfahrens. Sie könnten jetzt einwenden, dass diese Tests angepasstes Verhalten fördern und damit eben nicht Mitarbeiter/innen entsprechend ihrer „echten" Persönlichkeit ausgewählt und eingesetzt werden. Damit liegen Sie vollkommen richtig! Doch bleibt zu hoffen, dass Sie – wie die meisten guten Bewerber/innen – das Spiel durchschauen und Sie sich nur um solche Jobs bewerben, die zu Ihnen passen. Sie kennen sich schließlich selbst am besten. Zudem entwickeln Menschen nach einer gewissen Anzahl an Berufsjahren eine private und eine berufliche Persönlichkeit, die sich durchaus stark voneinander unterscheiden können.

Die Seite https://www.monster.de/karriereberatung/artikel/persoenlichkeitstests bietet eine Übersicht über einige Testverfahren. Auf https://bigfive-test.com/de und https://www.16personalities.com/de finden Sie kurze kostenlose Persönlichkeitstests, die einen ersten Einblick in die zu erwartenden Fragen und die Art der Auswertung erlauben. Versuchen Sie einmal, erst privat zu antworten und beim zweiten Durchgang professionell: entsprechend der Verantwortung der Stelle, die Sie übernehmen wollen.

Leistungstests

In Leistungstests werden zu bestimmten Leistungsbereichen Problemstellungen vorgegeben, die zu lösen sind. Dabei kann es sich um Intelligenztests, Wissenstests, Konzentrationstests, Gedächtnistests, Sprachtests oder auch eine Arbeitsprobe handeln. Beurteilt werden die Menge der richtigen Lösungen, die Qualität der Lösungen, die aufgetretenen Fehler und die Lösungszeit. Diese Tests ermöglichen den Unternehmen eine zuverlässige Aussage über das kognitive Potenzial ihrer künftigen Mitarbeiter/innen.

Konzentrationstest: Markieren Sie die abweichenden Gesichter (eigene Darstellung)

Konzentrationstest: Markieren Sie die abweichenden Gesichter (eigene Darstellung)

Martin Kersting, Professor für Psychologische Diagnostik an der Justus-Liebig-Universität Gießen, hält Intelligenztests für das zuverlässigste Testverfahren: „Mit keiner anderen diagnostischen Methode kann in Industriegesellschaften der Erfolg bei der Bewältigung lebenskritischer Ereignisse wie Schule, Ausbildung, Studium und Beruf so gut vorhergesagt werden." (personalmagazin 09/17, S. 29) Er empfiehlt sie auf allen Ebenen, insbesondere aber zur Auswahl von Führungskräften, da Intelligenz – definiert als die „Fähigkeit zum schlussfolgernden Denken, zum Planen, zur Problemlösung, zum abstrakten Denken, zum Verständnis komplexer Ideen, zum schnellen Lernen und zum Lernen aus Erfahrung" (ebd., S. 32 wie oben) – nötig ist, die eigenen Geschicke und die anvertrauter Menschen und Bereiche in einer sich schnell wandelnden und komplexen Welt erfolgreich zu gestalten.

Das Gute ist: Sie können sich prima auf solche Tests (auch auf Intelligenztests) vorbereiten. Für fast alle Berufe und alle Leistungsbereiche gibt es im Internet kostenlose Tests, die zu Übungszwecken genutzt werden können (zum Beispiel der Lufthansatest https:// piloten-karriere.com/lufthansa-online-test/). Sehr gut ist auch die Reihe „Testtraining" der Autoren Hesse und Schrader im Stark Verlag. Oder auch die Online-IQ-Tests bei mein-wahres-ich.de (IQ-Schnelltest https://www.mein-wahres-ich.de/wissen/iq-schnelltest.html) und testedich.de (Intelligenztest http://www.testedich.de/intelligenz-test-iq-test.php3).

Einmal damit begonnen, haben diese Tests regelrecht Suchtpotenzial: Sie machen dann richtig Spaß. Probieren Sie es aus!

Verwandte Themen:

- Souverän auftreten und reden – von Großmäulern und Miesepetern
- Die Vorbereitung auf ein Assessmentcenter – kann auch Spaß machen

Abiturient Lukas Kleinschmidts WhatsApp-Nachrichten an seine Schwester Sophie – Teil 4

Ist doch cool, dass Mama und Opa sich auch bewerben. Aber die machen es noch old school. Klappt ja auch per E-Mail. [20:03]

Hab den ganzen Nachmittag irgendwelche Tests gemacht. Am liebsten Persönlichkeitstests. Stelle mir jedes Mal vor, ich wäre jemand anders. Dann kommen immer neue Ergebnisse. Nur bei Wissenstests ist nicht zu schummeln. Die Zeit ist zu knapp, um zu googeln. Da kann ich noch nachlegen. 😁 [20:05]

→ Sehen Sie im Kapitel „Beispielbewerbungen" die Bewerbungsunterlagen von Abiturient Lukas Kleinschmidt.

→ Was vorher geschah: Den Anfang der Geschichte von Lukas Kleinschmidt finden Sie im Kapitel „Familie Kleinschmidt stellt sich vor". ◄

Die Vorbereitung auf ein Assessmentcenter – kann auch Spaß machen

Es gab ein paar Jahre, da wurde keine Kundin, kein Kunde mehr zu einem Assessmentcenter eingeladen. Neuerdings erlebt dieses Tool in der Personalauswahl aber offensichtlich eine Renaissance. Daher hier ein paar Erläuterungen zur praktischen Vorbereitung und mentalen Einstimmung auf ein AC.

To assess bedeutet bewerten, beurteilen, einschätzen. Ein Assessmentcenter dient größeren Unternehmen und Organisationen dazu, die Eignung von Kandidaten und Kandidatinnen bei der Personalauswahl und der Personalentwicklung zu überprüfen. Schwerpunkte und Umfang des Assessmentcenters sind dabei von der Position abhängig: Ein Gruppen-AC, an dem meist zwischen vier und acht Personen teilnehmen, kann von einem halben Tag bis zu drei Tage dauern. Einzel-Assessments dagegen sind in der Regel kürzer und finden eher bei der Auswahl von Führungskräften statt.

So veranstaltet zum Beispiel die Stadt Osnabrück bei der Besetzung von Abteilungsleitungen ein Einzel-Assessment, das eine Präsentation, eine Fachaufgabe und ein Mitarbeitergespräch umfasst. Zur Eignungsbeurteilung von Vertriebsingenieuren werden von einigen Gesellschaften neben einer Fachaufgabe auch psychologische Tests angewendet. Ausbildungsplatzinteressierte müssen sich eher auf Wissenstests (häufig auch elektronisch vorgeschaltet) und eine Präsentation einstellen. Bewerber/innen um ein duales Studium sehen sich außerdem mit Gruppendiskussionen konfrontiert.

Klassische Assessmentcenter bestehen aus Einzel- und Gruppenübungen, wobei die am häufigsten eingesetzten das Interview, der Eignungstest, die Präsentation, die Fachstudie, das Rollenspiel und – mit rückläufiger Tendenz – die Gruppendiskussion sind.

Ziel dieser Übungen ist es, unter realitätsnahen Bedingungen Fähigkeiten und Eigenschaften der Bewerber und Bewerberinnen zu testen, die dem Unternehmen für die Stelle erforderlich erscheinen. Die Teilnehmer/innen werden bei der Durchführung der Übungen bewertet von Beobachtern: Führungskräften des Unternehmens und/oder Mitarbeitern von Beratungsunternehmen, häufig Psychologinnen. Auf einen Beobachter (manchmal auch Assessoren genannt) kommen ein bis zwei Teilnehmer/innen.

Praktische Vorbereitung auf häufige Übungen im Assessmentcenter

Wenn Sie sich in einer Bewerbungsphase befinden, haben Sie sich bereits mit der Vorbereitung auf ein Vorstellungsgespräch beschäftigt. Um nichts anderes als ein strukturiertes Vorstellungsgespräch handelt es sich bei einem **Interview** im AC. Gelegentlich wird das Interview gleich mit der Präsentation (siehe unten) verknüpft. Dann sollen Sie Ihren Werdegang mit Bezug auf die Position, für die Sie sich interessieren, vor der Gruppe und/oder den Beobachtern präsentieren. Daher als wichtigste Empfehlung für die Vorbereitung auf ein AC wie auf ein Vorstellungsgespräch: Überlegen Sie sich zu jeder Station auf Ihrem Werdegang, was Sie Wesentliches darin gelernt oder erfahren haben, und erläutern Sie, inwiefern Ihnen dies für die neue Stelle von Nutzen erscheint.

Nun zu den weiteren wichtigsten Übungen:

Eignungstests

Im vorigen Kapitel habe ich bereits ausführlicher zu Persönlichkeitstests und Leistungstests zur Personalauswahl und Mitarbeiterentwicklung geschrieben. Daher hier nur kurz zu diesen beiden grundlegenden Arten von Eignungstests, die in Rein- oder Mischform genutzt werden:

- **Persönlichkeitstests** sollen Persönlichkeitseigenschaften im Hinblick auf die Eignung für eine bestimmte Position ermitteln. Dabei beantworten Sie als Kandidat oder Kandidatin meist Fragen zur Selbsteinschätzung und Fremdeinschätzung Ihrer Persönlichkeitseigenschaften. Doch die meisten Persönlichkeitstests sind durchschaubar. Sie können sich also vorher überlegen, welche Persönlichkeitseigenschaften in der Rolle erwartet werden. Wenn Sie dann in diesem Modus antworten, werden Sie aller Voraussicht nach gut abschneiden.
- In **Leistungstests** werden zu bestimmten Leistungsbereichen Problemstellungen vorgegeben, die zu lösen sind. Beurteilt werden die Menge der richtigen Lösungen, die Qualität der Lösungen, die aufgetretenen Fehler und die Lösungszeit. Diese Tests ermöglichen eine zuverlässige Aussage über das kognitive Potenzial künftiger Mitarbeiter/innen. Die beste Vorbereitung ist die Beschäftigung mit den Inhalten von Intelligenztests, allen voran Sprachverständnis, mathematisches und logisches Denkvermögen sowie Wissen zu Gesellschaft und Politik. Ihre Konzentrationsfähigkeit und Gedächtnisleistung können Sie dann durch einfaches Training, also das häufige Durchführen verschiedener solcher Tests steigern.

Präsentationen

Der Inhalt einer Präsentation im AC kann ganz unterschiedlich sein. Zum Beispiel können Sie gebeten werden, Ihren Werdegang vorzustellen. Oder Sie sollen die Lösung einer Fachaufgabe präsentieren, die Ihnen vorab zur Bearbeitung gegeben wurde. Unabhängig von den Inhalten können Sie eine Präsentation am besten vorbereiten und erfolgreich durchführen, wenn Sie folgende einfache Regeln beherzigen:

1. **Konzentration auf das Wesentliche** – Stichpunkte notieren, im Vortrag erläutern, ein Beispiel geben, Details weglassen
2. **Visualisierung der Inhalte** – besonders ansprechend als Grafik oder Mindmap, alternativ wenigstens als Aufzählung mit Überschrift
3. **Adressatengerechte Ansprache** durch Hinwendung zum Publikum und dessen Einbezug in die Präsentation – gedanklich, sprachlich, körperlich

Fachstudie

Fachstudien werden unterschiedlich gestellt. Häufig habe ich erlebt, dass Unternehmen oder Organisationen Aufgaben wählen, die diesen bei der Lösung realer Probleme helfen können (womit im Nebeneffekt gleich ein paar Ideen generiert werden). Dies kann der Entwurf eines Konzepts sein, das der Erfüllung der Hauptfunktion der Stelle dient, um die Sie sich beworben haben. Bei der Auswahl von Führungskräften wird oft schon in der Einladung zum AC die Aufgabe vergeben (was die Qualität der erarbeiteten Lösung erhöht).

Bei der Vorbereitung auf die Bearbeitung einer vorher unbekannten Fachaufgabe liegen Sie richtig, wenn Sie sich mit den Leistungsangeboten der Organisation, deren Wettbewerbssituation und den Aufgaben der angestrebten Stelle befassen. Weitere mögliche Inhalte decken Sie ab durch die Rekapitulation Ihrer bisherigen Tätigkeitsschwerpunkte, wesentlicher Projekte und dabei erfolgreich eingesetzter Strategien und Umsetzungen.

Im AC wird die Fachaufgabe schriftlich gestellt. Die Erarbeitungsphase variiert zwischen 15 und 60 min, wobei Sie die Lösung entweder nur schriftlich festhalten sollen oder auch anschließend präsentieren können (siehe oben).

Rollenspiel

Als Rollenspiele kommen zumeist das Mitarbeitergespräch (bei der Auswahl von Führungskräften) und das Kundengespräch in Form eines Verkaufs- oder eines Beschwerdegesprächs zum Einsatz.

In der Regel erhalten Sie vorab eine kurze Beschreibung der Ausgangssituation und können sich etwa fünf Minuten auf diese einstellen. Einer der Beobachter übernimmt die Rolle Ihres Gegenübers, häufig ist ein weiterer Beobachter als Zuschauer anwesend.

- Im **Mitarbeitergespräch** kann zum Beispiel ein Jahresgespräch, ein Kritikgespräch oder eine Gehaltsverhandlung simuliert werden. Neben den objektiven Tatsachen offenbaren sich im Verlauf (entsprechend der Ihnen unbekannten Rollenanweisung für Ihren Gesprächspartner) oft auch Herausforderungen, die in der Person des Mitarbeiters oder der Mitarbeiterin liegen. Ihre Aufgabe als Führungskraft ist es daher, eine Vertrauensbasis herzustellen, um diese privateren Anteile mit berücksichtigen zu können. Gleichzeitig müssen Sie aber immer Ihre Rolle und das Ziel des Gesprächs im Blick behalten.
- Im **Kundengespräch** überzeugen Sie am meisten durch Interesse, Offenheit und Empathie. Achten Sie auf die Stimmung der Kundin – schwingen Sie sich gut auf Ihr Gegenüber ein – und stellen Sie durch Nachfrage und Paraphrasieren sicher, dass Sie deren Bedürfnisse in vollem Umfang erfasst haben. Dann werden Sie im Verkauf wie bei einer Reklamation eine Lösung anbieten können, die gerne angenommen wird.

Mehr zum Thema Kommunikation in schwierigen Situationen finden Sie im Kapitel „GFK Gewaltfreie Kommunikation – so reden Sie konstruktiv und partnerschaftlich".

Gruppendiskussion

Gruppendiskussionen als AC-Aufgabe finden sich nicht mehr so häufig. Die Rückläufig-keit dieser AC-Aufgabe liegt vermutlich darin begründet, dass deren Organisation und Durchführung recht aufwendig ist. Außerdem besteht die Gefahr der Fehleinschätzung gerade bei jüngeren Teilnehmern und Teilnehmerinnen, deren Persönlichkeitsent-wicklung noch in vollem Gange ist.

Es gibt folgende Arten von Gruppendiskussionen:

- Freie Diskussion zu einem vorgegebenen oder von der Gruppe selbst zu wählenden Thema
- Diskussion mit verteilten Rollen zu einem vorgegebenen Thema
- Geführte Diskussion, wobei die Leitungsfunktion entweder per Rolle verteilt oder eine Person aus der Gruppe zur Leitung aufgefordert wird

Idealerweise begegnen Sie in einer Diskussion – wie schon im Rollenspiel – den anderen Teilnehmern und Teilnehmerinnen mit Interesse, Offenheit und Empathie, ohne dabei allerdings Ihre Position zu vergessen, die Sie (qua Rolle) vertreten. Sicherlich sollen Sie Überzeugungskraft und Durchsetzungsstärke zeigen, doch ebenso wichtig sind Kontakt-, Kommunikations- und Moderationsfähigkeit.

Wenn Sie zu den Menschen gehören, die sich in Gruppendiskussionen nicht immer wohlfühlen, können Sie sich vor allem auf Ihre Stärken konzentrieren, also vielleicht die Diskussion durch einen weiteren Aspekt bereichern oder durch Strukturierung voran-bringen. Zu Techniken, wie Sie sich Gehör verschaffen, lesen Sie auch das Kapitel „Ran an die Macht: wichtigste Verhaltensregel in der Hierarchie".

Konstruktionsübung

Wenn ich ein AC-Training vorbereitet habe, war meine absolute Lieblingsaufgabe die Konstruktionsübung! Dabei handelt es sich um eine handfeste Aufgabe, bei der die Gruppe zusammen ein Ziel erreichen soll. Leider wird sie von Unternehmen nicht mehr so häufig angewendet (vermutlich, weil auch hier die Vorbereitung relativ aufwendig ist). Gibt es genügend Teilnehmer/innen, werden manchmal zwei Gruppen gebildet, die gegeneinander antreten. Das ist für die Mitwirkenden noch motivierender.

Innerhalb kurzer Zeit entscheidet sich bei einer solchen Übung, wer die Führung haben möchte und wer sie übernimmt, wer sich durch praktische Fähigkeiten oder Körperbeherrschung auszeichnet, wer logisch und wer strategisch denken kann!

Eigentlich ist bei einer Konstruktionsaufgabe für alle etwas dabei – nur nicht mitmachen, das geht nicht. Auch schüchterne Menschen kommen hier besser auf ihre Kosten, denn es steht das gemeinsame Ziel und nicht ihre Person im Mittelpunkt.

Die beste Vorbereitung auf Konstruktionsübungen sind Spieleabende mit Gesellschaftsspielen in einer großen Gruppe. Ich finde auch einen Besuch im Kletterpark zur Einstimmung ganz ausgezeichnet. Also immer rein ins Getümmel!

Ohm – mentale Einstimmung auf ein Assessmentcenter

Sie werden es bei der letzten Aufgabenbeschreibung gemerkt haben: Ein AC kann als interessantes Gesellschaftsspiel aufgefasst werden. Alle Teilnehmer/innen sind aufgeregt und wollen ihr Bestes geben, aber wenn mal etwas nicht gelingt, macht das – aufs Leben gesehen – eigentlich keinen großen Unterschied. Denn wenn Sie verlieren, kommen Sie höchstens auf Start zurück! Mit anderen Worten, Ihnen kann nichts genommen werden, sondern Sie können nur etwas gewinnen: ein Teilnehmer die Stelle und alle anderen an Erfahrung. Diese Herangehensweise ist meiner Meinung nach ideal für ein AC, denn sie nimmt der Situation die Schwere und beflügelt im Umgang mit Beobachtern und Mitbewerberinnen.

Dies ist im Übrigen auch die Haltung, mit der Sie bei den inoffiziellen Übungen punkten: bei der Begrüßung, in den Pausen und bei der Abschlussrunde. Bleiben Sie sich – im Rahmen der Situation – selbst treu, betrachten Sie das Ganze als Herausforderung, die es mit Sportsgeist zu bewältigen gilt. Dann werden Sie sich anstrengen, alle anderen aber immer als Ihre Teamkolleginnen oder als Linienrichter anerkennen.

Verwandte Themen:

- Souverän auftreten und reden – von Großmäulern und Miesepetern
- Locker ins Vorstellungsgespräch
- Persönlichkeitstests und Leistungstests zur Personalauswahl und Mitarbeiterentwicklung
- GFK Gewaltfreie Kommunikation – so reden Sie konstruktiv und partnerschaftlich

> **B. A.-Absolventin Sophie Kleinschmidts E-Mails an ihren Bruder Lukas – Teil 4, Betreff: Performance im Praxistest**
>
> Hi Lukas,
> Hauptsache, du weißt noch, wer du bist, wenn du dann echt so einen Test machen musst. Aber stimmt schon, man antwortet ja immer ein bisschen so, wie man denkt, was die hören wollen.
>
> Die Wissenstests finde ich meist gut, eigentlich alle Aufgaben, die strategisch oder praktisch zu lösen sind.

Habe gestern mit Tante Katharina besprochen, dass ich an einem ihrer Mentorinnen-Workshops mitmachen kann, wenn ich im Praktikum bin. Sie kann mich nicht einladen, aber wenn ich von einem Arbeitgeber angemeldet werde, geht es (auch als Praktikantin). So kann ich mich praktisch auf ein Assessmentcenter vorbereiten.

Daniel und ich fliegen morgen für zehn Tage auf die Kanaren (nach Teneriffa und La Gomera), wandern und chillen. Er lädt mich ein. So kann er die Zeit, in der sein Schiff in Quarantäne ist, nutzen und wir haben Zeit miteinander. Außerdem heißt es überall, dass wir einen Lockdown wie in China bekommen. Dann ist es mit dem Reisen vorbei. Mama war nicht begeistert, als ich ihr davon erzählt habe. Aber beim Wandern wird uns schon nichts passieren. Mitte März sind wir zurück.

LG, Sophilia

→ Sehen Sie im Kapitel „Beispielbewerbungen" die Bewerbungsunterlagen von B. A. International Business Administration Exchange Sophie Kleinschmidt.

→ Was vorher geschah: Den Anfang der Geschichte von Sophie Kleinschmidt finden Sie im Kapitel „Familie Kleinschmidt stellt sich vor". ◀

Gehaltsverhandlung – über Geld sprechen lohnt sich!

Wie Sie eine Gehaltsverhandlung, ein Gehaltsgespräch erfolgreich führen

„Über Geld spricht man nicht!" Haben Sie diesen Satz aus Ihrer Kindheit verinnerlicht? Dann werden Sie es schwer finden, den Wert Ihrer Qualifikation, Leistungsfähigkeit und Motivation in einer Summe abzubilden und bei einer Gehaltsverhandlung durchzusetzen. Doch das ist falsche Scheu, denn das Unternehmen hat ein Interesse daran, Sie für gute Ergebnisse gut zu bezahlen. Wie Sie das erreichen, darum geht es im folgenden Kapitel.

Vorbemerkung: Geld ist nicht alles

Für die meisten Berufstätigen sind tatsächlich die Arbeitsinhalte der Hauptgrund, warum die Arbeit Spaß macht. Auch der Kontakt im Team oder das Gefühl, gebraucht zu werden, motivieren dazu, sich jeden Tag wieder aufzuraffen. Viele Menschen sind auf ihr Unternehmen und dessen Produkte und Dienstleistungen stolz. All dies sind Faktoren für eine hohe Arbeitszufriedenheit – und verleiten leicht dazu, die Gehaltsfrage zu vernachlässigen.

Trotzdem ist es wichtig, ein anständiges Auskommen zu haben und im Vergleich zu anderen angemessen bezahlt zu werden. Lohnt sich die Arbeit nicht oder ziehen ständig Kollegen und Kolleginnenmit ähnlichen Voraussetzungen an Ihnen vorbei, vergeht selbst hoch intrinsisch Motivierten irgendwann die Freude am Schaffen. Doch was ist eine angemessene Bezahlung?

Gehaltscheck: So kommen Sie an Informationen

Im Internet finden Sie eine Reihe von Quellen für die Recherche zu Ihren Verdienstmöglichkeiten, etwa http://www.gehaltsvergleich.com (identisch mit www.gehalt.de), www.nettolohn.de, www.experteer.de/salary_calculator und www.hays.de/gehaltsvergleich.

Noch bessere Anhaltspunkte kann es geben, wenn jemand aus Ihrem Freundes- und Bekanntenkreis in einer ähnlichen Position oder in Ihrem Wunschunternehmen tätig ist. Da nicht alle Menschen gern ihr Gehalt preisgeben, ist es klug, eher danach zu fragen, was Sie in Ihrem Beruf im Unternehmen verdienen könnten. Etwas bereitwilliger werden Auskünfte in persönlichen Karrierenetzwerken geteilt, etwa im Kontakt zu ehemaligen Kolleginnen oder Kommilitonen.

Nun haben Sie bereits einen guten Überblick über die Verdienstmöglichkeiten nach Ort, Branche, Beruf und Position, eventuell nach Alter und Anzahl der Berufsjahre und vielleicht sogar in bestimmten Unternehmen. Bevor Sie nun in eine Gehaltsverhandlung gehen, fehlt noch die Kalkulation Ihres persönlichen Mindestlohns, also des Gehalts, für das Sie wechseln würden oder können.

Mindestlohn: Was wollen, was müssen Sie verdienen?

Die meisten Berufstätigen orientieren sich dazu an ihrem derzeitigen Verdienst, der bei einem Wechsel verbessert werden soll. Durchschnittlich wird ein Gehaltssprung von 5 % ausgehandelt, möglich sind aber – je nach Qualifikation und Branche – bis zu 10 %. Dies hängt natürlich von den Marktbedingungen ab. So war in den letzten Jahren bei IT-Fachkräften oder im Vertrieb eine Steigerung des Verdiensts bei einem Jobwechsel auch von mehr als 10 % möglich, während im Dienstleistungssektor die Gehälter stagnierten.

Wenn Sie in eine neue Branche oder einen neuen Beruf wechseln wollen, sind Sie möglicherweise bereit, dafür während der Einarbeitung Abstriche beim Verdienst zu machen – zumal, wenn sich langfristig bessere Karriereoptionen oder eine höhere Arbeitszufriedenheit ergeben. Das Grundgehalt sollte dennoch Ihre Lebenshaltungskosten in einer der Position entsprechenden Höhe decken.

Rahmenbedingungen: das Unternehmen und Sie

Ausgehend von den nun vorliegenden Informationen zu potenziellem Verdienst und Ihrem persönlichen Mindestlohn konkretisieren Sie Ihre Gehaltsvorstellung, indem Sie auf das Unternehmen schauen, in dem Sie sich bewerben wollen. Je größer das Unternehmen, desto besser ist in der Regel die Vergütung. Wenn Sie also in einem Konzern arbeiten, werden Sie eher an der Spitze der Verdienstmöglichkeit in Ihrem Beruf stehen, kleine und mittlere Unternehmen oder Start-ups können im Vergleich dazu meist nur geringere Gehälter zahlen. Da jedoch ein Teil der Vergütung auch die Rahmenbedingungen sind, fließen hier auch Überlegungen ein, in welchen Strukturen Sie sich wohlfühlen werden: in einem familiengeführten Unternehmen oder in einem durchstrukturierten Konzern, mögen Sie eher selbstständiges Arbeiten und hohe Entscheidungsfreiheit oder hochprofessionelle, segmentierte Aufgaben? Ein kurzer Anfahrtsweg, bessere Arbeitszeiten und vor allem ein gutes Arbeitsklima werten das Gehalt ebenfalls auf.

Im Wettbewerb um gute Arbeitskräfte versuchen heute viele Unternehmen das Gehalt mit geldwerten Vorteilen oder Sachleistungen anzureichern, wie zum Beispiel der betrieblichen Altersversorgung, dem Firmenwagen, der Übernahme der Kosten für Fitnessstudio oder Kindergarten sowie Getränken und Obst zur freien Bedienung. Interne und häufig auch externe Fort- und Weiterbildungen werden vom Unternehmen bezahlt oder bezuschusst; Gewinnbeteiligungen, Boni oder Leistungsprämien in Aussicht gestellt. Dies sind eventuell auch für Sie interessante Bestandteile, die Sie bei der Gehaltsverhandlung ins Spiel bringen können.

Argumentation: strategischer Aufbau der Gehaltsverhandlung

„Das verdient man heute in meinem Beruf!", ist kein ideales Argument in der Gehaltsverhandlung. Auch auf einen weit von der Arbeitsstätte entfernt liegenden Wohnort oder gestiegene Lebenshaltungskosten gibt der Arbeitgeber wenig. Überzeugend ist allein der Erfolg, den Sie dem Unternehmen bringen. Und dieser lässt sich am besten mit vergangenen Erfolgen begründen. Argumentativ nachgelegt wird mit Ihrer Kompetenz, Ihrem Potenzial und Ihrer Motivation.

Bevor Sie also verhandeln, sammeln und ordnen Sie Ihre Argumente, doch zunächst legen Sie fest, mit welchem Ergebnis Sie aus dem Gespräch gehen wollen: Sollen es 200 EUR mehr sein oder möchten Sie die Fortbildung bezahlt haben? Ist Ihnen ein Firmenwagen wichtig oder wollen Sie lieber Firmenanteile? Gut ist es, sich eine Maximalvorstellung zu überlegen, aber auch eine Alternative parat zu haben, mit der beide Seiten zufrieden aus dem Gespräch gehen können. Doch wenn Sie Ihre Argumente gut anbringen, wird das Ergebnis Ihrer Vorstellung meist recht nahekommen.

Folgender einfacher **Gesprächsablauf** hat sich bei meinen Kunden und Kundinnen in Gehaltsverhandlungen ausgezeichnet bewährt, sowohl bei einem Jobwechsel als auch für eine Gehaltserhöhung:

1. Der strategische Auftakt beginnt mit dem stärksten Argument, also einem besonderen
   Erfolg, den Sie in jüngerer Vergangenheit erbracht haben. Geben Sie ein oder zwei

Beispiele, die von Ihrem Gegenüber nachvollzogen werden können, und nennen Sie im Idealfall nachweisbare Resultate. Danach nennen Sie Ihre Vorstellung von einer Gehaltsanpassung.

2. Dann deuten Sie auf Ihre **Kompetenz** hin und wie Sie diese durch Fort- und Weiterbildung oder im Beruf erweitern konnten. Auch hier sind konkrete Angaben wünschenswert, mit denen Sie belegen, wie Ihre erweiterten Kenntnisse oder Fähigkeiten dem Unternehmen zugutekommen.

3. Nachdem Sie sich so als Leistungs- und Wissensträger/in positioniert haben, bringen Sie Ihr **Potenzial** ins Spiel. Es wird überzeugend aus Ihrer bisherigen Entwicklung abgeleitet, die vermuten lässt, dass Sie auch in Zukunft so erfolgreich performen. Auch bisher nicht genutzte Kompetenzen können angeführt werden, die Sie einzusetzen hoffen. Schildern Sie exemplarisch, auf welche Weise sich Ihr Potenzial dabei entfalten und auszahlen wird.

4. Schließlich legen Sie Ihre **Motivation** für Ihre Tätigkeit, die neue Aufgabe oder im Unternehmen anstehende Herausforderungen dar. Begründen Sie (wieder möglichst anschaulich), auf welche Weise Sie diese Ziele für sich und für das Unternehmen erreichen werden. Das von Ihnen gewünschte Gehalt erscheint dafür dann als angemessen, Sie werden es verdienen!

Timing: vom richtigen Zeitpunkt für ein Gehaltsgespräch

Gehaltsgespräche werden automatisch beim Wechsel in eine neue Position und meist auch am Ende der Probezeit geführt. Darüber hinaus lohnt es sich, wenn Sie alle paar Jahre mit Ihrem Arbeitgeber eine Gehaltsanpassung verhandeln.

Ansprechen können Sie Ihren Wunsch nach einer Gehaltserhöhung am besten in einem Jahresgespräch. Andernfalls können Sie das Gehaltsgespräch selbst initiieren, zum Beispiel in einem beruflichen Treffen mit Ihrem Vorgesetzten (also nicht auf der Weihnachtsfeier oder dem jährlichen Grillfest). Bereiten Sie sich gut auf dieses Treffen vor, sodass es erfolgreich abläuft und Ihr Vorgesetzter einen positiven Eindruck von Ihnen hat. Am Ende schauen Sie ihn direkt an, lächeln Sie und sagen Sie freundlich, dass Sie in der nächsten Zeit mit ihm über Ihr Gehalt sprechen möchten.

Manche Chefs springen sofort darauf an und fragen direkt nach Ihren Vorstellungen. Fragen Sie, ob noch Zeit ist, das Gespräch fortzusetzen, und bauen Sie es dann so auf, wie oben beschrieben. Andernfalls bitten Sie um einen neuen Termin.

In anderen Unternehmen scheint jedoch nie der richtige Zeitpunkt für ein Gehaltsgespräch zu sein. Meine Kunden und Kundinnen hörten Einwände wie: „Dafür habe ich jetzt überhaupt keinen Kopf. Sie wissen doch selbst, wie unsicher der Markt ist." Lassen Sie sich davon nicht abschrecken und bitten Sie um einen Gesprächstermin mit dem Hinweis, dass die Gehaltsanpassung nicht morgen erfolgen muss, Sie aber darüber sprechen möchten. Vereinbaren Sie einen konkreten Termin oder wenigstens die Absprache eines solchen Termins und bleiben Sie dran.

Belohnung: zurücklehnen und genießen

Haben Sie die erste Gehaltserhöhung auf Ihrem Konto, dann verprassen Sie bitte das Plus: Gehen Sie schick essen, gönnen Sie sich ein paar Tage in einem Wellnesshotel oder besuchen Sie ein Konzert Ihrer Lieblingsband! Idealerweise zusammen mit Ihrem Partner oder Ihrer Partnerin. Denn leider ist es mit dem höheren Gehalt so wie mit allen materiellen Dingen: Wir nehmen es nach kurzer Zeit als selbstverständlich wahr. Ein schönes Erlebnis, mit dem Sie sich für die erfolgreiche Gehaltsverhandlung belohnen, das bleibt Ihnen aber in Erinnerung!

Zur weiteren Vorbereitung finden Sie ein Arbeitsblatt zur *Argumentation in der Gehaltsverhandlung* im Zusatzmaterial „Vorbereitung von Vorstellungsgespräch und Interview mit Fragen, Erinnerungstechnik und Gehaltsverhandlung".

Verwandte Themen:

- Souverän auftreten und reden – von Großmäulern und Miesepetern
- Locker ins Vorstellungsgespräch
- Bleiben oder gehen: Beurteilungsgespräche effektiv nutzen

Tourismusmanager Daniel Mertens im Interview zu seinem Werdegang – Teil 4

I.: Was fiel Ihnen im Bewerbungsverfahren leicht und was war eher schwierig?

D.M.: Am anstrengendsten war es, die Bewerbungsunterlagen herzustellen. Ich habe mich mehrmals online beworben, weil ich immer wieder an den Unterlagen etwas verbessert habe. Schließlich habe ich meine damalige Teamleiterin gebeten, ein gutes Wort für mich einzulegen und denen zu erklären, dass ich praktisch super bin.

I.: Hat das geklappt?

D.M.: Schon, aber es hat gedauert. Erst als ich auch in diesem Bereich angefangen habe, an mir zu arbeiten, wurde ich zum AC eingeladen. Das war etwa ein halbes Jahr später. Vielleicht war das auch Zufall.

I.: Wie haben Sie an sich gearbeitet?

D.M.: Es hat mich so geärgert, dass ich nicht weitergekommen bin und Kollegen und Kolleginnen bessere Jobs bekommen haben. Deshalb habe ich mich zu einem Fernstudium in Tourismusmarketing angemeldet. Doch dann habe ich noch im Studium die Stelle bekommen.

I.: Hatten Sie sich auch bei anderen Unternehmen beworben?

D.M.: Nein. Mir gefällt es bei AIDA wirklich gut. Ich wollte hier weiterkommen.

I.: Und wie lief es dann im Studium?

D.M.: Anfangs war es sehr schwierig, ich war ja schon ein paar Jahre aus der Schule raus. Nach den ersten schlechten Noten habe ich Kollegen und Kolleginnen und

Gäste, die studiert hatten, um Hilfe gebeten. Die haben mir erklärt, wie man zum Beispiel einen guten Aufsatz schreibt. Ich habe auch ganz oft gefragt, wie man etwas besser ausdrücken kann. So habe ich das gelernt.

I.:   Jetzt sind Sie seit einem Jahr fertig mit dem Studium und seit zwei Jahren Teamleiter. Was ist Ihr nächstes Ziel?

D.M.:   Ehrlich gesagt weiß ich das nicht ganz genau. Ich hatte gerade mein Jahresgespräch, konnte mit Blick auf das abgeschlossene Studium und meine Erfolge eine schöne Gehaltserhöhung heraushandeln und finde auch meine Aufgaben für die kommende Saison sehr gut. Aber aus privaten Gründen möchte ich vielleicht ein paar Jahre eine Stelle in Norddeutschland annehmen, am liebsten bei AIDA. Aber das ist noch nicht spruchreif.

I.:   Herr Mertens, vielen Dank für das Gespräch.

→ Sehen Sie im Kapitel „Beispielbewerbungen" die Bewerbungsunterlagen von B. A. Tourismusmarketing/Teamleiter Daniel Mertens.

→ Was vorher geschah: Den Anfang der Geschichte von Daniel Mertens finden Sie im Kapitel „Familie Kleinschmidt stellt sich vor". ◀

Lernen Sie Marsianisch – wie die Integration gelingt: zu Einarbeitung und Probezeit

Der Arbeitsvertrag ist unterschrieben und vergessen sind alle guten Vorsätze: Eigentlich hätten die angestaubten Englischkenntnisse aufgefrischt werden sollen und auch die EDV-/IT-Kompetenz ist nicht ganz so gut, wie vorab dargestellt. Aber in der Einarbeitung ist ja noch Zeit, sich mit den Anforderungen der neuen Stelle auseinanderzusetzen. Jetzt können Sie sich erst einmal von den Strapazen der Jobsuche erholen, oder etwa nicht?

Manchen gelingt es tatsächlich, sich im Job schnell alle erforderlichen Kenntnisse anzueignen. Der Erfolg der Einarbeitung – und damit die Aussicht, in der Probezeit zu bestehen – ist allerdings viel höher, wenn Sie die erwarteten Kenntnisse und Fähigkeiten tatsächlich von vornherein mitbringen.

Denn die echten Schwierigkeiten liegen ab einer bestimmten Qualifikationsstufe nicht so sehr auf der fachlichen, sondern auf der zwischenmenschlichen und der persönlichen Ebene. Dafür werden Sie einen Großteil Ihrer Energie benötigen.

Wenn es Ihnen so vorkommt, als wenn Sie auf einem anderen Planeten gelandet sind, Ihnen die Gebräuche fremd sind und Ihre neuen Kollegen (und Mitarbeiterinnen) alle Marsianisch sprechen, dann waren Sie möglicherweise vorher lange in einem Unternehmen oder einer Funktion tätig. Sie müssen sich nun mit neuen Abläufen und Prozessen, Strukturen und Kommunikationsformen vertraut machen. Dabei hilft es, sich als Erdenbürgerin mit Kritik und Ideen zurückzuhalten und erst einmal zu versuchen, die Marsianer zu verstehen. Schließlich ist es ja deren Planet.

Hierbei kommen Ihnen Ihre überfachlichen Qualifikationen (die sogenannten Schlüsselqualifikationen) zugute, allen voran soziale Kompetenz und Selbstkompetenz. Die während der Einarbeitung wichtigsten sind Kommunikationsfähigkeit, Kooperationsfähigkeit und Team- bzw. Führungsfähigkeit (auf der zwischenmenschlichen Ebene) sowie Flexibilität, Selbstständigkeit, Organisationsfähigkeit, Ausdauer und Leistungsbereitschaft (auf der persönlichen Ebene).

Die Einarbeitung in Fach- und Expertenfunktionen dauert in komplexen Arbeitsumgebungen sechs bis zwölf Monate, manchmal länger. Daher setzt das Unternehmen das Vorliegen der für die Position mindestens notwendigen Fachkenntnisse und der wichtigsten Tools/Kulturtechniken voraus. Zu Letzteren gehören heute vielerorts das Lesen und Schreiben in englischer Sprache und der selbstverständliche Umgang mit EDV/IT und Social Media. Diese Kenntnisse können Sie sich, wie gesagt, vorab aneignen.

Bei der Einstimmung und dem Nachjustieren Ihrer Schlüsselqualifikationen auf die neuen Gegebenheiten kann eine Unterstützung durch Beratung und Coaching sinnvoll sein. So können Sie sich fremdes Terrain erschließen und in Ihrer neuen Funktion ankommen. Denn erst nach Bestehen der Probezeit kann von einem erfolgreichen Bewerbungsprozess gesprochen werden. Daher sollten Sie die Einarbeitung und Integration ins Unternehmen ebenso engagiert angehen wie die vorangegangenen Bewerbungsphasen.

Verwandte Themen:

- Bleiben oder gehen: Beurteilungsgespräche effektiv nutzen
- Ran an die Macht: wichtigste Verhaltensregel in der Hierarchie
- GFK Gewaltfreie Kommunikation – so reden Sie konstruktiv und partnerschaftlich
- „Mensch, die ist ja irre!" Zum Umgang mit schwierigen Menschen

Projektingenieur Thomas Kleinschmidts berufliches Horrorszenario – Teil 4

Der Kunde holte sie mit fünf Mann direkt im Foyer ab, alle redeten in Englisch auf sie ein. Es ging allerdings nicht in einen Konferenzraum, sondern im Stechschritt direkt ins Werk. Thomas befürchtete das Schlimmste und taumelte neben Schneider und de Boer her. Seine Kollegen versuchten sich in Smalltalk, doch ihm ging es nur um die Probleme in der Produktion.

An der Maschine angekommen, war der Grund ihres Besuchs offensichtlich: Ein großer Haufen Ausschussteile zeigte die Schwachstelle der Fertigung. Der Kunde verlangte eine Erklärung, wie und wann das Problem gelöst werden würde und warum es trotz der detaillierten Spezifikationen überhaupt erst auftauchen konnte. Thomas verstand allerdings nur die Hälfte, weil er sein Englisch in der üblichen E-Mail-Kommunikation zwar im Griff hatte, doch in einem Gespräch nicht gut mithalten konnte. Er wäre am liebsten im Erdboden versunken.

Nun sprach Schneider ihn auch noch direkt an und versuchte alles auf ihn als Projektingenieur abzuwälzen. Doch da horchte der Anführer der Gruppe auf: „Herr Kleinschmidt, you are here?" und lächelte zum ersten Mal. „You will be able to solve the problem. We can show you the production process, perhaps you can see, where things go wrong." Er gab einem Mitarbeiter ein Zeichen, der die Maschine in Gang setzte, und führte ihn an die Steuerung. „You see, this is the stage, where the parts get deformed. What do you think, can you do about this?" Thomas schaute sich Anlage, Maschine und Steuerung an, stammelte erst ein bisschen herum und forderte dann Schneider auf, für ihn zu übersetzen.

Nach zwei Stunden hatte er verschiedene Einstellungen überprüft und einen noch größeren Haufen Ausschussteile produziert, was den Produktionsleiter aber nicht weiter zu stören schien. Thomas war in seinem Element, freute sich, sein Baby im Einsatz zu sehen, und wusste nun auch, welche Anpassungen an der Programmierung vorgenommen werden mussten und wie das finale Teil auszusehen hatte! Hochzufrieden schauten er und der Produktionsleiter sich an.

→ Lesen Sie unter dem Kapitel „Bleiben oder gehen: Beurteilungsgespräch effektiv nutzen", wie es bei Thomas Kleinschmidt weitergeht.

→ Was vorher geschah: Den Anfang der Geschichte von Thomas Kleinschmidt finden Sie im Kapitel „Familie Kleinschmidt stellt sich vor". ◄

Bleiben oder gehen: Beurteilungsgespräche effektiv nutzen

Gespräche zum Ende der Probezeit oder einer Befristung zählen zu den schwierigsten Mitarbeitergesprächen. Wie ein solches Gespräch abläuft, welche Inhalte im Vordergrund stehen und wie Sie sich darauf am besten vorbereiten, darum wird es im Folgenden gehen.

In der Regel werden Sie eine **Einladung** per Intranet, Brief oder in kleinen Unternehmen auch mündlich zum Gespräch am Ende der Probezeit oder Ihrer Befristung erhalten. Daraus sollte neben Datum, Uhrzeit und voraussichtlicher Dauer des Gesprächs auch hervorgehen, wer daran teilnehmen wird. Diese Information benötigen Sie, um sich besser auf das Gespräch vorbereiten zu können. Beurteilungsgespräche werden meist vom Vorgesetzten oder von der Personalleitung, in seltenen Fällen auch von beiden geführt. Hinzugezogen werden können je nach Position und Situation außerdem externe Berater oder ein Mitglied der Mitarbeiter- oder Personalvertretung.

Wenn ein **Grund für die Befristung** bestand (zum Beispiel die Beschäftigung im Rahmen einer Erziehungszeitvertretung, bei der Einführung neuer Prozesse oder Systeme oder infolge eines zeitlich begrenzten erhöhten Auftragsaufkommens), ist zunächst zu fragen, ob dieser Grund weggefallen ist. Ist dies der Fall, wird es sich vermutlich um ein Trennungsgespräch handeln.

Besteht jedoch nach Ablauf der Probezeit oder der Befristung weiterhin Bedarf an der Weiterbeschäftigung in der aktuellen oder auch an einer anderen Stelle im Unternehmen

– und vorausgesetzt, Sie sind daran interessiert –, so ist ein wesentlicher Punkt Ihrer Vorbereitung auf das Gespräch, die Entscheidung für Ihre Weiterbeschäftigung zu unterstützen. Je besser Sie sich vorbereiten, umso besser werden auch die Konditionen sein, zu denen Sie fortan arbeiten werden.

Vorbereitung auf Mitarbeitergespräche

- **Nur der Erfolg zählt:** Übernehmen Sie Verantwortung für Ihre Leistungen. Fragen Sie sich, ob Sie die Aufgaben in der vorgesehenen Zeit und nach den definierten Gütekriterien bewältigt haben. Am besten stellen Sie diese Frage nicht erst am Ende des Beurteilungszeitraums, sondern holen schon zwischendurch (ggf. in Eigeninitiative) Feedback ein.
- **Zahlen Sie den Preis für Ihren Erfolg:** Wenn es Ihnen an Fachkompetenz oder überfachlicher Qualifikation fehlt, um die Aufgaben zu bewältigen, dann sorgen Sie dafür, dass sich dies ändert – durch Weiterbildung (ggf. in Eigeninitiative) oder Mehrarbeit – und informieren Sie Ihre Vorgesetzten über Ihre Fortschritte.
- **Der Chef definiert, was ein Erfolg ist:** Das Unternehmen – meist in Gestalt Ihres Chefs – bestimmt, was eine gute Leistung ist. Sie sollten sich also darüber im Klaren sein, womit und auf welche Weise Sie Ihren Vorgesetzten beim Erreichen der Ziele unterstützen können. Dazu ist es hilfreich, einen guten Kontakt zu Ihrem Vorgesetzten aufzubauen, damit dieser Sie als Problemlöser/in schätzt.
- **Erfolg muss verkauft werden:** Arbeiten Sie den roten Faden Ihrer beruflichen Entwicklung während des Beurteilungszeitraums und Ihre – möglichst messbaren – Leistungen heraus. Analysieren Sie Ihr Fachwissen, Ihre Spezialkenntnisse, besonderen Erfahrungen und Ihre Stärken und stellen Sie deren Nutzen für Ihre Position und das Unternehmen heraus.

Ablauf eines Gesprächs zum Ende der Probezeit oder einer Befristung: Ihr Arbeitgeber wird das Gespräch mit positiven Aspekten beginnen. Dann werden Sie Gelegenheit haben, Ihre Einschätzung zum Verlauf der Probezeit bzw. des befristeten Arbeitsverhältnisses zu geben. Erst dann wird Ihr Gegenüber Ihnen ein Feedback geben. Schließlich haben Sie als Arbeitnehmer/in die Möglichkeit zur Stellungnahme zu diesem Feedback.

Sind Sie an einer Weiterbeschäftigung interessiert, sollten Sie möglichst sachlich anhand konkreter Beispiele und Ereignisse dafür argumentieren. Dazu können Sie vorherige Feedbackgespräche rekapitulieren und eine **Liste Ihrer Leistungen und Erfolge** während der Probezeit bzw. befristeten Anstellung anfertigen. Außerdem können Sie auf Kenntnisse, Erfahrungen und Fähigkeiten hinweisen, die für das Unternehmen von besonderem Nutzen sind (siehe zur vorausschauenden „Vorbereitung auf Mitarbeitergespräche" den Kasten).

Wenn Sie ausscheiden (wollen oder sollen), wird Ihr Arbeitgeber Sie möglicherweise um ein **offenes Feedback** zu Ihrer Zeit im Unternehmen bitten. Moderne Unternehmen möchten dieses Feedback zur zukünftigen Optimierung beispielsweise von Arbeitsabläufen, Kommunikationswegen oder Arbeitsbedingungen nutzen. Bereiten Sie sich ggf. darauf vor, konstruktive Kritik zu üben. Bei einem Ausscheiden werden dann oder auch in einem separaten Gespräch Einzelheiten zur Übergabe von Handy, Schlüssel, Betriebsausweis etc. und die Zeugnisausstellung geregelt.

Haben beide Seiten **Interesse an einer Weiterbeschäftigung,** ist gemeinsam zu überlegen, welche Aufgaben Sie problemlos bewältigen konnten und in welchen Bereichen Sie sich mehr Unterstützung wünschen bzw. Ihre Kenntnisse und Fähigkeiten weiterentwickeln möchten. Eventuell ist zu besprechen, ob ein Einsatz in einem anderen Aufgabenbereich besser ist, sofern hierzu Möglichkeiten vonseiten des Unternehmens gegeben sind. Dazu würden weitere Gespräche (zum Beispiel mit Leitungen anderer Abteilungen) oder Maßnahmen (wie Jobrotation, Projektarbeit oder Fortbildungen) vereinbart werden.

Unabhängig davon, ob es sich um ein Gespräch zur Weiterbeschäftigung oder um ein Trennungsgespräch handelt: Machen Sie sich danach einen schönen Abend! Belohnen Sie sich für die Vorbereitung und Ihren Einsatz.

Im Zusatzmaterial „Vorbereitung auf ein Beurteilungs- oder Jahresgespräch" finden Sie einen Fragebogen und ein Musterformular für Beurteilungs- und Jahresgespräche. Die Fragen und Beurteilungskriterien zur Fach-, Methoden-, Sozial- und Persönlichkeitskompetenz bieten eine gute Basis, sich mit den eigenen Leistungen und Fähigkeiten im vergangenen Beurteilungszeitraum auseinanderzusetzen und die künftige Entwicklung zu planen.

Verwandte Themen:

- Souverän auftreten und reden – von Großmäulern und Miesepetern
- Gehaltsverhandlung – über Geld sprechen lohnt sich!
- Lernen Sie Marsianisch – wie die Integration gelingt: zu Einarbeitung und Probezeit
- GFK Gewaltfreie Kommunikation – so reden Sie konstruktiv und partnerschaftlich
- „Mensch, die ist ja irre!" Zum Umgang mit schwierigen Menschen

Projektingenieur Thomas Kleinschmidts berufliches Horrorszenario – Teil 5

Gleich würde Monika ihn abholen. Sie würden erst in ihrem Stammlokal einen Aperitif nehmen und danach direkt auf die Geburtstagsfeier seines Schwiegervaters wechseln. Dort könnte er allen Fragen ausweichen und in der großen Gesellschaft abtauchen – auch wenn ihm jetzt mehr nach einem Essen zu zweit mit Monika war.

Als er ins Büro vom Director gebeten wurde, war de Boer schon da. Thomas war gespannt, wie er die Ereignisse darstellen würde. Der Assistent lobte die Teamarbeit mit

Schneider, pries seine Spezialkenntnisse im Umgang mit der Maschine und zeigte sich beeindruckt von dem guten Draht, den Thomas zum Kunden hatte. Thomas hatte als Ergebnis des Treffens noch morgens im Hotel einen ersten Entwurf zur Anpassung der Steuerung erarbeitet und das letzte Teil im Ansatz ausgelegt. Er hatte sich auch überlegt, wie er die Projekte in Zukunft mit dem neuen System realisieren konnte. Die Aufnahme von ein paar Komponenten würde nötig sein, aber dann müsste es doch gehen.

Der Director zeigte sich erleichtert, dass nun das Eis gebrochen war und Thomas' Integration in die neue Organisation möglich schien. Er bat ihn, seinem direkten Vorgesetzten bis nächste Woche mitzuteilen, ob er als Projektleiter und Kundenbetreuer tätig werden wollte, vorausgesetzt, er würde sich mit der Führung von Projektteams auseinandersetzen und sein Englisch verbessern. Davor hatte er sich bislang drücken können, aber nun war das eine Kröte, die er gern schluckte! Er freute sich auf morgen Nachmittag, wenn die Familienfeier vorbei war, die Übernachtungsgäste abgereist und er Monika bei einem Spaziergang alles in Ruhe erzählen konnte.

→ Sehen Sie im Kapitel „Beispielbewerbungen" die Bewerbungsunterlagen von Projektingenieur Thomas Kleinschmidt.

→ Was vorher geschah: Den Anfang der Geschichte von Thomas Kleinschmidt finden Sie im Kapitel „Familie Kleinschmidt stellt sich vor". ◄

Ran an die Macht: wichtigste Verhaltensregel in der Hierarchie

Werden Ihre Beiträge in Meetings und Besprechungen nicht gehört oder werden sie später von einem Kollegen aufgegriffen, der damit Erfolg einheimst? Dann versuchen Sie einmal Folgendes:

Richten Sie Ihre Redebeiträge an die Person im Raum, die in der Rangordnung am höchsten steht. Das ist normalerweise, muss aber nicht immer die Chefin sein. Einen informellen Führer erkennen Sie daran, dass er die meisten Blicke auf sich zieht und alle zuhören, wenn er etwas sagt. Haben Sie erst einmal die Aufmerksamkeit der Person, die in der Hierarchie oben steht, dann hören auch Ihnen alle anderen zu. Vorher lohnt sich das Sprechen einfach nicht, insbesondere dann nicht, wenn Sie etwas Wichtiges zu sagen haben. Probieren Sie es aus, es klappt immer!

Als Übungsfeld eignen sich private Gruppen, in denen Sie daran feilen können, wie Sie am besten – durch Blickkontakt, Körpersprache, Stimmlage etc. – die Aufmerksamkeit einer Führungsperson erlangen. Sie werden feststellen, dass es überall (inoffizielle) Führer und Chefinnen gibt.

Vor einiger Zeit habe ich diese und weitere Anregungen in dem unterhaltsamen Buch *Spiele mit der Macht. Wie Frauen sich durchsetzen* von Marion Knaths gelesen. Die Autorin, Unternehmensberaterin mit Schwerpunkt Coaching für weibliche Führungskräfte, gibt ihren Leserinnen Tipps, wie sie sich in einer hierarchisch organisierten

Umgebung durchsetzen. Daraus habe ich die aus meiner Sicht wichtigste Verhaltensregel herausgegriffen: „Immer an die Eins".

Die Anerkennung der Rangordnung kann ich allerdings allen empfehlen, die mit ihren Ideen und Anliegen wahrgenommen werden wollen. Sie ist aus meiner Sicht gleichermaßen wichtig für weibliche wie männliche Fach- und Führungskräfte, die sich behaupten wollen. Und diese Regel gilt nicht nur in Unternehmen, sondern nahezu in allen Situationen, in denen Menschen sich zu sozialen Gruppen zusammenschließen.

Knaths geht davon aus, dass Männer sich automatisch und überall hierarchisch organisieren und damit intuitiv die wichtigste Person ansprechen. Das ist vermutlich richtig, doch habe ich in meiner Beratung ebenfalls viele Männer erlebt, die es schwierig finden oder ablehnen, sich einer Hierarchie zu unterwerfen. Ich sehe es jedoch als sehr hilfreich an, sich über die Mechanismen von Gruppenprozessen im Klaren zu sein. Denn das bedeutet ja: Einerseits kann ich das Wissen nutzen, um mich besser durchzusetzen, aber andererseits wird mir auch schneller bewusst, wenn jemand von der Gruppe ausgegrenzt wird. Es ist dann meine Entscheidung, nachzutreten oder mich eher in Wertschätzung zu üben. Wie das geht, gehört werden, ohne andere zu dominieren, dazu das folgende Kapitel zur Gewaltfreien Kommunikation.

Doch noch einmal zurück zu Redebeiträgen in Meetings: Wollen Sie nur eine Idee durchbringen, aber Ihre eigenen Ressourcen schonen, dann setzen Sie diese doch einfach einem machthungrigen Sitznachbarn als Floh ins Ohr: Er wird sie zuverlässig als seine eigene ausgeben und für Sie durchsetzen!

Verwandte Themen:

- Souverän auftreten und reden – von Großmäulern und Miesepetern
- Die Vorbereitung auf ein Assessmentcenter – kann auch Spaß machen
- Lernen Sie Marsianisch – wie die Integration gelingt: zu Einarbeitung und Probezeit
- GFK Gewaltfreie Kommunikation – so reden Sie konstruktiv und partnerschaftlich
- „Mensch, die ist ja irre!" Zum Umgang mit schwierigen Menschen

Personalleiterin Katharina Ast-Maibauers Arbeitsjournal – Teil 4

31.01.
Themen des Monats: Mentorinnen-Workshop mit Assessmentcenter-Training; meine Bewerbung auf eine Position als Geschäftsführerin Personal

Das Assessmentcenter-Training im Mentorinnen-Programm stand dieses Jahr unter dem Motto „Heckenrose". Die Idee dazu kam mir beim Lesen von Onkel Herberts Tagebuch von Mai 1945. Er hat im Verlauf seiner Flucht von Italien nach Deutschland eine maßlose Angst vor Heckenrosen entwickelt. Sie waren im Veneto das ideale Versteck für Partisanen. Diese zartrosa Schönheit, hinter der sich eine tödliche Gefahr verbarg. So mussten meine Mentees gestern einen Kurzvortrag über die

Vor- und Nachteile einer Heckenrosenhecke auf einem Betriebsgelände halten, in der Diskussionsrunde sollten sie das Thema mit verteilten Rollen ausloten, und bei der Konstruktionsübung waren in einer vorgegebenen Zeit möglichst viele Heckenrosenblüten unter sparsamem Einsatz des Materials herzustellen. Die ganze Zeit war ich gedanklich immer wieder bei Herberts Erlebnissen in Oberitalien, als der Krieg vorbei war und er sich zu Fuß in die Heimat aufmachte.

Meine Teilnehmerinnen hatten selbst Heckenrosenqualität: Sie sahen eine schöner als die andere aus, umarmten sich und standen einträchtig beieinander. Die Argumente der Mitspielerinnen wurden lächelnd demontiert, jede rückte sich – nicht ohne die Vorzüge der Nachbarinnen anzuerkennen – selbst ins beste Licht und in der Gruppenübung traten die ressourcenstärksten klar hervor. Diese Blüten prunkten an dornenbewehrten Zweigen. In einer gemischten Runde wäre das Motto anders umgesetzt worden.

Die Entscheidung ist gefallen: Ich möchte nächstes Jahr eine Position als Geschäftsführerin Personal bekleiden. Weder Blüte noch Dornen nützen, wenn der Standort nicht stimmt. Jede Rose kümmert dann dahin, auch wenn sie noch so widerstandskräftig ist.

→ Lesen Sie unter dem Kapitel „GFK Gewaltfreie Kommunikation – so reden Sie konstruktiv und partnerschaftlich", wie es bei Katharina Ast-Maibauer weitergeht.

→ Was vorher geschah: Den Anfang der Geschichte von Katharina Ast-Maibauer finden Sie im Kapitel „Familie Kleinschmidt stellt sich vor". ◄

GFK Gewaltfreie Kommunikation – so reden Sie konstruktiv und partnerschaftlich

Eines Vormittags im Büro: Hat die neue Kollegin nichts Besseres zu tun, als ihre Zeit in der Teeküche zu verplempern? Und Schröder scharwenzelt dauernd um sie rum! Überhaupt scheine ich heute der Einzige zu sein, der nicht dauernd seinen Arbeitsplatz verlässt. – Kennen Sie das? In Gedanken über andere herziehen, ihnen etwas unterstellen und sich selbst als einzigen Aufrichtigen zu glorifizieren. Oder Sie beschweren sich abends bei Ihrer Partnerin über den unsicheren Kollegen Meier, der im Meeting nicht auf den Punkt kommen kann. Doch gleichzeitig beschleicht Sie das unangenehme Gefühl, dass Sie Meier zwar die Richtung vorgeben konnten, Sie aber überhaupt nicht mitbekommen haben, was der eigentlich zu sagen hatte.

Solche Kontaktstörungen kommen häufig wie ein Bumerang zu Ihnen zurück: Sie lesen Ihre E-Mails – und stellen fest, dass Sie den Einstand der Neuen verpasst haben. Alle anderen haben sich bei Schnittchen vergnügt, nur Sie nicht! Seltsam auch, dass der Kollege Meier die Treffen mit Ihnen auf ein Minimum zu reduzieren versucht, aber Ihre Chefin von seinen Beiträgen angetan ist. Irgendwie läuft das Ganze zunehmend aus dem Ruder.

Hätten Sie das Konzept der Gewaltfreien Kommunikation (GFK) gekannt, wäre es in beiden Situationen gar nicht so weit gekommen!

Marshall Rosenberg, der die GFK entwickelt hat, beschreibt sie als eine „Sprache des Lebens", die den empathischen Kontakt zu anderen ins Zentrum der Kommunikation stellt. Zugegeben, das Erlernen der Gewaltfreien Kommunikation ist ein ziemlich anspruchsvolles Unterfangen. Oft greifen wir auf weniger hilfreiche Kommunikationsmuster zurück und versehen unsere alltäglichen Gedanken und Äußerungen – meist ohne es zu wissen – bereits mit moralischen Urteilen („faule Neue", „Schürzenjäger Schröder", „Heulsuse Meier"), Forderungen („Die hätten doch mal was sagen können!", „Komm endlich auf den Punkt!") oder Vergleichen („Wollten die mich nicht dabeihaben?"). Zugleich erkennen wir diese nicht als unseren Anteil an der nicht funktionierenden Kommunikation.

Die Gewaltfreie Kommunikation wird in folgende vier Schritte unterteilt, deren Umsetzung in der ersten Situation (Einstand der neuen Kollegin in der Teeküche) folgende Wirkung hat:

(1) **Trennung von Beobachtung und Bewertung:** Etwas zu beobachten, ohne es zu bewerten, ist der erste Schritt im Prozess der Gewaltfreien Kommunikation. In diesem Fall wäre Ihnen aufgefallen, dass Sie die neue Kollegin heute Vormittag mehrmals in der Teeküche gesehen haben, Ihr Schreibtischnachbar Schröder später ebenfalls dort war und die Abteilung insgesamt weniger besetzt war als sonst.

(2) **Wahrnehmen von Gefühlen:** Die sofortige Bewertung einer Situation dient dem Selbstschutz. Wir müssen uns dann nicht mit unseren Gefühlen auseinandersetzen. Hätten Sie Ihr Gefühl wahrgenommen, wäre Ihnen möglicherweise bewusst geworden, dass es Sie irritiert oder ärgert, die anderen zusammenstehen zu sehen, während Sie arbeiten.

(3) **Bedürfnisse erkennen und akzeptieren:** Dann stellt sich die Frage, warum entsteht dieses Gefühl? Wünschen Sie sich einen besseren Kontakt zu den Kollegen und Kolleginnen und wären daher gern mit dabei gewesen? Haben Sie zurzeit so viel zu tun, dass Ihnen eine stärkere Besetzung der Abteilung wichtig gewesen wäre? Erst das Erkennen und die Akzeptanz der Bedürfnisse ermöglicht eine Kommunikation, mit der wir einen echten Kontakt zu uns selbst und anderen herstellen können und eine Lösung für alle Seiten gefunden werden kann.

(4) **Bitten bewusst formulieren:** Dann wäre es möglich gewesen, die Kollegin und Schröder anzusprechen: „Mensch, es irritiert mich, euch hier stehen zu sehen. Ich würde gern einen Kaffee mit euch zusammen trinken. Passt das?" Oder: „Wisst ihr, ich ärgere mich darüber, euch hier stehen zu sehen. Ich habe mit der Erstellung der Angebote so viel zu tun und bin nun schon zehnmal ans Telefon gegangen, weil in der Abteilung nur drei Leute sind. Könnt ihr mich unterstützen?"

Fällt Ihnen der Unterschied zur üblichen Kommunikation auf? Es gibt keine Schuldzuweisungen, keine Forderungen. Stattdessen werden Gefühle und Bedürfnisse klar ausgedrückt und eine offene Bitte geäußert. Die Gewaltfreie Kommunikation hilft Ihnen, eine Situation partnerschaftlich zu klären. Vermutlich bekommen Sie, was Sie brauchen (mehr Kontakt), oder Ihr Bedürfnis verändert sich (Zurückstellen der Arbeit zugunsten des Einstands der Kollegin).

In der Situation mit dem Kollegen Meier können die genannten fünf Schritte wie folgt wirken:

(1) **Beobachtung:** Kollege Meier druckst herum, wirkt unsicher und ängstlich, kommt nicht zur Sache.

(2) **Gefühle wahrnehmen:** Ärger kommt in Ihnen auf, denn das Meeting sollte nur kurz dauern. Sie öffnen sich aber für Ihren Kollegen und nehmen auch seine Gefühle wahr.

(3) **Bedürfnis erkennen:** Sie sagen, dass das Meeting auf eine halbe Stunde angesetzt ist und Sie daher gern schnell auf den Punkt kommen möchten, Ihnen aber gleichzeitig auffällt, dass es ihm schwerfällt, seinen Beitrag darzustellen.

(4) **Bitte äußern:** Sie bitten Herrn Meier darum, Ihnen mitzuteilen, aus welchem Grund diese Schwierigkeiten bestehen.

Die Antwort kann verblüffend sein: von Konzentrationsproblemen aufgrund durchwachter Nächte, weil das Baby dauernd schreit, über mangelnde Vorbereitung durch Zeitnot wegen anderer Projekte bis zu übertriebenem Respekt vor Ihrer Kompetenz und Zielstrebigkeit. Auf jeden Fall wird es Ihnen durch das echte Interesse an der Person Ihres Kollegen im weiteren Gespräch eher gelingen, diesen für eine Zusammenarbeit mit Ihnen zu begeistern – und das erstaunlicherweise meist auch in der geplanten Zeit. In der Regel reicht ein erster Impuls, um einen tragfähigen Kontakt herzustellen; manchmal sind aber auch mehrere Versuche im Gespräch nötig, um eine vielleicht seit Längerem bestehende Kontaktstörung aufzubrechen oder das eigene Kontaktverhalten zu verbessern.

Mit etwas Übung – und oft auch nach einigen Rückfällen – gelingt es, das zunächst etwas hölzern wirkende Konzept der GFK in Alltagssituationen zu überführen. Wesentlich ist die Bereitschaft, durch (Selbst-)Empathie die Situation zu klären und Möglichkeiten zu finden, die Bedürfnisse auf allen Seiten zu erfüllen. Es wird Ihnen dann auffallen, um wie viel friedlicher viele Gespräche ablaufen, wenn die Beteiligten anders kommunizieren. Und Sie können mit der GFK in Ihrer direkten Umgebung zu einem partnerschaftlichen Miteinander beitragen.

Die Gewaltfreie Kommunikation – oder Wertschätzende Kommunikation, wie sie in Deutschland auch genannt wird – wurde von dem Konfliktmediator Marshall B. Rosenberg (06.10.1934–07.02.2015) in den USA entwickelt. An einfachen Beispielen wurde hier beschrieben, wie der Kommunikationsprozess nach der GFK funktioniert.

Weiterlesen: *Gewaltfreie Kommunikation. Eine Sprache des Lebens* von Marshall B. Rosenberg, erschienen in der 11. Auflage 2013 bei Junfermann. Wikipedia bietet einen guten ersten Überblick über die GFK und Rosenberg.

Verwandte Themen:

- Souverän auftreten und reden – von Großmäulern und Miesepetern
- Lernen Sie Marsianisch – wie die Integration gelingt: zu Einarbeitung und Probezeit
- Ran an die Macht: wichtigste Verhaltensregel in der Hierarchie
- „Mensch, die ist ja irre!" Zum Umgang mit schwierigen Menschen

Personalleiterin Katharina Ast-Maibauers Arbeitsjournal – Teil 5

28.02.

Themen des Monats: Umbruch und Aufbruch in der Familie

Gestern war Papas Geburtstag – eine willkommene Gelegenheit, mich mit allen upzudaten (außer mit Andreas, der wie immer einem Gespräch ausweicht). Alle anderen scheinen aber guter Dinge zu sein. Besonders bei Papa freut mich das. Er hat so lange um Mama getrauert. Nun wird er wieder in seinem alten Beruf arbeiten. Das war sein bestes Geburtstagsgeschenk und eine echte Überraschung für uns alle, als er uns in seinen Grußworten eröffnete, ab März wieder arbeiten zu gehen, zwar nur bei Überhängen, aber so wie ich ihn kenne, wird daraus bestimmt schnell mehr. Hoffentlich übernimmt er sich nicht. Er und Thomas haben eine Fitnessgruppe gegründet, damit Papa die körperliche Arbeit durchhält, und Thomas will Gewicht verlieren, um vor seinen smarten Kollegen besser dazustehen.

Monika hat die Stelle als Leiterin bekommen und fängt im Juni dort an. Das wird ihr guttun. So kann sie ihre Stärken beruflich ausleben. Und sich um Sophie und Lukas weniger Gedanken machen. Die beiden kommen gut klar. Auch wenn es bei Lukas im ersten Anlauf nicht klappen sollte, wird er schon was finden. Sophie geht ohnehin ihren Weg. Es würde mich freuen, mit ihr zusammenzuarbeiten. Leider möchte sie ja in die Verwaltung und nicht ins Personalwesen. Und auch bei Thomas ist der Knoten geplatzt. Sie haben ihm intern eine neue Stelle angeboten, für die er sich weiterentwickeln muss, aber jetzt hat er wieder eine Perspektive. Es freut mich besonders, dass er mein Angebot angenommen hat, an seiner Kommunikation zu feilen. Er muss ja kein Meister in GFK werden, aber die Grundlagen der professionellen Kommunikation möchte er nun doch beherrschen. Auch hier, weil er nicht von seinen jüngeren Kollegen abgehängt werden will und weil er sieht, wie glatt die im Gespräch alle Hürden nehmen. In Kombination mit seinem Können wird ihn das richtig nach vorne bringen.

Und auch bei mir tut sich etwas. Ich werde mich nächste Woche mit dem Personalvermittler treffen und wenn es gut läuft, werde ich noch im März vom Vorstand eingeladen.

Nur Andreas ist anscheinend immun gegen jede Veränderung, zumindest vermeidet er jedes Gespräch über seine berufliche Zukunft. Aber vielleicht ist das ja sein Weg. Er wollte eigentlich immer schon in Ruhe gelassen werden und sich nur mit seinen Artefakten beschäftigen. Heute Abend fliegt er zurück nach Montpellier. Es wäre ihm zu wünschen, dass er bald einen neuen Auftrag bekommt, wenngleich das aktuell recht schwierig sein wird. Aber vielleicht überrascht er uns ja alle, wie damals, als er Grabungstechniker geworden ist.

→ Sehen Sie im Kapitel „Beispielbewerbungen" die Bewerbungsunterlagen von Personalleiterin Katharina Ast-Maibauer.

→ Was vorher geschah: Den Anfang der Geschichte von Katharina Ast-Maibauer finden Sie im Kapitel „Familie Kleinschmidt stellt sich vor". ◄

„Mensch, die ist ja irre!" Zum Umgang mit schwierigen Menschen

Ein neuer Kollege kommt ins Team und das gute Arbeitsklima scheint passé. Zunächst bestand Hoffnung, dass er sich einarbeitet, sich im Verlauf der Probezeit in Aufgaben und Kollegenkreis einfindet. Aber bald zeichnete sich ab: Der bleibt so – so cholerisch, narzisstisch oder paranoid. Was ist zu tun? Dieses Kapitel befasst sich mit dem Umgang mit schwierigen Menschen im beruflichen Kontext.

Bevor Sie Ihren Kollegen als Choleriker, Narzissten oder Paranoiker pathologisieren, mit dem sich aufgrund seiner Persönlichkeit gar nicht auskommen lassen kann, wäre zu fragen, ob es nicht eine naheliegende Erklärung für sein befremdliches Verhalten gibt.

Ein **Beispiel aus der Praxis:** Die neue Mitarbeiterin war vorher kaufmännische Leiterin in einem großen hierarchisch organisierten Unternehmen, ausgestattet mit umfangreicher Weisungs- und Entscheidungsbefugnis sowie eigener Sekretärin; sie hat daher keine Erfahrung im Kundenkontakt und ist nahezu unwissend, was den Einsatz von EDV angeht. In dem kleineren Beratungsunternehmen, in dem sie nun als Senior Consultant tätig ist, erfolgt die Kundenberatung nach einem festgelegten Prozess und die Teamassistenz übernimmt eigene Aufgaben, aber keine Schreibaufträge für die Berater/innen. Es liegt mithin ein Rollenkonflikt vor, dem die neue Kollegin durch Aktionismus begegnet: Sie schickt nicht abgestimmte Angebote raus, produziert eine Idee nach der anderen, welche Leistungen in Zukunft das Portfolio ergänzen könnten, und stiehlt den anderen die Zeit, die ihre Schlechtleistungen ausgleichen und ihr prahlerisches Gerede ertragen müssen. Also eine klassische Narzisstin, meinen Sie nicht auch?

Wenn Sie sich nun überlegen, wie Sie eine derart anstrengende Kollegin möglichst schnell wieder loswerden können oder ob sogar Sie den Job wechseln sollten, laufen bereits zwei Dinge schief: Einarbeitung und Führung. Das Unternehmen wählt einen Mitarbeiter aufgrund seiner (potenziellen) Eignung für die Stelle aus. Daher liegt es auch in der Verantwortung der Organisation und damit der Leitungskräfte, für dessen Einarbeitung und Integration ins Unternehmen zu sorgen. Selbstverständlich muss der neue Kollege daran mitwirken und selbstverständlich ist er vom Team zu unterstützen; doch wenn eklatante Missstände zutage treten, wie ein Rollenkonflikt wie im Beispiel oben oder ein Mangel an elementaren Kenntnissen, sollte dies nicht vom Team aufgefangen werden müssen. Darunter leiden die Arbeitsproduktivität und das

Arbeitsklima, und wenn die Situation zu lange andauert, besteht die Gefahr, dass Fachkräfte abwandern.

Entlastend ist es, wenn Sie zunächst **Verantwortlichkeiten erkennen** und sich auf die eigene Funktion besinnen. Als Teammitglied können Sie Ihre Aufgaben prioritär bearbeiten, der neuen Kollegin zwar punktuell helfen, die Einarbeitung aber ansonsten ihr und den dafür zuständigen Personen überlassen. Sind Sie mit der Einarbeitung betraut, müsste geklärt werden, welche Aufgaben Sie in dieser Zeit abgeben können. Als vorgesetzte Führungskraft obliegt es Ihnen, die neue Mitarbeiterin an die Aufgaben heranzuführen, sie zu beurteilen und die nötigen Maßnahmen zur Anpassung der fachlichen und der kommunikativen Kompetenz einzuleiten, damit sie die Stelle auszufüllen lernt.

Doch was ist, wenn trotz durchdachter Einarbeitung, eines wohlwollenden Teams, guter Führung und klarer Verantwortlichkeiten die Neue widerspenstig bleibt? Wenn sie zwar die Probezeit überstanden hat, sich aber dauerhaft als Nervensäge herausstellt? Dann haben Sie es möglicherweise mit einem in seiner Persönlichkeit beeinträchtigten Menschen zu tun. Dieser Mensch kann sich auch mit gutem Willen nicht grundlegend ändern. Aber Sie können sich einen konstruktiven Umgang mit solchen schwierigen Menschen angewöhnen.

Die grundlegende **Regel im Miteinander zur Lösung von Differenzen** – Wertschätzung der Person, Kritik an der Sache – ist auch hier hilfreich, aber bei schwierigen Menschen nicht immer ausreichend, da es ja ganz häufig nicht deren Fachkompetenz, sondern das Auftreten ist, was die Probleme verursacht. Tatsächlich ist es nötig, sich mit der Persönlichkeitsstruktur der jeweiligen Person auseinanderzusetzen und sich mehr als sonst vom Gegenüber abzugrenzen. Die stark ausgeprägten Verhaltensweisen bei Menschen mit einer schwierigen Persönlichkeit ziehen ebenso starke Reaktionen an, womit leicht ein destruktives Verhaltensmuster begründet wird. Aus dem Familien- und Freundeskreis ist dies bekannt: Eine überängstliche Mutter produziert eine unselbstständige (oder besonders rebellische) Tochter, der ewig leidende Freund hat eine aufopfernde, alles entschuldigende Helferin an seiner Seite.

Was ist eine schwierige Persönlichkeit?

Wir alle verhalten uns in anspruchsvollen Situationen auf eine für uns typische Art und Weise, sind also auch hier mit bestimmten für uns charakteristischen Persönlichkeitsmerkmalen ausgestattet. Während wir diese etwa als Vorsicht, Unerschrockenheit oder Hilfsbereitschaft deuten, sieht unser Gegenüber Misstrauen, Angeberei oder Unterwürfigkeit. Sobald sich die Situation normalisiert, pendelt sich unser Verhalten wieder in den Normalbereich ein und auch unsere Umgebung hat wieder einen eher vorsichtigen, unerschrockenen oder hilfsbereiten Menschen vor sich.

Bei Menschen mit einer schwierigen Persönlichkeit ist dies anders: Sie reagieren immer extrem, sind je nach Persönlichkeitsstruktur mehr oder weniger kontinuierlich übertrieben mitteilsam, kühl, jähzornig oder betrübt. Nun haben sich diese Menschen ihre

Persönlichkeit nicht ausgesucht und können diese, auch wenn sie deren schwierige Anteile erkennen, nicht einfach ablegen, um besser mit ihrer Umgebung zurechtzukommen. Wenn sie dies könnten, würden wir sie nicht als schwierige Menschen wahrnehmen. Auch wir können die Persönlichkeit anderer Menschen nicht ändern, aber wir können unsere Reaktion darauf und unser eigenes Verhalten beeinflussen. Damit gelingt es in der Regel ganz gut, das berufliche Miteinander zwar nicht perfekt, aber konstruktiver zu gestalten.

Das soll an zwei im beruflichen Kontext verbreiteten Persönlichkeiten dargestellt werden: den passiv-aggressiven Persönlichkeiten und den Verhaltensweisen vom Typus A (als Typ-A-Persönlichkeiten bezeichnet die Psychologie seit den 50er Jahren Menschen mit unter anderem starkem Konkurrenzverhalten). Diese Persönlichkeiten sind durch Merkmale charakterisiert, die von den Anforderungen und Strukturen einer komplexen und fremdbestimmten Arbeitswelt befördert werden und sich daher, wenn auch meist in weniger ausgeprägter Form, bei vielen unserer Kolleginnen und Mitarbeitern oder in uns selbst finden. (Diese und die folgenden Ausführungen nach: François Lelord/Christophe André. Der ganz normale Wahnsinn: vom Umgang mit schwierigen Menschen. Aus dem Franz. von Ralf Pannowitsch. Leipzig: Kiepenheuer 1998, © Aufbau Verlage GmbH & Co. KG, Berlin 1998, 2008).

Persönlichkeitsmerkmale von Menschen mit Verhaltensweisen vom Typus A (Kämpfer und Choleriker)

- enormer Arbeitseinsatz und große Leistungsbereitschaft
- ehrgeizig, kämpferisch und konfliktbereit
- energiegeladen und energisch
- hat keine Zeit; isst schnell, geht schnell, denkt schnell; kann nicht warten

Ein Kollege, Mitarbeiter oder Chef vom Typus A ist enorm produktiv, aber er will auch immer gewinnen. Er befindet sich ständig im Wettbewerb, misst sich gern mit sich selbst und mit anderen, um diese zu übertreffen, und sieht in jeder Situation die Chance, sich zu beweisen. Er nötigt dem Team sein Tempo auf, mit seinem Leistungsanspruch überfordert und entmutigt er leicht andere Menschen. Laufen die Dinge anders, als er sie sich vorstellt, wird er oft aufbrausend und ungerecht, wobei dies im beruflichen Kontext vielfach auch nur nach innen gelebt wird. Er droht auszubrennen, gesundheitliche und psychische Beschwerden häufen sich, die Karriere knickt ein.

Im Umgang mit Menschen mit Verhaltensweisen vom Typus A haben sich folgende Strategien bewährt:

- **Zuverlässigkeit und Pünktlichkeit**
  Da ein Mensch vom Typus A zugesagte Leistungen erwartet und Zeitvergeudung verabscheut, halten Sie ihn bei Laune, wenn Sie Vereinbarungen und Absprachen exakt einhalten.

- **Bestimmtes Auftreten**

  Um nicht von einem Menschen vom Typus A dominiert zu werden oder sich zu einem Wettstreit verleiten zu lassen, sollten Sie nur Zusagen machen, die Sie auch wirklich einhalten können. Schauen Sie ihm in die Augen, sprechen Sie deutlich und verhandeln Sie so lange, bis Sie sich auf ein zu bewältigendes Arbeitspensum und eine realistische Abgabefrist geeinigt haben. Aber führen Sie dieses Gespräch nach Möglichkeit nicht, wenn er gerade heiß gelaufen ist.

- **Helfen Sie ihm beim Relativieren und Entspannen**

  Menschen vom Typus A tendieren dazu, alles sofort erledigen zu wollen und sich damit zu viel aufzuhalsen. Unterstützen Sie ihn dabei zu erkennen, dass nicht alles gleichermaßen wichtig ist und wie schön es sein kann, gemeinsam in der Sonne zu sitzen und ins Grüne zu schauen (er kann ja anfangs eine Fachzeitung mitnehmen). Insbesondere wenn er einer Ihrer Mitarbeiter ist, versuchen Sie ihn sich zu erhalten, indem Sie ihm Entspannungs-, Kommunikations- und Gesundheitstrainings nahelegen.

- **Setzen Sie Grenzen**

  Gegen einen Menschen mit Verhaltensweisen vom Typus A zu gewinnen ist fast unmöglich. Er wird immer länger und härter arbeiten, als Sie selbst es können oder wollen. Legen Sie also für sich fest, was Ihre Ziele sind und was für Sie als Erfolg gelten kann; und teilen Sie ihm dies mit. Wenn ein Gespräch aus dem Ruder läuft und er Sie verbal angreift, beziehen Sie es nicht auf sich – sein Zorn verraucht so schnell, wie er gekommen ist –, aber machen Sie deutlich, dass Sie ein angemesseneres Verhalten und eine sachliche Auseinandersetzung erwarten.

Merkmale von passiv-aggressiven Persönlichkeiten (Scheinfromme und Nörgler)

- diskutiert ständig und ausdauernd Anweisungen
- kritisiert Kollegen, Vorgesetzte und Mitarbeiter (gern im Flurfunk)
- arbeitet (absichtlich) ineffizient, trödelt herum, vergisst Dinge

Menschen mit einer passiv-aggressiven Persönlichkeit mögen sich nicht unterordnen, ihnen sind autoritäre Strukturen zuwider. Sie verstehen auch gerechtfertigte Forderungen anderer als Befehle und opponieren – im beruflichen Umfeld meist indirekt – dagegen. Sie kommen mit einer Ausrede zu spät oder gar nicht zum Meeting, reagieren auch auf sachliche Kritik eingeschnappt oder mit provozierend anarchischem Verhalten. Mit ihrer Besserwisserei und Nörgelei rauben sie Vorgesetzten den Nerv und vergiften das Arbeitsklima im Team.

Im Umgang mit passiv-aggressiven Persönlichkeiten sind besonders solche Verhaltensweisen von Vorteil, die im modernen Management und bei flachen Hierarchien ohnehin favorisiert werden:

- **Freundlichkeit**

  Verständnisvoll und freundlich zu sein, scheint im beruflichen Alltag, vor allem in Zeiten mit turbulentem Geschäftsbetrieb, nicht immer möglich. Doch während harte Worte von anderen Menschen leichter verziehen werden, reagieren passiv-aggressive Persönlichkeiten verschnupft und verweigern die Zusammenarbeit auf unbestimmte Zeit. Also machen Sie sich besser die Mühe – eine kooperativere Haltung Ihrer Kollegin oder Ihres Mitarbeiters dankt es Ihnen.

- **Einbezug in Prozesse und Inhalte**

  Die Mitbestimmung der Prozesse und Inhalte der Arbeit wird von den meisten Menschen begrüßt. Umso mehr gilt dies für passiv-aggressive Persönlichkeiten. Je eigenverantwortlicher diese tätig sein können, desto besser werden sie sich einbringen. Stimmen Sie daher nur das Nötigste ab und überlassen Sie die Ausführung weitestgehend Ihrem Mitarbeiter oder der Kollegin.

- **Ermunterung zu Offenheit**

  Passiv-aggressive Persönlichkeiten agieren verdeckt. Missfallen wird nicht direkt geäußert, sondern zum Beispiel durch besonders langsames oder demonstrativ lautes Ausführen von Tätigkeiten. Ignorieren Sie dieses von Ihnen möglicherweise als unreif wahrgenommene Verhalten nicht, sondern nehmen Sie den Menschen ernst und unterstützen Sie ihn dabei, sich auszusprechen: „Ich merke, dass Sie unzufrieden sind. Doch nur wenn wir offen miteinander reden, kann ich verstehen, was Sie stört, und habe die Möglichkeit, die Situation zu verbessern." Das kann langfristig dazu führen, dass sich Ihr Gegenüber schneller und offener mitteilt.

- **Erinnerung an Regeln**

  Zwar sind heute die Mitwirkung der Beschäftigten, eine offene Kommunikation und ein freundlicher Umgang Standard. Doch kann schon eine geringfügige Hierarchiebeziehung, wie sie im beruflichen Kontext nicht zu vermeiden ist, das passiv-aggressive Verhalten hervorrufen. Dann ist es nötig, den Kollegen oder die Mitarbeiterin an die Regeln zu erinnern, also an Aufgabenverteilung und Weisungsbefugnis. Hilfreich ist hierbei, zu verdeutlichen, dass diese Regeln nichts mit ihm oder ihr als Mensch zu tun haben, der durchaus anderer Meinung sein könne, dass die festgelegte Unternehmensorganisation allerdings das Einhalten der Regeln von ihnen beiden erfordere.

Wie ich zeigen wollte, eignen sich standardisierte Kommunikationsempfehlungen nicht gleichermaßen für alle Menschen, insbesondere nicht für Menschen mit einer schwierigen Persönlichkeit. Es lohnt sich also, herauszufinden, wie Ihr „nerviger" Kollege, Mitarbeiter oder Chef tickt, und ihm dann angemessen zu begegnen. Das wird nicht in jeder Situation klappen, doch mit der Zeit können Sie die Zusammenarbeit durch Ihr Verhalten deutlich verbessern.

Wenn Sie mehr zu diesem spannenden Thema erfahren wollen, kann ich zwei Bücher empfehlen:

- Lelord, Francois/André, Christoph (2017): *Der ganz normale Wahnsinn. Vom Umgang mit schwierigen Menschen.* 17. Aufl., Aufbau Verlag, Berlin [fundierte Auseinandersetzung mit Persönlichkeit, Charakter, erworbenen und angeborenen Störungen mit anschaulichen Erläuterungen, vielen Beispielen; humorvoll und differenziert]
- Summhammer, Evelyn (2016): *Nörgler Besserwisser Querulanten. Wie Sie schwierige Menschen zielsicher steuern.* Goldegg Verlag, Berlin [eingängige, aber etwas schematische Darstellung von Persönlichkeitstypen und dem konstruktiven Umgang mit ihnen; für eilige Leser]

Sollten Sie eine Kollegin wie aus dem einleitenden Beispiel in Ihrem Team haben, finden Sie in diesen Büchern auch Anregungen zum Umgang mit narzisstischen, zwanghaften und schizoiden Persönlichkeiten – und mit vielen anderen schwierigen Menschen, die uns auf der Arbeit mit spannenden zwischenmenschlichen Herausforderungen versorgen.

Verwandte Themen:

- Souverän auftreten und reden – von Großmäulern und Miesepetern
- Lernen Sie Marsianisch – wie die Integration gelingt: zu Einarbeitung und Probezeit
- Bleiben oder gehen: Beurteilungsgespräche effektiv nutzen
- Ran an die Macht: wichtigste Verhaltensregel in der Hierarchie
- GFK Gewaltfreie Kommunikation – so reden Sie konstruktiv und partnerschaftlich

Mesopotamienexperte Andreas Maibauers innerer Monolog – Teil 4

Du musst jetzt auch mal was sagen: „Kommst du nicht aus einem GUS-Staat?" Daniel: „Meine Eltern. Ich war damals noch klein. Später bin ich mal mit meiner Mutter nach Kasachstan gefahren. Dort gibt's nur Steppe und Riesenstädte. Menschen sind dort verloren." Aus Kasachstan also, schade, nicht vom Ural. War Kasachstan früher auch fruchtbar gewesen? So wie das Zweistromland.

„Was haben deine Eltern dann hier gemacht?" Sophies Freund braucht nur ein Stichwort, das bringt der Job im Marketing vielleicht mit sich: „Ihre Berufe konnten sie hier nicht ausüben. Aber meine Mutter lernte schnell. Sie spricht Deutsch, Englisch und Russisch. Mein Vater hat sich im Betrieb nur mit Kollegen aus der ehemaligen Sowjetunion unterhalten und kann bis heute fast nur Russisch. Und wie ist das bei dir? Du hast bei deiner Arbeit bestimmt mit vielen Menschen zu tun."

Bei den Grabungen sind die verschiedensten Sprachen zu hören, untereinander unterhalten wir uns auf Englisch. Auch die einheimischen Grabungshelfer sind gut ausgebildet, meist studiert und sprechen englisch. Doch auch dort bleiben die Leute lieber unter sich. Das passt dir doch. Egal wohin du gehst, egal woher die Menschen kommen, denen du begegnest, niemand weiß etwas über dich, niemandem musst du dich erklären. Du schweigst, hörst zu und denkst dir deinen Teil. Das lädt andere, so wie Daniel gerade, dazu ein, dir von sich zu erzählen. Wenn eine Frage an dich gerichtet wird, sprichst du nur über Berufliches. Du bist als Person gar nicht anwesend. Schon wieder mischt sich Katharina in deine Gedanken ein: „Unsichtbarkeit hilft nicht bei der Jobverteilung, es ist kein Wunder, dass du keine Karriere als Wissenschaftlicher gemacht hast. Du musst dich auch als Mensch zeigen."

Daniel kann das. Und auf einer Geburtstagsfeier geht es doch nicht um einen Job. Jetzt war die Gelegenheit: „Also, ich bin jetzt hier und leider nicht bei den Grabungen in Uruk, denn dort läuft es für mich zurzeit nicht so gut. Ich muss mir vielleicht wieder etwas Neues einfallen lassen …"

→ Sehen Sie im Kapitel „Beispielbewerbungen" die Bewerbungsunterlagen von Grabungstechniker Andreas Maibauer.

→ Was vorher geschah: Den Anfang der Geschichte von Andreas Maibauer finden Sie im Kapitel „Familie Kleinschmidt stellt sich vor". ◄

Beispielbewerbungen

Anschreiben und Lebensläufe für Einstieg, Aufstieg und Stellenwechsel

Zusammenfassung

Die Herausforderungen, mit denen die Familie Kleinschmidt konfrontiert sind, dienen der Veranschaulichung typischer Bewerbungssituationen: der Anpassung an eine Unternehmensumstrukturierung, dem Aufstieg in eine Leitungsposition, dem Quereinstieg in einen neuen Arbeitsbereich oder dem Berufseinstieg mit mittelmäßigen Noten. Grundsätzlich verfügen die Kleinschmidts über ein gutes berufliches Standing und ein pragmatisches Vorgehen. Doch es schleichen sich auch weniger konstruktive Reaktionen wie Angst, Abwertung und Aggression ein. Am Beispiel der Kleinschmidts zeige ich erfolgreiche Bewerbungsstrategien, mit denen die Herausforderungen gemeistert werden können: die Konzentration auf Inhalte (Thomas Kleinschmidt), eine gute Vorbereitung (Monika Kleinschmidt), das Herausstellen von Erfolgen (Katharina Ast-Maibauer), die Anerkennung der Marktmacht (Andreas Maibauer), das pragmatische Vorgehen (Daniel Mertens), die hohe Zielfokussierung (Sophie Kleinschmidt), das selbstbewusste Angebot (Lukas Kleinschmidt) und die Nutzung des Bewerbermarktes (Peter Maibauer).

© Der/die Autor(en), exklusiv lizenziert durch Springer Fachmedien Wiesbaden GmbH, 131
ein Teil von Springer Nature 2021
P. Oerke, *Bewerbungsratgeber und Karrierestrategie für Einstieg, Aufstieg und Stellenwechsel*, https://doi.org/10.1007/978-3-658-35304-9_5

Dipl.-Ing. (FH) Maschinenbau Thomas Kleinschmidt als Projektingenieur[1]

Dipl.-Kffr. Katharina Ast-Maibauer

Beethovenstraße 28
49124 Georgsmarienhütte
katharina.ast-maibauer@aol.com
Tel. 0541 37526, Mobil 0152 2781218

Hanseatisches Personalkontor
Philip Thormann
Martinistraße 31
28195 Bremen

philip.thormann@hapeko.de   19.01.2020

Personalleitung / HR Business Partner / Geschäftsführung Personal

Sehr geehrter Herr Thormann,

auf der Suche nach einer neuen beruflichen Herausforderung wende ich mich an das Hanseatische Personalkontor.

Aufmerksam geworden bin ich auf die Position *HR Business Partner als stellv. Personalleitung für die Stadtwerke Georgsmarienhütte* (Job-Nr. CHO/76620). Mit den beschriebenen Aufgaben bin ich vertraut aus meiner aktuellen Position als Personalleiterin in einer führenden Steuerberatungs- und Wirtschaftsprüfungsgesellschaft mit Schwerpunkt auf der Beratung und Betreuung mittelständischer Unternehmen. Im Einzelnen verantworte ich:

* **die Beratung und Betreuung der Partner, Führungskräfte und Mitarbeiter/innen in allen personalwirtschaftlichen Angelegenheiten.** Erfahrungen in der Zusammenarbeit mit dem Betriebsrat liegen ferner vor aus der Beratung von Mandanten bei der Personalplanung, Personalbeschaffung, Aus- und Weiterbildung, zu Fragen der Entlohnung, Arbeitszeiten und Arbeitsbedingungen sowie bei personellen Einzelmaßnahmen im Management.

* **die strategische und die operative Personalarbeit.** Mir sind drei Mitarbeiterinnen zugeordnet, deren Aufgaben in der Gehaltsabrechnung inkl. Meldewesen, der Erstellung von Dokumenten und der Personalbetreuung bestehen. Eigene Schwerpunkte in der operativen Arbeit setze ich in der Personalentwicklung, dem Recruiting und der Betreuung von Führungskräften und dem Personalkostencontrolling. In unserer Gesellschaft habe ich die Einführung eines transparenten Gehaltsgefüges begleitet, nach dem neben dem fixen Stellenentgelt bestimmte Leistungen entsprechend einem Bonussystem vergütet werden.

* **die Weiterentwicklung des HR-Bereichs.** Als Steuerberatungs- und Wirtschaftsprüfungsgesellschaft realisieren wir bei der Digitalisierung höchste Datenschutz- und IT-Sicherheitsstandards. Als weiteres HR-Projekt habe ich einen Onboarding-Prozess entwickelt, der High Potentials und Quereinsteigern den Einstieg in die neue Rolle und die Integration ins Unternehmen erleichtert und ihnen eine spannende berufliche Perspektive aufgezeigt.

* **den Aufbau und den Betrieb der HR-Akademie für die Gruppe und verbundene Organisationen.** Die Leistungen der Akademie stellen Kompetenzen der Mitarbeiter/innen bei der Aus- und Weiterbildung sicher, legen aber darüber hinaus den Fokus auf die besonderen Interessen und Begabungen der Einzelnen bei deren Weiterentwicklung.

Ihr Interesse an meiner Bewerbung freut mich. Gern stelle ich mich Ihnen persönlich vor und erläutere meine Kenntnisse und Erfahrungen sowie die Ergebnisse meiner Arbeit ausführlich. Gleichzeitig würde ich mich freuen, in einem Gespräch mehr über den Verantwortungsrahmen und die Entwicklungsmöglichkeiten in der ausgeschriebenen Stelle zu erfahren.

Mit freundlichen Grüßen

Katharina Ast-Maibauer

Anlagen:
Bewerbungsunterlagen

---

[1] Bildnachweis: Zur Illustration der Beispielbewerbungen wurden Fotos von Pixabay verwendet. Diese sind frei verfügbar für kommerzielle und nicht-kommerzielle Anwendungen, gedruckt und digital.

Thomas Kleinschmidt

KENNTNIS- UND ERFAHRUNGSPROFIL

- Dipl.-Ing. (FH) Maschinenbau mit umfangreicher Erfahrung in der Entwicklung von Werkzeugtechnik, deren Anpassung und Optimierung (v. a. Automotive und Landmaschinenbau) von der Konzeption bis zur Übergabe.

- Fachliche Expertise in allen Aufgaben der Produktentwicklung und Optimierung von Produkten: Analyse von Anforderungen und Problemen, Erstellung von Konzeption und Konstruktion, Entwicklung von praktikablen Lösungen mit Blick auf Funktionalität, Qualität und Wirtschaftlichkeit, Erstellung der Dokumentation, Mitwirkung an der Erarbeitung von Angeboten und Verträgen, Übernahme der Kundenbetreuung, auch in Zusammenarbeit mit dem Endkunden (Montage, Inbetriebnahme und Serienanlauf), technische Steuerung des Projekts sowie Umsetzung von Verbesserungen (Aufbau von Routinen in der Entwicklung).

- Ausgeprägte Fähigkeiten in der fachlichen Kommunikation bei der Betreuung von Kunden und in der Zusammenarbeit mit Partnerunternehmen (Werkzeugbauern, Produktionsplanern), der Präsentation und Erläuterung von Projektständen sowie der Durchsetzung von funktionsbedingten Anpassungen.

- Hohe Motivation bei der Entwicklung, Anpassung und Optimierung von Produkten und Prozessen aufgrund der Begeisterung für innovative Technik und zeitgemäße Produktionsverfahren; fortlaufende Fort- und Weiterbildung im Arbeitsbereich.

- Sehr strukturierte, selbstständige und zuverlässige Arbeitsweise sowohl in Bezug auf die eigene Verantwortung als auch auf den Erfolg des Projekts.

PERSÖNLICHE DATEN

Weberstraße 45 – 49084 Osnabrück
Tel. 0541 890203 – Mobil 0152 49890203
thomas.kleinschmidt@osnanet.de

geb. am 05.04.1965 in Ostercappeln
verheiratet, zwei Kinder (18 und 23 Jahre)

BERUFSPRAXIS

04/2000 – heute

C.TECH MECHANICS / C.TECH, Münster, Büro Rheine
Entwicklung und Industrialisierung technischer Produkte
Projektingenieur Werkzeugtechnik

- Entwicklung von Werkzeugtechnik-Sonderlösungen (Entformung, Mehrkomponentenspritzguss, Umspritzen, Montagespritzguss, Oberflächenveredelung, Hinterspritzen) inkl. Risikoeinschätzung, Fehleranalyse, Machbarkeitsanalyse, Kostenprognose, Bauteilqualifizierung und Erstellen von Werkzeugkonzepten
- Analyse von Produktionsprozessen und Qualitätsproblemen wie Verzug, Weiterverarbeitung oder Montageschwierigkeiten durch Identifikation von anfälligen Prozessparametern in der Produktentstehung und im Produktionsprozess, Definition von Maßnahmen zur Qualitätssicherung, Absicherung durch Simulation und Berechnung
- Koordination und Überwachen des Werkzeugbaus bis zur Bauteilqualifizierung sowie eigene Werkzeugkonstruktion bzw. Koordination der Konstrukteure im Hause und bei Partnern

04/1999 – 03/2000

Bewerbungsphase, in dieser Zeit energetischer Umbau eines Zweifamilienhauses in weitgehender Eigenleistung

10/1996 – 03/1999

Mathias Pörschel, Werkzeug- und Anwendungstechnik, Kamen
Konstrukteur für Prototypen- und Serienwerkzeuge

- Konstruktion und Berechnung von Spritzgusswerkzeugen inkl. Erstellen von fertigungsgerechten Zeichnungen, Durchführen von Änderungskonstruktionen an Bestandswerkzeugen und Erstellen von technischen Dokumentationen
- Anwendungsgebiete: Mehrkomponenten Spritzguss, Gas-/Wasser-Innendruck-Spritzguss, Tandem-/Etagenwerkzeuge, Umspritzen von Elektronikkomponenten, Hinterspritzen von Folien oder Textil sowie Aluminiumdruckguss
- Mitwirkung an der Entwicklung des Variotherm-Spritzgießens als konturnahes Aufheizen und Abkühlen der Werkzeugkomponenten zur Herstellung von Teilen ohne sichtbare Bindenähte mit dem Ziel der Kosteneinsparung aufgrund entfallender Nacharbeit

09/1992 – 09/1996

Bellert und Milke GmbH, Ingenieurbüro, Hasbergen
Konstrukteur im Landmaschinenbau

- Ermittlung von Lastenheften in Zusammenarbeit mit Kunden
- Konzepterstellung
- Konstruktion von Einzelteilen und Baugruppen
- Erstellung von Zeichnungen und Stücklisten

05/1992 – 08/1992

Bewerbungsphase, in dieser Zeit verbessernde Wiederaufarbeitung einer Heuballenpresse

Thomas Kleinschmidt – 0152 49890203 – thomas.kleinschmidt@osnanet.de

AUSBILDUNG

09/1987 – 04/1992	Fachhochschule Osnabrück: **Studium des Maschinenbaus, Schwerpunkt Entwicklung und Konstruktion** mit Abschluss Diplom-Ingenieur (FH) Maschinenbau

- Abschlussarbeit zur Entwicklung einer Heuballenpresse
- Praktikum und Diplomarbeit bei der AMAZONEN-WERKE H. Dreyer GmbH & Co. KG, Hasbergen

08/1986 – 07/1987	Fachoberschule Technik, Schwerpunkt Maschinenbau, Berufsbildende Schulen der Stadt Osnabrück an der Brinkstraße: **Fachhochschulreife**
04/1985 – 04/1986	**Wehrdienst**
09/1981 – 02/1985	Wilhelm Karmann GmbH, Osnabrück: **Ausbildung zum Werkzeugmechaniker, Fachrichtung Werkzeugbau**
06/1981	Schulzentrum in der Wüste, Osnabrück: **Realschulabschluss**

WEITERBILDUNG

12/2019	VDI Offenbach: EDV-gerechter Maschinenbau (EMV Richtlinie 2014/30/EU)
08 + 12/2018	VDI Frankfurt: Internationale Normen für technische Zeichnungen Teil 1 + 2
09/2017	VDI Düsseldorf: Grundlagen der additiven Fertigung
05/2016	VDI Düsseldorf: Digitalisierung für den Mittelstand
02/2011	VDI Düsseldorf: Ingenieure senken Kosten
01/2010	VDI Köln: Grundlagen des Innovationsmanagements
05/2003	Managementforum München: Teamleitung im Werkzeugbau
06/2001	Haus der Technik, Essen: Leichtbau im Automobil- und Maschinenbau
01/2001	GPM, Inhouse: Groupware und Workflow-Prozesse
12/2000	Managementforum München: EDV-gestütztes Projektcontrolling im Werkzeugbau
05/1999	IRR, Köln: Projektentwicklung für Einsteiger
05/2014	VDI Düsseldorf: Lasten- und Pflichtenhefte erstellen
01/1999	WEKA Forum für Sicherheit: Technische Dokumentation im Maschinenbau
06/1998	hdt: Elektrische Antriebe für Maschinenbau und Fahrzeugbau
05/1997	Inhouse: Excel-Vertiefung
10/1996	date up training GmbH: SolidWorks
08/1994	Die SchulungsWerft: AutoDesk AutoCAD
05/1994	robotron: CAD-Anwendungen im Maschinenbau
03/1993	sgd, Darmstadt: Excel für Ingenieure und Maschinenbauer

PROJEKTE (exemplarisch, aus den letzten fünf Jahren)

2018 – 2019	Werkzeuganpassungen im Produktlebenszyklus (Facelift)
2017	Machbarkeitsanalyse und Erarbeitung der Integration mehrerer Standard-Spritzgussverfahren in einem Werkzeug (Spritzprägen, Fluidinjektion)
2015 – 2016	Montagespritzguss: Umgestaltung einer mehrteiligen Kinematik
2015	Troubleshooting bei einer Bauteilqualifizierung wegen Bauteilverzugs
2014 – 2016	2K-Prozess: Integration Kernzug/Vermeidung mehrerer Werkzeuge
2014	Fluidinjektionstechnik: Bewertung unterschiedlicher Werkzeugkonzepte

KENNTNISSE UND INTERESSEN

CAD / EDV	CAD 3D Solid Works (sehr gute Kenntnisse, Key User)
	AutoDesk AutoCAD (sehr gute Kenntnisse)
	MS Office mit Excel (sehr gute Kenntnisse)
	MS Word und PowerPoint (gute Kenntnisse)
	MS Project (gute Kenntnisse)
Regeln und Normen	EMV Richtlinie 2014/30/EU
	DIN 16742, 8650, 2234, 2209
	SAE J 2716
Fremdsprache	Englisch (Schulkenntnisse)
Pers. Interessen	Automatisierung der Fertigung

Osnabrück, 31.10.2019

Thomas Kleinschmidt

Auf dieser und den folgenden Seiten könnten die wichtigsten Zeugnisse eingebunden werden. Empfehlen würde ich diese Reihenfolge:
- Zwischenzeugnis C.TECH MECHANICS / C.TECH
- Zeugnis Mathias Pörschel
- Zeugnis Bellert und Milke GmbH
- Diplom-Urkunde
- Diplom-Zeugnis

Staatl. gepr. Erzieherin Monika Kleinschmidt als Leiterin einer Kindertagesstätte

Monika Kleinschmidt

Berufs- und weitere Abschlüsse
- Staatlich geprüfte sozialpädagogische Assistentin
- Staatlich anerkannte Erzieherin
- Gruppenleitung in Kindergärten
- Leitung von Kindertagesstätten und Familienzentren (Abschluss im Mai 2020)

Schwerpunkte der bisherigen Arbeit
- Umfangreiche Berufserfahrung als Erzieherin und Gruppenleitung
- Erfolg bei der Konzeption und Umsetzung zeitgemäßer Neuerungen in der Einrichtung, v. a. im sprachlichen, motorischen und kulturellen Bereich
- Großes Interesse an der Einbindung der Eltern, gleichermaßen als Ressource wie zu deren Unterstützung
- Freude an der Anleitung und Weiterentwicklung von Nachwuchskräften

Persönliche Daten

geb. am 7. 1. 1972 in Hagen a. T. W.
deutsch, ev.-luth., verheiratet, zwei Kinder

Weberstraße 45 – 49084 Osnabrück
Tel. 0541 890203 – Mobil 0152 21890203
monika.kleinschmidt@osnanet.de

Monika Kleinschmidt

Weberstraße 45 – 49084 Osnabrück
Tel. 0541 890203 – Mobil 0152 21890203
monika.kleinschmidt@osnanet.de

Ev.-luth. Südstadtkirchengemeinde Osnabrück
Lydia Schultze / päd. Leitung
Bergerskamp 40
49080 Osnabrück

katja.werner@evsk.de   05.12.2019

Bewerbung als Leitung der Ev.-luth. Kindertagesstätte Melanchton
Ihre Stellenausschreibung

Sehr geehrte Frau Schultze, sehr geehrte Frau Werner,

als Leitung der Kindertagesstätte Melanchton möchte ich meine Kenntnisse und Fähigkeiten dafür einsetzen, dass die Kinder in ihrer Entwicklung optimal begleitet werden und die Mitarbeiterinnen und Mitarbeiter ein ausgezeichnetes Arbeitsumfeld finden. Sprachbildung und Bewegungspädagogik sind seit Jahren meine Arbeitsschwerpunkte als Gruppenleitung sowie in der Anleitung von Nachwuchskräften.

Seit 25 Jahren übe ich den Beruf der Erzieherin aus, seit 15 Jahren in der Verantwortung als Gruppenleitung. Aufgrund der gesellschaftlichen Veränderungen, insbesondere der Berufstätigkeit beider Eltern, dem Zuzug von Familien nichtdeutscher Herkunft und der inklusiven Betreuung, habe ich mich intensiv für die Förderung von Kindern aus diesen Familienkreisen eingesetzt. So war ich – stets in enger Zusammenarbeit mit der Leitung und den Gremien der Stadt als Träger – stark an der Konzeption und Umsetzung ergänzender Angebote beteiligt: Ganztagsbetreuung, Krippe, integrative Betreuung und DaZ-Sprachbildung.

Besonders wichtig war mir immer, alle Eltern in die Zusammenarbeit einzubinden. Dabei ist es meine Überzeugung, die durch die Erfahrung bestätigt wurde, dass jeder etwas zu geben hat und über die Gemeinschaft die Unterstützung erfahren kann, die jetzt nötig ist. Voraussetzung dafür ist, einen Ort für den Austausch untereinander und das Verständnis füreinander zu schaffen. So entwickelt sich die Kindertagesstätte heute zu einem Familienzentrum.

Als weiteren Eckpfeiler meiner zukünftigen Arbeit verstehe ich die Befähigung der Mitarbeiterinnen und Mitarbeiter, die Kinder bestmöglich in ihrer Entwicklung auf allen Ebenen zu fördern. Eine Aufgabe ist die Vorbereitung der Kinder auf die Schule. Ebenso am Herzen liegt mir aber die emotionale und spirituelle Begleitung der Kinder. Dies ist der Grund, warum mich die Leitung Ihrer Kindertagesstäte anspricht, sehe ich in der religionspädagogischen Ausrichtung doch den Auftrag, die Kinder auch durch die Ausbildung von Nächstenliebe, Hilfsbereitschaft, Fürsorge und Mitgefühl in einer frühen Lebensphase zu unterstützen.

Es würde mich sehr freuen, diese Anliegen als Leitung in der Ev.-luth. Kindertagesstätte Melanchton federführend weiterverfolgen zu können.

Mit freundlichen Grüßen

Monika Kleinschmidt

Bewerbungsunterlagen Monika Kleinschmidt

Berufstätigkeit

seit 08/2005   Städtische Kindertagesstätte Schölerberg, Osnabrück
Gruppenleitung (seit 08/2006)
Aufgaben wie unten, sowie außerdem:
- Planung und Durchführung von Angeboten in Lernbereichen
- Dokumentation der Entwicklung der Kinder
- Mitwirkung an der Weiterentwicklung zur Kindertagesstätte
- Begleitung der Einführung der integrativen Betreuung
- Begleitung der Einführung einer Krippengruppe
- Begleitung der Einführung der DaZ-Sprachbildung
- Mitwirkung an der Betreuung von Praktikantinnen

Erstkraft (08/2005 – 07/2006)
Aufgaben:
- pädagogische und pflegerische Begleitung der Kinder
- Unterstützung von Kindern in Einzelsituationen sowie in Klein- und Großgruppen nach ihrem Entwicklungsstand
- Planung und Durchführung von Elterngesprächen
- Teilnahme an wöchentlichen Teambesprechungen
- Mitwirkung an der Durchführung von Veranstaltungen

07/1999 – 08/2005   **Familienphase**
Geburt meines Sohnes Lukas (01/2001)

08/1993 – 07/1999   AWO-Kindergarten Hüggelzwerge, Hasbergen
Erzieherin / Zweitkraft
Erziehungszeit nach der Geburt meiner Tochter Sophie (07/1996)

Ausbildung

08/1991 – 06/1993   Berufsbildende Schulen im Marienheim, Osnabrück
Zweijährige Berufsfachschule / Ausbildung zur staatlich anerkannten Erzieherin
Praktika:
- Kinderhaus Limberger Straße e. V., Osnabrück
- Ev. Kindergarten der Lutherkirche Georgsmarienhütte
- AWO-Kindergarten Hüggelzwerge, Hasbergen
- Waldkindergarten Hörner Bruch (HHO)

08/1989 – 06/1991   Berufsbildende Schulen der Stadt Osnabrück, Haste
Zweijährige Berufsfachschule / Ausbildung zur staatlich geprüften sozialpädagogischen Assistentin
Praktika:
- Hort der Grundschule Sutthausen
- Kath. Kindergarten St. Martinus, Hagen a. T. W.
- Kindergarten für Hör- und Sprachgeschädigte, Osnabrück
- Heilpädagogischer Vogelsang-Kindergarten, Osnabrück

11/1988 – 07/1989	Waldorfkindergarten Osnabrück **Praktikum als Erzieherin**
08/1978 – 06/1988	Grundschule und Realschule in Hagen a. T. W. **Erweiterter Sekundarabschluss I / Qualifizierter** **Realschulabschluss**

Weitere Kenntnisse und Interessen

EDV	MS Office mit Word, Excel und PowerPoint, Adobe Photoshop
Fremdsprache	Englisch
Führerschein	Klasse B
Weiterbildung	Lehrgang zur Streitschlichterin (2004) sowie durchschnittlich 5 Fortbildungstage / Jahr mit den Schwerpunkten: • Sprach- und Sprechförderung bei Kindern • Frühförderung / Förderung motorischer Fähigkeiten • Gruppenleitung im Kindergarten • Bewegte Kindheit • Naturpädagogik • Psychomotorik • Integration verschiedener Kulturen • Leitung von Kindertagesstätten (aktuell)
Pers. Interessen	Bowling (als Hörende) in einem Deaf-Team, Radfahren, Lesen und Fotografieren

Osnabrück, 05.12.2019

Monika Kleinschmidt

Dipl.-Kffr./Personalleiterin Katharina Ast-Maibauer als HR Business Partner

Dipl.-Kffr. Katharina Ast-Maibauer

Beethovenstraße 28
49124 Georgsmarienhütte
katharina.ast-maibauer@aol.com
Tel. 0541 37526, Mobil 0152 2781218

Hanseatisches Personalkontor
Philip Thormann
Martinistraße 31
28195 Bremen

philip.thormann@hapeko.de   19.01.2020

Personalleitung / HR Business Partner / Geschäftsführung Personal

Sehr geehrter Herr Thormann,

auf der Suche nach einer neuen beruflichen Herausforderung wende ich mich an das Hanseatische Personalkontor.

Aufmerksam geworden bin ich auf die Position *HR Business Partner als stellv. Personalleitung für die Stadtwerke Georgsmarienhütte* (Job-Nr. CHO/76620). Mit den beschriebenen Aufgaben bin ich vertraut aus meiner aktuellen Position als Personalleiterin in einer führenden Steuerberatungs- und Wirtschaftsprüfungsgesellschaft mit Schwerpunkt auf der Beratung und Betreuung mittelständischer Unternehmen. Im Einzelnen verantworte ich:

* **die Beratung und Betreuung der Partner, Führungskräfte und Mitarbeiter/innen in allen personalwirtschaftlichen Angelegenheiten**. Erfahrungen in der Zusammenarbeit mit dem Betriebsrat liegen ferner vor aus der Beratung von Mandanten bei der Personalplanung, Personalbeschaffung, Aus- und Weiterbildung, zu Fragen der Entlohnung, Arbeitszeiten und Arbeitsbedingungen sowie bei personellen Einzelmaßnahmen im Management.
* **die strategische und die operative Personalarbeit**. Mir sind drei Mitarbeiterinnen zugeordnet, deren Aufgaben in der Gehaltsabrechnung inkl. Meldewesen, der Erstellung von Dokumenten und der Personalbetreuung bestehen. Eigene Schwerpunkte in der operativen Arbeit setze ich in der Personalentwicklung, dem Recruiting und der Betreuung von Führungskräften und dem Personalkostencontrolling. In unserer Gesellschaft habe ich die Einführung eines transparenten Gehaltsgefüges begleitet, nach dem neben dem fixen Stellenentgelt bestimmte Leistungen entsprechend einem Bonussystem vergütet werden.
* **die Weiterentwicklung des HR-Bereichs**. Als Steuerberatungs- und Wirtschaftsprüfungsgesellschaft realisieren wir bei der Digitalisierung höchste Datenschutz- und IT-Sicherheitsstandards. Als weiteres HR-Projekt habe ich einen Onbording-Prozess entwickelt, der High Potentials und Quereinsteigern den Einstieg in die neue Rolle und die Integration ins Unternehmen erleichtert und ihnen eine spannende berufliche Perspektive aufzeigt.
* **den Aufbau und den Betrieb der HR-Akademie für die Gruppe und verbundene Organisationen**. Die Leistungen der Akademie stellen Kompetenzen der Mitarbeiter/innen bei der Aus- und Weiterbildung sicher, legen aber darüber hinaus den Fokus auf die besonderen Interessen und Begabungen der Einzelnen bei deren Weiterentwicklung.

Ihr Interesse an meiner Bewerbung freut mich. Gern stelle ich mich Ihnen persönlich vor und erläutere meine Kenntnisse und Erfahrungen sowie die Ergebnisse meiner Arbeit ausführlich. Gleichzeitig würde ich mich freuen, in einem Gespräch mehr über den Verantwortungsrahmen und die Entwicklungsmöglichkeiten in der ausgeschriebenen Stelle zu erfahren.

Mit freundlichen Grüßen

Katharina Ast-Maibauer

Anlagen:
Bewerbungsunterlagen

Dipl.-Kffr. Katharina Ast-Maibauer

Berufstätigkeit

seit 05/14　　Weiß & Partner, Wirtschaftsprüfer und Steuerberater, Georgsmarienhütte
Personalleiterin

* Personalbetreuung und Personalbeschaffung mit Schwerpunkt auf Prüfungsassistenten und High Potentials
* Betreuung und Beratung der Führungskräfte und Partner
* Teamleitung (1 Personalreferentin, 2 Assistentinnen)
* Überwachung der Gehaltsabrechnung und operativen Personalarbeit
* Entwicklung und Durchführung von Schulungen für Prüfungsassistenten
* Betreuung und Beratung von Mandanten in Fragen der Personalarbeit
* Mitwirkung im Leitungszirkel zur Weiterentwicklung der Sozietät
* Personalwirtschaftliche Gestaltung der Integration von Wirtschafts-prüfungs- und Steuerberatungskanzleien
* Referentin auf Fachtagungen und -kongressen

Projektarbeit

* Einführung eines transparenten Gehaltsgefüges mit Fixum und Boni
  → Steigerung der Mitarbeiterzufriedenheit (Ermittelt in Jahresgesprächen)
* Entwicklung eines strukturierten sechsmonatigen Onboarding-Prozesses für High Potentials und Quereinsteiger
  → Schnellere Integration ins Unternehmen, weniger Kündigungen in der Probezeit und Steigerung der Leistung (im Vergleich zu drei Vorjahren)
* Aufbau und Leitung der HR-Akademie für die Gruppe
  → Vermittlung der Standardkompetenzen und Unternehmenswerte an alle Mitarbeiter/innen, Erhöhung des Images des Unternehmens als Wissens-vermittler, Generierung eines neuen Leistungssegments (> 100 TEUR/Jahr)

01/09–04/14　　Galeria Kaufhof, Osnabrück
Personalreferentin

* Personalbetreuung mit Schwerpunkt auf die Förderung junger Nachwuchskräfte
* Auswahl, Einstellung und Freistellung von Mitarbeitern und Mitarbeiterinnen inkl. Erstellung von Arbeitsverträgen und Zeugnissen
* Planung und Durchführung von Schulungen für Abteilungsleiter/innen

Projektarbeit

* Leitung eines Projekts zur Verbesserung der Kommunikation in Teams
  → Leistungssteigerung und Verringerung der Abwesenheitszeiten
* Mitwirkung am Projekt zur Einführung eines Shop-in-Shop-Systems durch die eigenständige Planung und Durchführung einer Mitarbeiterbefragung
  → Akzeptanz des Systems und der Neuordnung des Verkaufs

10/06-12/08　　Paul-Bernhard Holtmöller, Wirtschaftsprüfer und Steuerberater, Bad Essen
Prüfungsassistentin

* Assistenz bei der Durchführung von Prüfungen von Jahresabschlüssen
* Lohn- und Gehaltsabrechnungen inkl. Lohnsteuer- und Sozialmeldungen

Lebenslauf (Seite 1)

Dipl.-Kffr. Katharina Ast-Maibauer

Berufstätigkeit

seit 05/14   Weiß & Partner, Wirtschaftsprüfer und Steuerberater, Georgsmarienhütte
Personalleiterin
* Personalbetreuung und Personalbeschaffung mit Schwerpunkt auf
  Prüfungsassistenten und High Potentials
* Betreuung und Beratung der Führungskräfte und Partner
* Teamleitung (1 Personalreferentin, 2 Assistentinnen)
* Überwachung der Gehaltsabrechnung und operativen Personalarbeit
* Entwicklung und Durchführung von Schulungen für Prüfungsassistenten
* Betreuung und Beratung von Mandanten in Fragen der Personalarbeit
* Mitwirkung im Leitungszirkel zur Weiterentwicklung der Sozietät
* Personalwirtschaftliche Gestaltung der Integration von Wirtschafts-
  prüfungs- und Steuerberatungskanzleien
* Referentin auf Fachtagungen und -kongressen

Projektarbeit
* Einführung eines transparenten Gehaltsgefüges mit Fixum und Boni
  → Steigerung der Mitarbeiterzufriedenheit (Ermittelt in Jahresgesprächen)
* Entwicklung eines strukturierten sechsmonatigen Onbording-Prozesses für
  High Potentials und Quereinsteiger
  → Schnellere Integration ins Unternehmen, weniger Kündigungen in der
  Probezeit und Steigerung der Leistung (im Vergleich zu drei Vorjahren)
* Aufbau und Leitung der HR-Akademie für die Gruppe
  → Vermittlung der Standardkompetenzen und Unternehmenswerte an alle
  Mitarbeiter/innen, Erhöhung des Images des Unternehmens als Wissens-
  vermittler, Generierung eines neuen Leistungssegments (> 100 TEUR/Jahr)

01/09–04/14   Galeria Kaufhof, Osnabrück
Personalreferentin
* Personalbetreuung mit Schwerpunkt auf die Förderung junger
  Nachwuchskräfte
* Auswahl, Einstellung und Freistellung von Mitarbeitern und
  Mitarbeiterinnen inkl. Erstellung von Arbeitsverträgen und Zeugnissen
* Planung und Durchführung von Schulungen für Abteilungsleiter/innen

Projektarbeit
* Leitung eines Projekts zur Verbesserung der Kommunikation in Teams
  → Leistungssteigerung und Verringerung der Abwesenheitszeiten
* Mitwirkung am Projekt zur Einführung eines Shop-in-Shop-Systems durch
  die eigenständige Planung und Durchführung einer Mitarbeiterbefragung
  → Akzeptanz des Systems und der Neuordnung des Verkaufs

10/06-12/08   Paul-Bernhard Holtmöller, Wirtschaftsprüfer und Steuerberater, Bad Essen
Prüfungsassistentin
* Assistenz bei der Durchführung von Prüfungen von Jahresabschlüssen
* Lohn- und Gehaltsabrechnungen inkl. Lohnsteuer- und Sozialmeldungen

Dipl.-Kffr. Katharina Ast-Maibauer

Ausbildung, Studium, Weiterbildung

fortlaufend	zu Themen der Personalarbeit, zurzeit mit Schwerpunkt Kommunikation vernetzter Teams, und zu EDV-Tools der Wirtschaftsprüfung/Steuerberatung

05/12 – 05/13   RAUEN Coaching Osnabrück
Ausbildung in integrativem Coaching

* Schwerpunkte: Systemisches Denkmodell, Gestaltberatung, Karriere- beratung, Provokation, Selbstreflexion, Umgang mit Konflikten
* Coachingkonzept: Coaching im Onbording-Prozess in Wirtschaftsprüfungs- und Steuerberatungsgesellschaften
* Abschluss: Business-Coach (DBVC- und IOBC-zertifiziert)

02/05–12/05   University of Waikato, Hamilton, New Zealand
Auslandsstudium der Wirtschaftswissenschaften

* Major: Human Resource Management mit Praktikum bei PKF New Zealand
* Abschluss: Bachelor of Business (BBus)

10/00–07/06   Universität Osnabrück
Studium der Betriebswirtschaftslehre

* Praktikantin (05.03.–20.04.03) und Werkstudentin (13.–31.08.03) bei Bronski GmbH, Datenhomogenisierung mit der Zentrale in UK
* Prüfungsfächer: BWL, Bilanz-, Steuer- und Prüfungswesen, Personalrecht
* Diplomarbeit: Konzeption und Auswertung einer Mitarbeiterumfrage zur Leistungsbeurteilung in multinationalen Teams (bei PKF New Zealand)
* Abschluss: Diplom-Kauffrau

08/98–06/00   Hans-Joseph Bertram, Steuerberater, Bad Iburg
Ausbildung zur Steuerfachangestellten

07/97–07/98   Au-Pair-Tätigkeit und Cours de Civilisation Française de la Sorbonne
Auslandsaufenthalt in Paris zum Sprach- und Literaturstudium

06/97   Ratsgymnasium, Osnabrück
Allgemeine Hochschulreife

Weitere Kenntnisse

EDV	MS Office: Excel, Word, PowerPoint, Outlook DATEV (v. a. Eigenorganisation comfort, Personal & Führung)
Englisch Französisch	sehr gute Kenntnisse in Wort und Schrift (C1-C2) gute Kenntnisse in Wort und Schrift (B2)

Georgsmarienhütte, 29.01.2020

Katharina Ast-Maibauer

Lebenslauf (Seite 2)

Archäologietechniker Andreas Maibauer als Dozent für Grabungstechnik

ANDREAS MAIBAUER

M.A. Archäologie
Techniker für Archäologiewissenschaften

LWL-Haupt- und Personalabteilung   177 Rue de la Marquerose
Frau Anna Gerken   BAT C, App. 96
48133 Münster   34070 Montpellier
                                           Tel. +33 629 905862
                                           andreas.maibauer@gmx.net

                                           2020-03-11

**Bewerbung als Dozent in der Ausbildung von Grabungstechnikern
in der LWL-Archäologie für Westfalen, Standorte Münster und Bielefeld**

Sehr geehrte Frau Gerken,

es wäre mir eine Freude, mich als Dozent in der theoretischen und praktischen Ausbildung von Grabungstechnikern in der LWL-Archäologie für Westfalen an den Standorten Münster und Bielefeld zu engagieren.

Mein Lebenslauf gibt detailliert Aufschluss über meine **Qualifikation** und Erfahrung: Als wichtigstes zu
nennen wäre das Studium der Vorderasiatischen Archäologie, Assyriologie und Klassischen Archäologie
sowie die Ausbildung zum Techniker für Archäologiewissenschaften (Grabungstechniker). Dies befähigt
mich in die Ausbildung von Nachwuchskräften fundiertes Wissen einzubringen.

Darüber hinaus verfüge ich über umfangreiche **Grabungserfahrung** in allen Bereichen der Grabungstechnik: von der Planung über die Durchführung sämtlicher Arten von Grabungen bis zur Sicherung und
Auswertung der Artefakte, häufig unter fordernden Bedingungen (Witterung, Material, politische Situation
vor Ort). Ebenfalls vertraut ist mir die Zusammenarbeit in internationalen und interdisziplinären Teams aus
freien und im Projekt oder in einem archäologischen Institut angestellten Wissenschaftlern und Technikern.

Aufgrund dieser Kenntnisse und Erfahrungen habe ich bei Grabungen bereits häufig die Einarbeitung und
Unterweisung von Nachwuchskräften Studierenden, angehenden Technikern und Helfern übernommen. Diese Aufgabe war für mich sehr befriedigend, da ich meine Begeisterung für den Beruf wie auch
ein wirklichkeitsnahes Bild von der Tätigkeit und deren Bedingungen vermitteln konnte.

Mein **Spezialgebiet** ist die Geschichte des alten Mesopotamiens, ich habe aber auch an Projekten aus
angrenzenden Epochen und in anderen Regionen mitgewirkt, u. a. der Kurgan-Nekropole von Filippovka
im Süd-Ural (Russland). Bei Interesse lasse ich Ihnen eine Projektliste zukommen. Für eine Tätigkeit in der
Ausbildung von Grabungstechnikern in der LWL-Archäologie für Westfalen würde ich mich in die
archäologischen Epochen ab Frühem Mittelalter einarbeiten. Das wäre für mich eine reizvolle Perspektive.

Weniger Erfahrung habe ich noch in der **Publikation**. Aktuell verfasse ich einen Beitrag über die Grabungsvermessung im oben angesprochenen Projekt der Bestattungskomplexe in Filippovka und Umgebung.
Außerdem habe ich in der „Zeitschrift für Assyriologie und Vorderasiatische Archäologie" zum archäologischen Nachweis der Herkunft des biblischen Abrahams aus Ur veröffentlicht.

Über Ihr Interesse an meiner Bewerbung freue ich mich, und ich stehe Ihnen für ein – gern auch zunächst
unverbindliches – Gespräch zur Verfügung. Mein Wohnsitz ist zurzeit in Frankreich, bis Ende März halte
ich mich bei meiner Familie in Osnabrück auf, wohin ich bei einer Zusammenarbeit auch umziehen würde.

Mit freundlichen Grüßen

Andreas Maibauer

ANDREAS MAIBAUER

M.A. Archäologie
Techniker für Archäologiewissenschaften

geb. 1973 in Bremen

177 Rue de la Marquerose
BAT C, App. 96
34070 Montpellier
Tel. +33 629 905862
andreas.maibauer@gmx.net

Weitreichende und fundierte **Kenntnisse** der Vorderasiatischen Archäologie mit Schwerpunkt auf der Erforschung der historischen Stätten der biblischen Erzählungen; Experte für die Geschichte des alten Mesopotamiens bis zum Ende der Spätantike (2500 v. Chr. – 200 n. Chr.).

Umfassende **Berufserfahrung** als Grabungsmitarbeiter bei Rettungsgrabungen, Forschungsgrabungen und Sichtungsgrabungen sowie seit 2014 in der Doppelqualifikation Archäologe und Grabungstechniker als Spezialist für das Auffinden und die Exploration historischer Stätten.

Bedeutende **Projekte**: Mitwirkung an den Voruntersuchungen zum Auffinden des Tempels und der Stadtmauern von Fara (Irak); Überwachung von Feldarbeiten bei den Grabungen am Königspalast von Qatna (Syrien), nach Öffnung der großen Grabkammer; Grabungsvermessung der Kurgan-Nekropole von Filippovka und den benachbarten Bestattungskomplexen im Süd-Ural (Russland).

Berufserfahrung

2014 – heute	Freier Grabungsmitarbeiter und Spezialist für geophysikalische Prospektionen bei verschiedenen Grabungsfirmen (u. a. Anzenberger), Erkundungen und Surveys in verschiedenen Grabungsprojekten mit Schwerpunkt Südwestasien
2008 – 2012	Grabungsassistent in Ur (Irak) des Deutschen Archäologischen Instituts, Außenstelle Damaskus, Syrien (in einem Grabungsprojekt von Adelheid Otto)
2004 – 2008	Grabungsassistent des Deutschen Archäologischen Instituts, Außenstelle Damaskus, Syrien, in dem DFG-Projekt „Tall Bazi" (Syrien) von Adelheid Otto
2001 – 2004	Reisen durch Südwestasien (v. a. Irak, Iran, Syrien sowie Jordanien, Libanon, Israel, Palästina), Besuch der bedeutenden Grabungsstätten, Tätigkeit als Grabungshelfer
1999 – 2000	Grabungshelfer in Ur (Irak) des Deutschen Archäologischen Instituts, Außenstelle Damaskus, Syrien (erster Kontakt mit Adelheid Otto)

Ausbildung

2012 – 2014	Universität Tübingen: Ausbildung zum Techniker für Archäologiewissenschaften (Grabungstechniker), Schwerpunkt Planung der Ausgrabung
1993 – 2003	Ludwig-Maximilians-Universität München: Studium der Vorderasiatischen Archäologie, Assyriologie und Klassischen Archäologie, Magisterarbeit zum archäologischen Nachweis der Herkunft des biblischen Abrahams aus Ur
1992 – 1993	Focke-Museum, Bremer Landesmuseum für Kunst und Kulturgeschichte: Zivildienst in der Abteilung Ur- und Frühgeschichte
1992	Gymnasium Carolinum, Osnabrück: Allgemeine Hochschulreife mit den Leistungsfächern Geschichte und Latein

B. A. Tourismusmarketing/Teamleiter Vertrieb Daniel Mertens als Eventmanager

BEWERBUNG

AIDA Cruises
Eventmanager an Land mit Standort Hamburg

Daniel Mertens
Leipziger Straße 25 I D-39112 Magdeburg
+49 172 565 3431 I daniel-mertens@web.de

Daniel Mertens   Leipziger Straße 25 25 I D-39112 Magdeburg
+49 172 565 3431 I daniel-mertens@web.de

AIDA Cruises
Personalmanagement
Anita Rosenbach
Am Strande 3d
18055 Rostock

12.03.2020

Bewerbung als Eventmanager an Land mit Standort Hamburg

Sehr geehrte Frau Rosenbach,

es wäre mir eine Freude, als Eventmanager an Land bei AIDA Entertainment am Standort Hamburg zu arbeiten. Damit möchte ich mit AIDA auf meinem Berufsweg eine neue Richtung ansteuern und für das Unternehmen weiterhin erfolgreich tätig sein.

Seit 2013 engagiere ich mich im Eventmanagement von AIDA, zunächst über randstad auf Schiffen mit Heimathäfen Roststock und Warnemünde, seit 2015 in Direktanstellung am Standort Hamburg auf Fahrten im Indischen Ozean und in der Karibik.

Meine berufliche Entwicklung ist eng mit AIDA verknüpft. Ich habe meine Kenntnisse aus der Ausbildung zum Reiseverkehrskaufmann und meine ersten Erfahrungen auf einem kleineren Kreuzfahrtschiff genutzt, um für AIDA Landausflüge zu organisieren, die Highlights der Reise sind und dazu beitragen, den Gästen die Kreuzfahrt zu einem unvergesslichen Erlebnis zu machen. Dabei habe ich nicht nur gelernt, Veranstaltungen erfolgreich zu bewerben und für deren reibungslose Durchführung zu sorgen, sondern ich habe außerdem die Kommunikation mit den Anbietern vor Ort und dem Eventmanagementteam auf dem Schiff zunehmend eigenverantwortlich übernommen.

Mir wurde aufgrund meines hohen Engagements, meiner Beliebtheit bei den Gästen und im Team schnell eine Übernahme in Festanstellung angeboten und seit einem Assessment bin ich als Teamleiter offiziell für die Steuerung der Events verantwortlich. Dazu gehört auch die Erfolgskontrolle und kontinuierliche Optimierung der Ergebnisse.

Diese Erfolgskontrolle ist für mich schon immer Ansporn gewesen, um meine Performance zu messen (ich trete gern gegen mich selbst an). Um mir im kaufmännischen Bereich mehr Wissen anzueignen, habe ich berufsbegleitend BWL und Tourismusmanagement studiert. Meine Abschlussarbeit zur quantitativen und qualitativen Erfolgskontrolle der Veranstaltungen hat dem Team einen Input zur Weiterentwicklung gegeben. Wir wurden intern mit dem Best-Practice-Eventmanagement-Award ausgezeichnet.

Nun ist es mein Ziel, meine Fachkenntnisse und Expertise als Eventmanager an Land bei AIDA Entertainment am Standort Hamburg einzubringen und mich damit erneut beruflich weiterzuentwickeln. Ich möchte sehr gern die beschriebenen Aufgaben zur stärkeren schiffübergreifenden Erschließung der Events „Workshops an Bord" übernehmen.

Ich freue mich über Ihr Interesse an meiner Bewerbung und überzeuge Sie gern in einem Vorstellungsgespräch von meiner Motivation und Eignung.

Mit freundlichen Grüßen

Daniel Mertens

Daniel Mertens   Leipziger Straße 25 25 I D-39112 Magdeburg
                            +49 172 565 3431 I daniel-mertens@web.de

Lebenslauf

Persönliche Daten

geboren am 11. August 1991 in Kasachstan, seit 1994 in Deutschland
deutsch, ledig, ortsungebunden

Berufspraxis

Teamleiter   seit 04.2018

AIDA Reisen, Standort Hamburg
Verantwortliche Organisation des Freizeit- und Unterhaltungs-
programms für Kreuzfahrtgäste in die Karibik, nach Mexiko und
Mittelamerika (bis 03.2019) sowie auf Transreisen zwischen der
Karibik und den Kanarischen Inseln
Leitung des Event Teams mit 3 Event Managern
Koordination der Ausflüge und Reiseführer vor Ort

Event Manager   10.2013 – 03.2018

AIDA Reisen, Standort Rostock, über randstad (bis 01.2015)
Organisation des Freizeit- und Unterhaltungsprogramms
für Kreuzfahrtgäste mit Ziel St. Petersburg, Baltikum, Skandinavien
und Ostsee-Inseln (bis 01.2015); Standort Hamburg mit Ziel
Indischer Ozean auf der Route Dubai, Katar, Bahrain, Abu Dhabi
und Maskat (bis 03.2018) und zu den nordöstlichen Karibischen
Inseln, den ABC-Inseln sowie nach Cozumel und Belize (Mexiko)
Verkauf der Veranstaltungen während der Landgänge

Event Manager   07.2013 – 10.2013

Phoenix Reisen, Magdeburg, über randstad
Organisation des Freizeit- und Unterhaltungsprogramms
für Kreuzfahrtgäste auf der Mecklenburgischen Seenplatte,
Verkauf der Veranstaltungen während der Landgänge

Fort- und Weiterbildung

Berufsbegleitendes Studium   04.2016 – 06.2019

Euro-FH
Studiengang BWL & Tourismusmanagement
Abschlussarbeit: Methoden der quantitativen und qualitativen
Erfolgskontrolle im Eventmanagement am Beispiel der
Landausflüge auf einem Kreuzfahrtschiff
Abschluss: Bachelor of Arts (B. A.)

Workshops und Seminare   seit 2013

AIDA Academy
Kommunikationstechniken, Produktschulungen, Rettungsübungen
und Erste-Hilfe-Trainings

Daniel Mertens   Leipziger Straße 25 25 | D-39112 Magdeburg
+49 172 565 3431 | daniel-mertens@web.de

Schul- und Berufsausbildung

Ausbildung   08.2011 – 07.2013

DER Deutsches Reisebüro, Magdeburg
Ausbildung zum Reiseverkehrskaufmann
Abschluss: Tourismuskaufmann (Schwerpunkt Reisevermittlung)

Fachgymnasium   08.2008 – 07.2011

Berufsbildende Schulen Otto von Guericke, Magdeburg
Fachgymnasium Wirtschaft
Abschluss: Allgemeine Hochschulreife

Realschule   08.2002 – 07.2008

Adolf-Diesterweg-Schule Wolmirstedt (bis 07.2004)
Sekundarschule Wilhelm Weitling, Magdeburg
Abschluss: Qualifizierter Realschulabschluss

Grundschule   08.1998 – 07.2002

Adolf-Diesterweg-Grundschule Wolmirstedt

Kenntnisse und Interessen

EDV

MS Office: Excel, Word, PowerPoint

Sprachen

Deutsch (Muttersprache)
Russisch (Muttersprache)
Englisch (fließend)

Interessen

Reisen, Sport (Fitnesstraining und Tauchen)

B. A.-Absolventin International Business Administration Exchange Sophie Kleinschmidt auf das Masterstudium Europäisches Regieren

Sophie Kleinschmidt

Weberstraße 45
49084 Osnabrück
Tel. 0541 890203
Mobil 0152 08230398
sophie.kleinschmidt@icloud.com

Universität Osnabrück
Institut für Sozialwissenschaften
Seminarstraße 33
49074 Osnabrück

28.02.2020

Motivationsschreiben zur Bewerbung um einen Studienplatz im Studiengang Europäisches Regieren: Markt-Macht-Gemeinschaft – Master of Arts

Sehr geehrter Herr Prof. Dr. Holst, sehr geehrte Damen und Herren,

um meine beruflichen Ziele zu erreichen, möchte ich mich nun, nachdem ich meinen Bachelor-abschluss im Studiengang *International Business Administration Exchange* erfolgreich an der Hochschule für Wirtschaft und Recht Berlin erlangt habe, bei Ihnen für das Masterstudium Europäisches Regieren: Markt-Macht-Gemeinschaft bewerben.

In Ihrem eher generalistisch ausgerichteten Studium möchte ich meine bisher erlangten Kenntnisse in Ökonomie, Politik und Recht vertiefen und mich gleichzeitig, wie bereits im Bachelor, im Bereich Politik und Verwaltung spezialisieren. Mein grundsätzliches Ziel ist es daher, umfassende Kenntnisse zu erlangen, wie die Europäische Union – unter Berücksichtigung der Bedürfnisse der einzelnen Länder – attraktiv ausgestaltet und erfolgreich regiert werden kann. Wie auf der Informations-veranstaltung mit Ihnen, Herr Prof. Holst, besprochen, sehe ich dazu den Schwerpunkt Arbeit im Wandel als optimale Ergänzung an.

Mein Werdegang ist ganz auf eine Karriere in der Europäischen Politik und Verwaltung ausgerichtet: Abitur in Politik und Geschichte, Englisch und Spanisch sowie Mathematik; diverse Auslands-aufenthalte während Schulzeit und Studium mit Fokus auf europäische Integration und erste Praxis-erfahrung durch das Freiwillige Soziale Jahr Politik im Landesbüro der Konrad-Adenauer-Stiftung, Hannover; Bachelorstudium *International Business Administration Exchange* an der Hochschule für Wirtschaft und Recht Berlin mit Schwerpunkt Europäische Integration und Nebenfach Rechts-wissenschaften; Bachelorarbeit zum „Europäischen Sozialfonds (ESF) als arbeitsmarktpolitisches Instrument zur Förderung von Beschäftigung und sozialer Integration in der Europäischen Union". Dieses Thema habe ich gewählt, da ich meinen fachlichen Schwerpunkt ganz auf Arbeitsmarktpolitik und internationale Beziehungen legen möchte. Aufgrund der Covid-19-Pandemie wird im nächsten Semester der Praxisbetrieb möglicherweise eingeschränkt sein und ich kann die Zeit nutzen, um meine Bachelorarbeit zu schreiben und den Abschluss in Regelstudienzeit zu erlangen. In diesem Zusammenhang bin ich auf Ihr exploratives Forschungsseminar „Arbeiten in Zeiten von Corona" aufmerksam geworden, an dem ich freundlicherweise als Gasthörerin teilnehmen darf.

Da mein Freundeskreis, aufgrund meiner Schulzeit in einem Stadtteil mit hohem Migrantenanteil und meiner Studienaufenthalte im Ausland, bunt gemischt ist, weiß ich um die besonderen Bedingungen, als Mitglied einer Minderheit im Mehrheitssystem zu bestehen. So ist es mir – auch in Zeiten der Identitätspolitik – wichtig, mich für die Integration ausländischer Studierender zu engagieren.

In meiner Abschlussarbeit zum „Europäischen Sozialfonds (ESF) als arbeitsmarktpolitisches Instrument zur Förderung von Beschäftigung und sozialer Integration in der Europäischen Union" bereitet es mir besondere Freude, meine beiden persönlichen Anliegen „Arbeit für alle" und „soziale Gerechtigkeit und Integration in Europa" miteinander verknüpfen zu können. Dabei inspirieren mich meine Erfahrungen aus den Auslandssemestern in Derby und Madrid, in denen ich nicht nur mein Fachwissen aus angelsächsischer (Pre-Brexit-) und einer südeuropäischen Perspektive erweitern konnte, sondern darüber hinaus auch die Sichtweise internationaler Studierender auf die Europäische Union und auf Deutschland als eines ihrer mächtigsten Länder kennenlernen durfte.

Meine größten persönlichen Stärken Leistungsfähigkeit und Zielorientierung haben mich bislang sehr gut geleitet: Ich durfte 2015 als Bundessiegerin des Wettbewerbs Euroscola mit meiner Schüler-gruppe nach Strasbourg reisen, wurde 2016 als eine der besten Absolventinnen der KGS Schinkel ausgezeichnet und bin aus diesem Grund seit Studienbeginn Stipendiatin der Konrad-Adenauer-Stiftung. Meine Abschlussnoten sind durchgängig gut bis sehr gut. Daher gehe ich davon aus, auch im Masterstudium vorzeigbare Ergebnisse zu erbringen. Während Schulzeit, FSJP und Studium konnte ich bereits sehr interessante Auslandserfahrungen machen, jedoch ist es mir wichtig, während meines Masterstudiums weitere Erfahrungen im Rahmen eines Auslandssemesters oder eines Auslands-praktikums im Umfeld der Europäischen Union erlangen zu können. Zu letzterem stehen mir durch die Konrad-Adenauer-Stiftung Möglichkeiten offen, interessanter würde ich allerdings eine überparteiliche Einrichtung finden.

Neben dem Leitgedanken der Integration der Friedenstadt Osnabrück schätze ich am Universitäts-standort Osnabrück die gute persönliche Betreuung sowie die Möglichkeit, überfachliche Qualifi-zierung nutzen zu können, beispielsweise die Angebote des Career Centers, durch die ich mich in EDV (SPSS), aber auch in für mich wichtigen Softskills wie der Rhetorik weiterbilden möchte.

Aufgrund meines privaten und beruflichen Werdegangs sehe ich meine berufliche Zukunft in der europäischen Arbeitspolitik, die große, sich stetig wandelnde Herausforderungen und Potenziale bereithält. Die Chance einer spezifischen Qualifikation für diesen Bereich bietet sich mir durch das Masterstudium Europäisches Regieren: Markt-Macht-Gemeinschaft an der Hochschule Osnabrück, insbesondere in Ihren Veranstaltungen, die ich sehr gern ergreifen möchte.

Ich freue mich, wenn ich Ihnen mein Interesse und meine Eignung für den Studiengang schildern konnte.

Mit freundlichen Grüßen

Sophie Kleinschmidt

Sophie Kleinschmidt

Weberstraße 45, 49084 Osnabrück
Tel. 0541 890203, Mobil 0152 08230398
sophie.kleinschmidt@icloud.com

geb. 30.07.1996, Osnabrück

Eltern: Thomas Kleinschmidt, Projektingenieur für
Werkzeugtechnik, C.Tech Mechanics, Münster, und
Monika Kleinschmidt, geb. Maibauer, Gruppenleiterin,
Städtische Kindertagesstätte Schölerberg, Osnabrück

Bruder: Lukas Kleinschmidt, 19 J. Abiturient

Studium

08.2017 – heute	Hochschule für Wirtschaft und Recht Berlin International Business Administration Exchange Studies (IBAEx) mit Schwerpunkt Europäische Integration, Nebenfach: Rechtswissenschaften (aktueller Notendurchschnitt: 1,5) Bachelorarbeit geplant zum „Europäischen Sozialfonds (ESF) als arbeitsmarktpolitisches Instrument zur Förderung von Beschäftigung und sozialer Integration in der Europäischen Union" (Arbeitstitel) Stipendiatin der Konrad-Adenauer-Stiftung Abschluss: Bachelor of Arts (im Frühjahr/Sommer 2020)

Auslandserfahrung

09.2019 – 12.2019	Universitat de Barcelona Auslandssemester in Social Sciences and Law: Economics
09.2018 – 12.2018	University of Derby Auslandssemester in Law: International Relations and Diplomacy
08.2016 – 07.2017	Teilnahme an Tagungen und Ausschüssen des Europäischen Parlaments in Brüssel im Rahmen des FSJP, 5 Aufenthalte à 3–4 Tage
17.03.2015	Teilnahme einer Schülergruppe der Gesamtschule Schinkel an einer Sitzungssimulation im Europäischen Parlament in Strasbourg als Bundessieger des Wettbewerbes Euroscola
10.2013 + 05.2015	Teilnahme am Schüleraustausch in Angers und Madrid

Praktische Erfahrung

geplant	Ehrenamtliches Engagement in der Betreuung ausländischer Studienanfänger/innen während der Covid-19-Pandemie in Osnabrück, Video-Chats zur Verbesserung der Deutschkenntnisse und Integration während der Beschränkung des Präsenzunterrichts
08.2016 – 07.2017	Niedersächsisches Landesministerium für Soziales, Frauen, Familie, Gesundheit und Integration Freiwilliges Soziales Jahr Politik (FSJP) im Landesbüro der Konrad- Adenauer-Stiftung, Hannover

Schulausbildung

08.2007 – 07.2016	Gesamtschule Schinkel, Osnabrück
	Leistungs- und Prüfungsfächer: Geschichte, Englisch, Spanisch, Mathematik und Politik
	Facharbeit zu den „Voraussetzungen für gelingende Integration von Menschen aus nichtchristlichen Herkunftsländern in Osnabrück" (Note: 1,0)
	Abschluss: Allgemeine Hochschulreife (Note: 1,3)
08.2003 – 07.2007	Heiligenwegschule, Grundschule, Osnabrück

Weiterbildung

08.2016 – 06.2017	Kommunikations- und Rhetoriktrainings, VHS Osnabrück

Kenntnisse / Interessen

EDV	MS Office (Word, Excel, PowerPoint)
Fremdsprachen	Englisch (sehr gut in Wort und Schrift, Niveaustufe C1)
	Spanisch (gut in Wort und Schrift, Niveaustufe B2)
	Französisch (Grundkenntnisse, Niveaustufe A2)
Priv. Interessen	Fitnesstraining, Hip-Hop und Gitarre

Osnabrück, 28.02.2020

Sophie Kleinschmidt

Abiturient Lukas Kleinschmidt als Mitarbeiter im Personalmarketing

Lukas Kleinschmidt   01.03.2020

Weberstraße 45
49084 Osnabrück
Tel. 0541 890203
Mobil 0178 567 344 31
lukas.kleinschmidt@gmail.de

Bewerbung um eine Stelle (24 Stunden) im Personalmarketing

Sehr geehrte Damen und Herren,

im Sommer 2020 werde ich mein Abitur am Carolinum Osnabrück absolvieren. Meine Noten sind mittelgut, aber ich habe ein Ziel und die nötigen Erfahrungen und Kompetenzen, um es zu realisieren. Dies könnte in Ihrem Unternehmen/Ihrer Verwaltung[je nach Adressat löschen] geschehen.

In Klasse 9 und 10 habe ich mich erstmals mit meiner beruflichen Zukunft beschäftigt, mich dann aber mangels Orientierung für die Fortführung der schulischen Ausbildung entschieden. Jetzt steht die Frage nach einer Ausbildung oder einem Studium erneut an. Dabei sind mir Stellenanzeigen und Jobseiten von Unternehmen und Verwaltungen aufgefallen.

Es sollen junge Menschen für eine Ausbildung oder ein duales Studium interessiert werden. Dies gelingt je nach Branche und Berufsfeld unterschiedlich gut. Die ergriffenen Maßnahmen reichen von der Verbesserung der Ansprache in Anzeigen, Social Media und den Unternehmensseiten, die Vergabe von Praktika und Beschäftigung von Schüleraushilfen, über das Anwerben von Menschen mit Migrationshintergrund, die Berufsberatung auf Messen und die Netzwerkbildung mit Schulen und Hochschulen, bis hin zu Stipendienprogrammen, dem Stellen von Werkswohnungen und der Frauenförderung in MINT-Berufen.

Diese Maßnahmen könnten meines Erachtens noch besser greifen, wenn auf die Hinderungsgründe geachtet wird, warum jemand einen bestimmten Beruf nicht erlernen oder ausüben möchte. Ursachen dafür sind häufig biografisch oder kulturell entstanden. Hier würden bessere, spezifische Informationen und persönliche Vorbilder helfen, eine Tätigkeit interessant zu machen. Dazu ist es nötig, sich mit dem eigenen Unternehmen, vor allem aber mit der Zielgruppe zu beschäftigen. Dann würden die Maßnahmen des Personalmarketings nach dem Schlüssel-Schloss-Prinzip funktionieren.

Meiner Einschätzung nach könnte ich Ihr Unternehmen/Ihre Verwaltung bei der Verbesserung Ihrer Maßnahmen im Recruiting von Nachwuchskräften unterstützen. Zurückgreifen würde ich dabei auf meine Erfahrung als Mannschaftssportler und Trainer, meine Unzufriedenheit mit der schulischen Ausbildung und das Ziel, anderen jungen Menschen eine lohnenswerte Alternative aufzuzeigen.

Mein Vorschlag wäre eine Anstellung für ein Jahr an vier Tagen die Woche (à 6 Stunden) zu einem Monatsgehalt von 1000 € netto mit anschließendem dualem Studium, sofern meine Tätigkeit für Sie ein Erfolg wird. In diesem Jahr würde ich die Maßnahmen für die angebotenen Berufe (weiter-) entwickeln und dadurch zu einer höheren Einstellungsquote beitragen.

Ich freue mich, wenn Sie Interesse an meinem Vorschlag haben. Gern unterhalte ich mich mit Ihnen persönlich über dessen Ausgestaltung.

Mit freundlichen Grüßen

Lukas Kleinschmidt

Lukas Kleinschmidt

Weberstraße 45
49084 Osnabrück
Tel. 0541 890203
Mobil 0178 567 344 31
lukas.kleinschmidt@gmail.de

Selbstbeschreibung

Das Leben eines Kindes und Jugendlichen ist zu einem großen Teil durch die Schule programmiert. Lerninhalte und Benotung folgen Vorgaben, an denen sich Schüler und Lehrer ausrichten müssen. Diese Festlegung empfinde ich als einschränkend, weil viele Fähigkeiten nicht berücksichtigt werden. Engagement habe ich vor allem in meiner Freizeit im Sportverein und anderen Hobbys entwickelt. Sechs Jahre war ich im Fußball aktiv und seit acht Jahren bin ich in der Ruderriege Carolinum Osnabrück. In beiden Vereinen konnte ich zu Siegen beitragen, doch meine Begeisterung gilt dem Miteinander. Aufgewachsen in einem multikulturellen Stadtteil und sozialisiert in einer multinationalen Fußballmannschaft zählt für mich der Mensch. Als Trainer im Ruderverein kann ich gut auf individuelle Stärken (und Schwächen) eingehen und auf meiner Motorradtour habe ich die unterschiedlichsten Couchsurfing-Gastgeber kennengelernt, die vor allem eines gemeinsam hatten: Spaß am Enduro-Fahren wie ich selbst.

Wichtigste Lebensdaten und Ereignisse

2001   geboren als zweites Kind von Monika (Erzieherin) und Thomas Kleinschmidt (Ingenieur Automotive), Schwester Sophie (Studentin International Business Administration Exchange)

2007   Einschulung in die Heiligenwegschule Osnabrück

2009   Fußball im VfB Schinkel (bis 2015), Trainer Aleksander Valjanov

2011   Wechsel auf das Gymnasium Carolinum Osnabrück, durchschnittliche Leistungen, daher Realschulabschluss 2017

2012   Eintritt in die Ruderriege Carolinum Osnabrück, jährliche Wanderfahrten und Trainingslager, „Jugend trainiert für Olympia" (2012, 2013), Fahrtenabzeichen (2013), Jugendleiterschein (2017), Siege auf überregionalen Regatten (2016, 2017, 2019)

2017   Fortführung der Schulbildung in der gymnasialen Oberstufe des Gymnasiums Carolinum mit den Leistungsfächern Physik, Englisch und Sport

2017   Soziales Seminar im VfB Schinkel zur Flüchtlingsarbeit im Fußball unter der Leitung von Aleksander Valjanov

2018   Restaurierung einer historischen Enduro, der Suzuki 370 SP, 27 PS, Einzylinder von 1978, zusammen mit meinem Vater

2019   Führerschein, vierwöchige Motorradtour durch Großbritannien und Irland, Kontakte und Unterkunft unterwegs organisiert über Couchsurfing

2020   Abitur (im Juni, voraussichtlich mit durchschnittlichen Leistungen)

Plan für meine erste berufliche Erfahrung

2020   Mitwirkung im Personalmarketing eines Unternehmens oder einer Verwaltung in Osnabrück zur Anwerbung von Nachwuchskräften

Ingenieur für Heizungsbau und Berufsschullehrer i. R. Peter Maibauer als Servicetechniker

Dipl.-Ing. (FH) Peter Maibauer
Weberstraße 44, 49084 Osnabrück
Tel. 0541 897335, Mobil 0152 21897335
peter.maibauer@osnanet.de

Unternehmen
Geschäftsleitung
Straße Hausnummer
PLZ Ort

                                                                          15.12.2019

Sehr geehrte Damen und Herren,

hiermit bewerbe ich mich um eine Anstellung als Servicetechniker in Teilzeit.

Ich bin 69 Jahre alt, habe in meiner Jugend den Beruf des Gas-, Heizungs- und Wasserinstalla-
teurs erlernt und mich dann über Fachabitur und Studium zum Ingenieur für Heizungstechnik
fortgebildet. In diesem Beruf habe ich sechs Jahre gearbeitet, bevor ich in den Schuldienst als
Fachlehrer für Heizungstechnik eingetreten bin. Anfangs habe ich neben dem Unterricht das
Lehrerseminar besucht, um pädagogisches Wissen und Fachkenntnisse in allgemeinbildenden
Fächern, in denen ich ebenfalls eingesetzt werden sollte, zu erlangen. Schnell wurde jedoch
klar, dass mein Herz nur für den Heizungsbau schlägt. Daher wurde ich, sekundiert von mehreren Stundenreduzierungen, ausschließlich in Fachklassen eingesetzt.

Die freie Zeit nutzte ich, um ein nebenberufliches Heizungsbaugewerbe zu betreiben und kleine
Heizungsanlagen zu installieren sowie Wartung und Instandsetzung zu übernehmen. Diese Tätigkeit kam mir im Unterricht zugute, da ich die Weiterentwicklung der Technik nicht nur theoretisch verfolgte, sondern mit ihr im Alltag als Heizungsbauer auch praktisch konfrontiert war.
Mein Wissen und meine Fähigkeiten waren damit immer auf dem aktuellen Stand. Darüber
hinaus habe ich in unserem Einfamilienhaus und in der Berufsschule Modellanlagen der Rege-
lungstechnik und der Nutzung alternativer Energien (Photovoltaik und Solarthermie) erstellt,
die den Schülern zur Anschauung dienten.

Mit Eintritt in die Pension habe ich meinen Gewerbebetrieb abgemeldet, um mich zusammen
mit meiner Frau ganz unseren Plänen für den Ruhestand zu widmen. Meine Frau ist vor einem
Jahr verstorben und ich habe kein Interesse daran, diese Pläne allein umzusetzen. Am besten
würde es mir gefallen, wenn ich kleine Heizungsanlagen betreue, also Wartung, Fehlersuche
und Reparatur ausführen dürfte. Eine Selbstständigkeit strebe ich nicht mehr an, da mir hierzu
meine Frau mit ihren buchhalterischen Fähigkeiten und ihrem organisatorischen Geschick fehlt.

Stattdessen ermöglicht mir eventuell der momentane Fachkräftemangel die Rückkehr in ein
Anstellungsverhältnis (15 Std./Woche). So könnte ich Ihr Unternehmen im Service entlasten,
ggf. Aufgaben in der Ausbildung übernehmen, damit Sie sich mit Ihrer Kernmannschaft auf
größere Bauvorhaben und Neubauten konzentrieren können. Es würde mich freuen, wenn mein
Vorschlag ihr Interesse weckt. Sie erreichen mich am besten telefonisch auf meinem Handy.

Ich freue mich auf Ihren Anruf.

Mit freundlichen Grüßen

Peter Maibauer

Literatur für Stellensuchende und Bewerber/innen

Bewerbungsprozess

Hesse, Jürgen; Schrader, Hans Christian (1999): Erfolgsstrategien für Bewerber über 48. Entdecken Sie Ihre Chancen – nutzen Sie Ihre Vorteile! Frankfurt am Main: Eichborn.

Hesse, Jürgen; Schrader, Hans Christian (2002): Das ABC der erfolgreichen Bewerbung. Perfekte schriftliche Bewerbung, überzeugendes Vorstellungsgespräch, geschickte Gehaltsverhandlung. Nachdr. Frankfurt am Main: Eichborn (Eichborn exakt).

Hesse, Jürgen; Schrader, Hans Christian (2015): Das große Hesse/Schrader-Bewerbungshandbuch. Alles, was Sie für ein erfolgreiches Berufsleben wissen müssen. Akt. Neuausg. Freising: STARK.

Hesse, Jürgen; Schrader, Hans Christian (2004): Neue Bewerbungsstrategien für Hochschulabsolventen. Startklar für Ihre Karriere. Aktualisierte Ausg. Frankfurt am Main: Eichborn (Berufsstrategie).

Hofert, Svenja (2012): Die Guerilla-Bewerbung. Ungewöhnliche Strategien erfolgreicher Jobsucher. Frankfurt am Main: Campus.

Lürssen, Jürgen (2007): So macht man Karriere. 17 Gesetze, die Sie kennen müssen. Limitierte Sonderausg. Frankfurt am Main, New York: Campus (Strategien des Erfolgs, Bd. 3).

Morawski, Frank (1984): Ratgeber Bewerbung. Königswinter: Tandem.

Elektronisches Zusatzmaterial Die elektronische Version dieses Kapitels enthält Zusatzmaterial, das berechtigten Benutzern zur Verfügung steht. https://doi.org/10.1007/978-3-658-35304-9_6

P. Oerke, *Bewerbungsratgeber und Karrierestrategie für Einstieg, Aufstieg und Stellenwechsel,* https://doi.org/10.1007/978-3-658-35304-9_6

Nebel, Jürgen; Nebel, Jane (2017): Die CEO-Bewerbung. Karrierebeschleunigung ohne Netzwerk und Headhunter. 2., komplett überarb. Aufl. o. O.: Campus.

Hofert, Svenja; Nommensen, Ute (2010): Wiedereinstieg in den Beruf. Berufsbilder und Stellensuche, Bewerbung und Vorstellungsgespräch, Weiterbildung und staatliche Förderung. Hannover: Humboldt.

Senk, Simone (2011): Duden, Erfolgreich zum Ausbildungsplatz. Mannheim: Dudenverl. (Praxis kompakt).

Winkler, Gerhard (2004): Anders bewerben. 100 × Rat vom Bewerbungshelfer. 2. Aufl. Kilchberg: SmartBooks.

Bewerbung und Zeugnisse

Detambel, Daniel; Vogel, Hans Rainer (2008): JobSearch. Werden Sie Ihr eigener Headhunter. Mit den Methoden der Headhunter zum neuen Job. o. O.: GABAL.

Hesse, Jürgen; Schrader, Hans Christian (2010): Das perfekte Arbeitszeugnis. Richtig formulieren, verstehen, verhandeln. Freising: STARK.

Hesse, Jürgen; Schrader, Hans Christian (2014): Die perfekte Bewerbungsmappe: Die 50 besten Beispiele erfolgreicher Kandidaten. Veränd. Aufl. Hallbergmoos: STARK.

Hesse, Jürgen; Schrader, Hans Christian (2011): Die perfekte Bewerbungsmappe für Ausbildungsplatzsuchende. Hallbergmoos: STARK.

Hesse, Jürgen; Schrader, Hans Christian (2010): Die perfekte Bewerbungsmappe für nicht perfekte Lebensläufe. Die besten Beispiele erfolgreicher Kandidaten. 3. Aufl. Frankfurt am Main: Eichborn (Berufsstrategie).

Hofert, Svenja (2012): Praxismappe für die perfekte Internet-Bewerbung. E-Mail-Bewerbung, Online-Formulare, Online-Assessment, Online-Bewerbung auf Englisch. Hallbergmoos: STARK.

Püttjer, Christian; Schnierda, Uwe (2008): Die Bewerbungsmappe mit Profil für Um- und Aufsteiger. Frankfurt am Main: Campus.

Püttjer, Christian; Schnierda, Uwe (2006): Die Bewerbungsmappe mit Profil für die erfolgreiche Initiativbewerbung. Mit Insiderkommentaren. Frankfurt am Main, New York: Campus.

Püttjer, Christian; Schnierda, Uwe (2005): Die Bewerbungsmappe mit Profil für Hochschulabsolventen. Mit Insiderkommentaren. 3. Aufl. Frankfurt am Main: Campus.

Rubens, Annik; Dingler, Christine (2013): Das Buch zur Jobsuche im Social Web. Personal Branding mit Blogs, Twitter, Pinterest & Co. Köln: O'Reilly.

Schürmann, Klaus; Mullins, Suzanne (2014): Die perfekte Bewerbungsmappe auf Englisch. Anschreiben, Lebenslauf und Bewerbungsformular – länderspezifische Tipps. aktualisierte Ausg. Hallbergmoos: STARK.

Assessmentcenter und Tests

Hesse, Jürgen; Schrader, Hans Christian (2005): Die 100 wichtigsten Fragen zum Assessment Center. Für eine optimale Vorbereitung in kürzester Zeit. Aktualisierte Neuaufl., Nachdr. Frankfurt am Main: Eichborn.

Hesse, Jürgen; Schrader, Hans Christian (2017): Assessment Center für Hochschulabsolventen. Freising: STARK.

Hesse, Jürgen; Schrader, Hans Christian (2013): Testtraining für Ausbildungsplatzsuchende. Wie man Assessment Center und andere Gruppenauswahlverfahren erfolgreich besteht. Neue Ausg. Hallbergmoos: STARK.

Hesse, Jürgen; Schrader, Hans Christian (2014): Testtraining 2000plus. Einstellungs- und Eignungstests erfolgreich bestehen. Nachaufl. Freising: Stark.

Hesse, Jürgen; Schrader, Hans Christian (2014): Testtraining Rechnen und Mathematik. Eignungs- und Einstellungstests sicher bestehen. Veränd. Nachdr. Hallbergmoos: STARK (Beruf & Karriere: Exakt).

Paschen, Michael et al. (2013): Assessment Center professionell: Worauf es ankommt und wie Sie vorgehen. Hogrefe [anschaulicher Blick auf die andere Seite, die der Ausrichter].

Püttjer, Christian; Schnierda, Uwe (2019): Assessment-Center-Training für Führungskräfte. Die wichtigsten Übungen – die besten Lösungen. 4. Aufl. Frankfurt am Main: Campus.

Püttjer, Christian; Schnierda, Uwe (2017): Training Assessment-Center: Die häufigsten Aufgaben – die besten Lösungen. 3. Aufl. Frankfurt am Main: Campus.

Stark, Johannes (2019): Assessment-Center erfolgreich bestehen: Das Standardwerk für anspruchsvolle Führungs- und Fach-Assessments. 18. Aufl. München: Goldmann.

Stenger, Christiane (2014): Lassen Sie Ihr Hirn nicht unbeaufsichtigt! Gebrauchsanweisung für Ihren Kopf. Frankfurt am Main: Campus.

Vogt, Marlène (2015): Assessments meistern: Wie bereite ich mich auf ein Assessment vor? Wiesbaden: Springer Fachmedien (Essentials).

Kommunikation

Huth, Siegfried A. (Hg.) (2004): Duden – Reden gut und richtig halten! Ratgeber für wirkungsvolles und modernes Reden. 3., neubearb. und erg. Aufl. Mannheim: Dudenverl.

Knaths, Marion (2018): Spiele mit der Macht. Wie Frauen sich durchsetzen. Ungekürzte Taschenbuchausgabe, 15. Aufl. München: Piper.

Lermer, Stephan (2003): Small Talk – Das Trainingsbuch. München: Rudolf Haufe.

Leu, Lucy; Dillo, Michael (2014): Gewaltfreie Kommunikation. Das 13-Wochen-Übungsprogramm; ein praktischer Leitfaden für Übungsgruppen, Selbststudium und GFK-Kurse. 3. Aufl. Paderborn: Junfermann (Reihe Kommunikation Gewaltfreie Kommunikation).

Rosenberg, Marshall B.; Gandhi, Arun; Birkenbihl, Vera F.; Holler, Ingrid (2013): Gewaltfreie Kommunikation. Eine Sprache des Lebens; gestalten Sie Ihr Leben, Ihre Beziehungen und Ihre Welt in Übereinstimmung mit Ihren Werten. 11. Aufl. Paderborn: Junfermann (Reihe Kommunikation Gewaltfreie Kommunikation).

Schulz von Thun, Friedemann (2018): Störungen und Klärungen. Allgemeine Psychologie der Kommunikation. 55. Aufl. Reinbek bei Hamburg: Rowohlt Taschenbuch (rororo).

Topf, Cornelia (2009): Rhetorik für Frauen. Sagen Sie, was Sie meinen; erreichen Sie, was Sie wollen! o. O: Redline.

Topf, Cornelia (2013): Souverän! Wie Sie stark auftreten – auch wenn Sie sich nicht wirklich so fühlen. München: Kösel (Coaching).

Weitere Titel

Dobelli, Rolf (2011): Die Kunst des klaren Denkens. 52 Denkfehler, die Sie besser anderen überlassen. München: Carl Hanser Fachbuchverlag.

Litke, Hans-Dieter; Kunow, Ilonka (2009): Projektmanagement. 5., überarb. Aufl. Planegg: Haufe (TaschenGuide).

Münk, Katharina (2006): Und morgen bringe ich ihn um! Als Chefsekretärin im Top-Management. Frankfurt am Main: Eichborn.

Literatur für Berater/innen und Coachs

Hintergrundwissen

Albert, Günther (2011): Betriebliche Personalwirtschaft. Lehrbuch für die betriebliche Weiterbildung. 11., aktualisierte Aufl. Herne, Westf.: NWB Verlag (Lehrbücher für die berufliche Weiterbildung).

Arbeitsgesetze mit den wichtigsten Bestimmungen zum Arbeitsverhältnis, Kündigungsrecht, Arbeitsschutzrecht, Berufsbildungsrecht, Tarifrecht, Betriebsverfassungsrecht, Mitbestimmungsrecht und Verfahrensrecht. 91., neu bearbeitete Aufl., Stand: 1. Januar 2017. München: dtv (Beck-Texte im dtv).

Bensmann, Burkhard (2011): Die Kunst der Selbstführung. Erkenntnisse aus Interviews mit Führungskräften und führenden Kräften. Norderstedt: Books on Demand.

Ellis, Albert (2008): Grundlagen und Methoden der rational-emotiven Verhaltenstherapie. 2. Aufl. Stuttgart: Klett-Cotta (Leben lernen).

Ellis, Albert; Joffe Ellis, Debbie; Kloosterziel, Rita (2012): Rational-Emotive Verhaltenstherapie. München: Reinhardt (Wege der Psychotherapie).

Frankl, Viktor E. (2012): Der Wille zum Sinn. 6. Aufl. Bern: Huber (Psychologie Klassiker).

Freudenberger, Herbert J.; North, Gail (2013): Burn-out bei Frauen. Über das Gefühl des Ausgebranntseins. 2. Aufl. Frankfurt am Main: Fischer-Taschenbuch-Verl.

Kiel, Svetlana Angela (2009): Wie deutsch sind Russlanddeutsche? Eine empirische Studie zur ethnisch-kulturellen Identität in russlanddeutschen Aussiedlerfamilien. Zugl.: Göttingen, Univ., Diss., 2008. Münster: Waxmann (Internationale Hochschulschriften).

Koordinierungsprojekt „Integration durch Qualifizierung" (KP IQ) der Zentralstelle für die Weiterbildung im Handwerk e. V. (2011): Wege in den Arbeitsmarkt. Integrationsangebote für Menschen mit Migrationshintergrund regional gestalten und vernetzen. Unter Mitarbeit von Elke Knabe, Michaela Ludwig, Carolina Monfort-Montero und Sabine Schröder. Düsseldorf.

Laufer, Hartmut (2018): Grundlagen erfolgreicher Mitarbeiterführung. Führungspersönlichkeit, Führungsmethoden, Führungsinstrumente. 18. Aufl. Offenbach: GABAL (Wh!tebooks).

Lelord, Francois/André, Christoph (2017): Der ganz normale Wahnsinn: vom Umgang mit schwierigen Menschen. Aus dem Franz. von Ralf Pannowitsch. Leipzig: Kiepenheuer 1998, © Aufbau Verlage GmbH & Co. KG, Berlin 1998, 2008.

Mörth, Martina; Söller, Imke (2005): Handbuch für die Berufs- und Laufbahnberatung. Göttingen: Vandenhoeck & Ruprecht (Psychologie und Beruf).

Reheis, Fritz (2015): Die Kreativität der Langsamkeit. Neuer Wohlstand durch Entschleunigung. 2., überarb. und erg. Aufl. Darmstadt: Primus.

Schramm, Stefanie; Wüstenhagen, Claudia (2015): Das Alphabet des Denkens. Wie Sprache unsere Gedanken und Gefühle prägt. 3. Aufl. Reinbek bei Hamburg: Rowohlt.

Schulz von Thun, Friedemann (2017): Das „Innere Team" und situationsgerechte Kommunikation. Kommunikation, Person, Situation. Unter Mitarbeit von Verena Hars. 26. Aufl. Reinbek bei Hamburg: Rowohlt Taschenbuch (rororo).

Schulz von Thun, Friedemann (2018): Stile, Werte und Persönlichkeitsentwicklung. Differentielle Psychologie der Kommunikation. 37. Aufl. Reinbek bei Hamburg: Rowohlt Taschenbuch (rororo-Sachbuch).

Sprenger, Reinhard K. (2012): Radikal führen. Frankfurt am Main, New York: Campus.

Watzlawick, Paul (2002): Anleitung zum Unglücklichsein. Ungekürzte Taschenbuchausg., 24 Aufl. München u. a.: Pieper.

Weuster, Arnulf (2008): Personalauswahl. Anforderungsprofil, Bewerbersuche, Vorauswahl und Vorstellungsgespräch. 2., aktualisierte und überarb. Aufl. Wiesbaden: Gabler.

Praxiswissen

Antwerpen, Elke (2018): Coaching für Kopfmenschen. Ihr Masterplan für persönliche Stärke und Erfolg. Düsseldorf: TWOS (Edition Business).

Eßwein, Jan (2017): Achtsamkeitstraining. 3. Aufl. München: Gräfe und Unzer (GU Körper & Seele Lust zum Üben).

Fischer-Epe, Maren (2019): Coaching: miteinander Ziele erreichen. 8. Aufl. Hg. v. Friedemann Schulz von Thun. Reinbek bei Hamburg: Rowohlt-Taschenbuch-Verl. (rororo Miteinander reden: Praxis).

Fritz, Hannelore (2003): Besser leben mit work-life-balance. Wie Sie Karriere, Freizeit und Familie in Einklang bringen. Frankfurt am Main: Eichborn (Berufsstrategie).

Gabrisch, Jochen (2007): Die Besten entdecken. Mit über 800 Fragen für erfolgreiche Auswahlgespräche mit Fach- und Führungskräften. 2., überarb. Aufl. Köln, Neuwied: Luchterhand.

Niedersächsisches Ministerium für Inneres, Sport und Integration (2009): Orientierungsleitfaden zu Fragen der Anerkennung ausländischer Schul-, Berufs- und Hochschulabschlüsse in Niedersachsen. Unter Mitarbeit von Hans-Joachim Heuer, Anette Hoppenrath und Dorothea Weber. Hannover.

Nohl, Martina; Egger, Anna (2016): Micro-Inputs Veränderungscoaching. Die wichtigsten Modelle, Erklärungshilfen und Visualisierungen für das Coaching von Veränderungsprozessen. Bonn: managerSeminare Verlags GmbH (Praxishandbuch Coaching).

Patrzek, Andreas (2013): Fragekompetenz. Handbuch für erfolgreiche Gesprächsführung. 6. Aufl. Leonberg: Rosenberger Fachverl. (Die lernende Organisation).

Radatz, Sonja (2015): Beratung ohne Ratschlag. Systemisches Coaching für Führungskräfte und BeraterInnen: ein Praxishandbuch mit den Grundlagen systemisch-konstruktivistischen Denkens, Fragetechniken und Coachingkonzepten. 9., unveränderte Aufl. Wolkersdorf: literatur-vsm.

Rauen, Christopher (Hg.) (2005): Handbuch Coaching. 3., überarb. und erw. Aufl. Göttingen, Bern, Wien, Toronto, Seattle, Oxford, Prag: Hogrefe (Innovatives Management).

Summhammer, Evelyn (2016): Nörgler, Besserwisser, Querulanten. Wie Sie schwierige Menschen zielsicher steuern. Berlin: Goldegg (Goldegg Leben & Gesundheit).

Weuster, Arnulf; Scheer, Brigitte (2010): Arbeitszeugnisse in Textbausteinen. Rationelle Erstellung, Analyse, Rechtsfragen. 12., überarb. Aufl. Stuttgart: Boorberg.

Zusatzmaterial zum Download

Das Zusatzmaterial – Fragebogen, Arbeitsblätter und Checklisten – ist hilfreich bei der Entwicklung eines neuen Karriereziels, der Erstellung von Bewerbungsunterlagen und der Vorbereitung auf Vorstellungsgespräche, Beurteilungs- und Jahresgespräche. Die Medien stehen Ihnen zum Download zur Verfügung. Im Ratgeber ist an entsprechender Stelle auf das Material verlinkt.

1. Fragebogen zur ganzheitlichen Jahresbilanz und Zielformulierung und Arbeitsblatt zum Soll-Ist-Abgleich
2. Checkliste zur Prüfung von Bewerbungsunterlagen mit Extras für Führungskräfte und Expert/innen, Frauen in einer männerdominierten Umgebung und nicht-geradlinige Lebensläufe
3. Fragebogen zur Vorbereitung von Vorstellungsgespräch und Interview mit einer Kurzanleitung zu einer Erinnerungstechnik und einem Extra zum Aufbau der Gehaltsverhandlung
4. Fragebogen und Musterformular zur Vorbereitung auf ein Beurteilungs- oder Jahresgespräch

Printed in the United States
by Baker & Taylor Publisher Services